苏·区·振·兴·智·库

赣南苏区高质量脱贫攻坚研究：以信丰、兴国、安远为例

田延光◎主编 刘善庆 刘 超◎著

STUDY ON THE HIGH-QUALITY POVERTY ALLEVIATION IN GANZHOU: AS EXAMPLES OF XINFENG COUNTY, XINGGUO COUNTY AND ANYUAN COUNTY

经济管理出版社
ECONOMY & MANAGEMENT PUBLISHING HOUSE

图书在版编目（CIP）数据

赣南苏区高质量脱贫攻坚研究：以信丰、兴国、安远为例/田延光主编；刘善庆，刘超著．—北京：经济管理出版社，2018．12
ISBN 978－7－5096－6274－8

Ⅰ．①赣…　Ⅱ．①田…②刘…③刘…　Ⅲ．①扶贫—研究—信丰县②扶贫—研究—兴国县③扶贫—研究—安远县　Ⅳ．①F127．564

中国版本图书馆 CIP 数据核字(2018)第 288122 号

组稿编辑：丁慧敏
责任编辑：丁慧敏　乔倩颖
责任印制：黄章平
责任校对：赵天宇

出版发行：经济管理出版社
（北京市海淀区北蜂窝 8 号中雅大厦 A 座 11 层　100038）
网　　址：www．E－mp．com．cn
电　　话：（010）51915602
印　　刷：北京玺诚印务有限公司
经　　销：新华书店
开　　本：720mm×1000mm/16
印　　张：15．75
字　　数：283 千字
版　　次：2018 年 12 月第 1 版　　2018 年 12 月第 1 次印刷
书　　号：ISBN 978－7－5096－6274－8
定　　价：58．00 元

目　录

第一章　绪论

第一节　引言

一、背景、目的和意义

（一）背景

我国脱贫攻坚进入新阶段，与此相对应的是，脱贫攻坚有了新的要求。在此背景下，赣南原中央苏区的脱贫攻坚同样进入了新阶段，有了新要求。

1. 三管齐下治贫困

贺雪峰（2018）认为，改革开放以来，我国反贫困依靠经济发展、开发扶贫、社会保障三管齐下，取得了巨大成就。中共十一届三中全会后，我国以经济建设为中心，实施对外开放、对内搞活的政策，经济快速发展，GDP 增速持续多年名列世界前茅，农民收入保持较快增长，大批农民得以脱贫致富，我国整体性贫困问题得以有效缓解。但是，由于区位、历史、自然环境等各方面复杂原因影响，老少边穷地区依然处于贫困状态，为了改变这种状况，自 20 世纪 80 年代中期以来，又开始在这些地区的贫困县实施开发扶贫，主要是投入资金，加强这些区域的基础设施建设，通过改善发展环境有效降低老百姓脱贫致富成本，从而达到减贫效果。

无论是宏观层面的经济发展还是中观层面的区域开发式扶贫，其重点都在于通过改善发展环境，为广大农民通过市场收取收益创造条件，从而摆脱贫困，走向富裕。由于市场并非万能，有时可能失灵，加之部分农民适应市场的能力较弱，甚至没有这种能力，而且这种情况不仅大量存在于贫困县、贫困村，就是在非贫困县、贫困村也不同程度存在。为了解决这部分人群的贫困问题，党的十八大以来，中央在加大对贫困县、贫困村帮扶力度基础上，进一步实施精准扶贫政策。“精准扶贫”战略在以区域为重点的开发扶贫战略基础上，将扶贫重点落实到直接帮扶贫困户上来。这一政策的实施，使我国扶贫政策实现了片（集中连片）→区（特殊困难地区、西藏、四省藏区、新疆南疆三地州）→县（贫困县）→村（贫困村）→户（人）的演进，扶贫对象进一步聚焦、更加精准，从“大水漫灌”转向“精准滴灌”。其手段就是“五个一批”，即生产脱贫一批，易地搬迁脱贫一批，生态补偿脱贫一批，发展教育脱贫一批，社会保障兜底一批（贺雪峰，2018）。“五个一批”包括增收、减支和兜底等丰富内容，属于多措并举，综合治理。

经济发展、开发扶贫、社会保障构成中国取得脱贫攻坚决定性胜利的宏观、中观和微观制度与政策体系，三个层面政策同时起作用，成效巨大。据国家统计局对全国31个省（区、市）16万居民家庭的抽样调查，按现行国家农村贫困标准测算，截至2017年末，全国农村贫困人口3046万人，比上年末减少1289万人；贫困发生率3.1%，比上年末下降1.4个百分点。党的十八大以来，全国农村贫困人口从2012年末的9899万人减少至3046万人，累计减少6853万人；贫困发生率从2012年末的10.2%下降至3.1%，累计下降7.1个百分点。与此同时，贫困地区农村居民收入加快增长。全国农村贫困监测调查显示，2017年贫困地区农村居民人均可支配收入9377元，按可比口径计算，比上年增加894元，名义增长10.5%，扣除价格因素，实际增长9.1%，实际增速比上年快0.7个百分点，比全国农村平均水平高1.8个百分点（贺雪峰，2018）。

2. 脱贫攻坚进入新阶段

党的十九大把深入推进脱贫攻坚纳入新时代坚持和发展中国特色社会主义基本方略，把精准脱贫列为决胜全面建成小康社会三大攻坚战之一（胡智，2018）。未来三年，历史性地解决中华民族千百年来的绝对贫困问题，让现行标准下的贫困人口同全国人民一道迈入小康社会——新一轮脱贫攻坚战，已到后半程，更是冲刺期。在脱贫攻坚后半程，如何进行脱贫攻坚？习近平总书记指出，打好脱贫攻坚战，关键是打好深度贫困地区脱贫攻坚战，关键是攻克贫困人口集中的乡村。2017年6月23日，习近平总书记在山西太原主持召开深度贫困地区脱贫攻坚座谈会，并提出了八条要求：第一，合理确定脱贫目标；第二，加大投入支持力度；第三，集中优势兵力打攻坚战；第四，区域发展必须围绕精准扶贫发力；

第五，加大各方帮扶力度；第六，加大内生动力培育力度（刘娅、王彩彩，2018）；第七，加大组织领导力度；第八，加强检查督查。习近平总书记在深度贫困地区脱贫攻坚座谈会上的重要讲话，准确作出了深度贫困地区是脱贫攻坚“坚中之坚”的科学判断，深刻分析了深度贫困的主要成因，全面部署了推进深度贫困地区脱贫攻坚的重点工作。

为深入推进精准扶贫、给精准脱贫指明方向，习近平总书记强调，要把提高脱贫质量放在首位。从打赢脱贫攻坚战到确保脱贫攻坚的质量，高质量打赢脱贫攻坚战，这是我国脱贫工作新提法、新思路，标志着脱贫攻坚进入新阶段，即从强调脱贫速度转向了脱贫质量。为此，赣州各地进行了脱贫攻坚整改工作，以确保脱贫质量。具体标准主要有二：一是贫困人口两不愁、三保障。到2020年稳定实现农村贫困人口不愁吃、不愁穿，农村贫困人口义务教育、基本医疗、住房安全有保障（薛杨，2018）。二是脱贫攻坚工作做到“三率一度”。贫困发生率不能高于2%、错退率不能高于2%、漏评率不能高于1%，群众满意度不能低于90%。各项指标均为一票否决。

要高质量打赢脱贫攻坚战，除了需要坚持上述标准外，赣南脱贫攻坚还需要正确处理以下几个关系：

一要注重近期与远期统筹。脱贫是攻坚战，更是持久战。既要立足当前，以“两不愁、三保障”为目标，着力解决贫困群众衣食住行、生老病死等当下生活困难，又要注重长远，加强对贫困地区的长远规划，持续强化产业支撑，增强县域经济整体实力；同时把有效的治标措施固化为常态长效的工作机制，发挥制度的系统性、稳定性和基础性作用，不断优化完善政策扶持、资金投入、金融撬动等创新机制，确保脱贫不返贫。

二要注重输血与造血并重。当前，精准扶贫主要根据不同致贫原因为贫困对象量身定制脱贫措施，滴灌到户，针对性强。脱贫后，一旦没有非常规的帮扶措施，贫困户容易产生“不适应症”。这就要求一开始就注重输血与造血并重，物质帮扶与能力建设并举，既“扶上马”，更“送一程”，通过发展产业、技能培训，充分激发贫困对象脱贫致富的信心和主观能动性，彻底摒弃“等、靠、要”思想，不断提高稳定持续致富能力。

三要注重政府与市场结合。脱贫攻坚冲刺期，需要短时间调动大量资源集中扶贫，由政府主导，能保证“脱贫摘帽”如期实现。但同样需要树立市场理念，借助市场力量解决扶贫过程中面临的组织资源供求失衡和扶贫资金使用效率不高等问题。比如，可以探索增加贫困群众的资产性收益，对财政扶贫资金和其他涉农资金投入一些项目形成的资产，考虑折股量化给贫困户；可以鼓励贫困群众通过入股产业基地分红等方式，参与市场化运作增加收入；也可以探索政府以购买服务等方式鼓励和引导社会组织参与扶贫开发，带动贫困地区发展。

（二）目的和意义

1. 全国革命老区脱贫攻坚示范区

《国务院关于支持赣南等原中央苏区振兴发展的若干意见》指出，要“集中力量打好新阶段扶贫攻坚战”，将赣南等原中央苏区建设成为“全国革命老区扶贫攻坚示范区”，“为全国革命老区扶贫开发、群众脱贫致富、全面建设小康社会积累经验，提供示范”。

赣南苏区振兴发展战略是要用 8 年时间，还清 80 年的历史欠账（胡宗洪，2012），为此，必须采取非常之举。事实也正是这样，党的十八大以来，赣南苏区积极发挥后发优势，实施了原中央苏区振兴发展政策、精准扶贫精准脱贫政策、乡村振兴政策，三重政策叠加成效巨大。一方面，跟省内其他地区比较，赣南等原中央苏区的增长速度相对比较快，有些（如赣州）名列前茅。另一方面，其发展呈现许多亮点，显示其脱贫攻坚质量较高。如中国赣州（青峰）药谷、中国稀金谷、新能源汽车、蔬菜产业等，对于促进赣南苏区产业转型升级非常重要，对赣南苏区振兴发展发挥了很大的推动作用。

2. 习近平脱贫攻坚战略在赣南苏区的成功实践

习近平脱贫攻坚战略是习近平新时代中国特色社会主义思想的重要组成部分。赣南是革命的摇篮，也是国家特级贫困地区，是脱贫攻坚的重点对象。拔掉穷根、消灭贫困的呼声响彻赣南大地，习近平总书记的脱贫攻坚战略在赣南不仅已经落地生根，而且已经开花结果，脱贫成果处处呈现高质量。

首先，高速公路、铁路（高铁）、航空、能源等基础设施建设的陆续推进，极大改善了赣南苏区的发展环境，尤其是昌吉赣深高铁（即赣深高铁）的发展必将改变赣南的区域格局，对赣南苏区城市群及其结构产生深远影响，对一二三产业融合发展将会带来巨大的市场需求，产生巨大的推动作用。

其次，产业扶贫找准路子、突出特色。赣南农村主要以现代农业为主，有脐橙、油茶、蔬菜三大优势农业产业。扶贫产业要可持续发展，才能真正实现贫困地区的彻底脱贫；而要保持扶贫产业的健康发展，唯有不断创新才能实现。产业创新、企业创新、市场创新、产品创新、管理创新、模式创新等都必须跟上。赣南苏区以“公司 + 基地 + 贫困户”的模式运作，建立了贫困户脱贫攻坚的利益连接机制，确保脱贫可持续。

最后，精准扶贫扶到点上、根上。精准扶贫、精准脱贫是脱贫攻坚战的基本方略。精准扶贫要找准靶心，事事精准、步步精准、环环精准，要扶到点上、根上，让贫困群众真正得到实惠，不断增加获得感。如“易地搬迁移民”是精准扶贫的“点”，“五保户”“低保户”是精准扶贫的“点”，“烈士遗孀和子女”是精准扶贫的“点”等。

二、主要研究方法

（一）资料收集方法

1. 深度访谈

为了收集研究所需的资料，2017 年分别在信丰县、兴国县、安远县进行了 3 次比较集中的访谈。访谈工作由红色原野调研社的魏日盛、王海涛、杨婷婷、刘梦怡等研究生负责。访谈对象既包括乡镇领导、村“两委”领导，也包括贫困户、非贫困户，还包括农民专业合作社主要负责人、合作社成员等。访谈方式根据访谈对象的时间安排，根据事先拟好的访谈提纲分别进行。具体时间如下：

（1）信丰县。信丰县是苏区全红县，但并非国定贫困县。2017 年 2 月，在信丰县西牛镇曾屋村驻村一个星期，先后访谈了西牛镇领导、曾屋村党支部书记、村主任、合作社总经理、村委会成员、合作社股东（贫困户）、贫困户、合作社务工人员、老党员、农家乐厨师、道长等，接受访谈的人数近 20 人。

（2）兴国县。兴国县既是著名的苏区县，同时也是国定贫困县、国家扶贫开发重点县、罗霄山脉集中连片特困县。其下属南坑乡是离兴国县城最远的一个乡，经济社会发展比较落后，南坑村属于深度贫困村。2017 年 7 月上旬，在兴国县南坑乡访谈了该乡乡长、乡党委委员、南坑村支部书记、村主任以及其他村农民专业合作社理事长、贫困户、“低保户”“五保户”、非贫困户、上访人员等，接受访谈的人数共计 14 人。

（3）安远县。安远县处于山区边远地，既是苏区全红县，也是国定贫困县。2017 年 7 月中旬在安远县镇岗乡访谈了该乡乡长、乡党委委员以及赖塘村、老围村、黄洞村、镇岗村共 4 个村的负责人，此外还访谈了 4 户贫困户、2 名农民专业合作社负责人，接受访谈的人数共计 13 人。

2. 座谈会

2015 ~ 2017 年先后多次到访兴国、信丰、安远三县，通过召开有相关部门参加的座谈会，了解各地脱贫攻坚、苏区振兴的情况，并进行实地察看，收集了大量的研究资料。具体情况如下：

2015 年 8 月，由江西师范大学党委书记、苏区振兴研究院田延光教授带队，前往赣州市赣南苏区振兴发展工作办公室调研，通过召开座谈会了解赣南苏区脱贫攻坚、苏区振兴的整体情况。2017 年 12 月，田延光再次带队前往赣州召开座谈会，并与赣南苏区振兴发展工作办公室签署战略合作协议，进一步发挥双方各自的优势，深入开展苏区振兴发展的研究工作（见图 1－1）。

图 1－1　江西师范大学苏区振兴研究院、赣南苏区振兴发展工作办公室战略合作签署仪式

2016 年 7 月、2017 年 2 月和 5 月，江西师范大学苏区振兴研究院先后多次前往信丰县调研。为配合调研，信丰县振兴办、扶贫办、文广局分别在 2016 年 7 月、2017 年 2 月召开了苏区振兴发展、脱贫攻坚、文化扶贫座谈会，相关部门参加，汇报了信丰苏区振兴发展、脱贫攻坚的相关情况。

座谈会前后，调研组先后实地参观考察了信丰县西牛镇曾屋村、信丰县万亩油茶园、铁石口镇、新田镇的坪地山村、花历村、金鸡村、铜锣丘村、正平镇球狮畲族村以及合兴之家社区、大塘社区等。

2017 年 5 月，苏区振兴研究院又先后前往信丰县，深入产业基地、永青蔬菜专业合作社实地调研，与合作社负责人座谈，收集研究资料。

2016 年 7 月、2017 年 7 月，江西师范大学苏区振兴研究院前往兴国县调研，由兴国县振兴办牵头，召开了两次座谈会，十几个部门参加座谈会，汇报了兴国县脱贫攻坚和苏区振兴的相关情况，调研组分头到县教育、民政、社保等部门访谈，并收集了大量研究资料。

座谈会后，调研组前往兴国县茶园乡十八排、潋江现代农业示范园及其赣州市中心城区商品蔬菜基地兴国县汇泉种植专业合作社、芦荟园种植专业合作社、兴国县社会福利中心、杰村乡万亩油茶基地及含田村精准扶贫点、含田蔬菜基地、茶园乡十八排风力发电场等进行实地调研（见图1－2）。

图1－2 兴国县茶园乡十八排

2017年7月结束兴国县座谈会及其周边乡镇调研后，调研组前往南坑乡调研，召开了5次座谈会。5次座谈会具体分两类：一类是乡村干部座谈会，另一类是入户座谈会。其中，乡村干部座谈会一是在南坑乡召开了由南坑乡领导等相关人员参加的座谈会，旨在了解南坑乡脱贫攻坚、苏区振兴的情况；二是在南坑村召开了村党支部书记、村主任参加的座谈会，旨在了解南坑村脱贫攻坚的情况（见图1－3）。

入户座谈会主要选择在南坑乡政府所在地的南坑街上进行。根据座谈对象又具体分成3类，即教师座谈会、贫困户座谈会、非贫困户座谈会。其中，教师座谈会选择在南坑初中一教师家中进行，通过座谈，了解精准扶贫、精准脱贫政策的实施情况以及教育扶贫的相关情况。

图 1－3　2017 年 7 月苏区振兴研究院在兴国县南坑乡南坑村召开座谈会

贫困户座谈会选择在红军烈士后代家中进行。该户人家男户主属于红军烈士后代，妻子因病生活无法自理，儿子虽已成家，但也是残疾人。通过座谈，既可以了解苏区振兴政策中关于红军烈士后代的优抚政策，又可以了解精准扶贫政策中关于贫困户帮扶、社保兜底、大病医疗保障等政策的实施情况。

非贫困户座谈选择在一位文化水平较高、社会阅历较丰富的长者家中进行。希望通过座谈，从中了解收集南坑乡在脱贫攻坚、苏区振兴中的实际情况及其成效评价。

2016 年 9 月、2017 年 7 月，江西师范大学副校长涂宗才、党委书记田延光分别前往对口支援县安远县调研，本书作者随行，并参加座谈会（见图 1－4）。2016 年 12 月，安远县县委副书记带队来到江西师范大学，涂宗才副校长主持了座谈会，本书作者参会。通过参加这 3 次活动，进一步了解了安远县苏区振兴实施情况，并收集到了相关研究资料。

3. 通过校友收集

通过校友收集资料也是本书资料收集的一个特色。比如安远县教育局党委委员、安远县中等职业技术学校校长赖永胜就是江西师范大学的优秀校友。在赖校长的大力帮助下，本书收集到了安远县近年来教育发展方面的资料。

4. 通过网络收集

本书所需的资料主要是通过深度访谈、座谈会以及实地考察等方式收集，除

图 1－4 江西师范大学、安远县政府对口支援战略合作座谈会

资料来源：安远县政府。

此之外，通过网络收集也是重要的资料收集方法。作者主要访问了江西省扶贫和移民办公室官网、信丰县人民政府官网、兴国县人民政府官网、安远县人民政府官网、中国知网等，收集了相当数量的资料。此外，魏日盛、王海涛、杨婷婷、刘梦怡还于 2017 年 7 月专程前往信丰县西牛镇收集资料。

通过上述途径收集到了比较齐全的研究资料，从而为本书的研究奠定了比较坚实的资料基础。

（二）研究方法

本书以定性研究为主，具体采用了文献研究和案例研究两种方法。

1. 文献研究法

文献研究法是一种古老而又富有生命力的科学研究方法。主要指收集、鉴别、整理文献，并通过对文献的研究形成对事实的科学认识的方法。通过深度访谈、座谈会以及网络，本书作者收集了相当多的文献资料，这些资料既包括江西省、赣州市以及信丰县、兴国县、安远县及其相关下辖乡镇的党政文件，也包括各种新闻报道、评论、学术论文等；既有文字，也有图片、图表、标语、条幅等；既有印刷文本、电子文档，也有部分手写文本；既有内部资料，也有公开资料，有的可能涉及公民的隐私。这就要求研究者分清情况，斟酌使用，并通过对这些文献的研究，得出合乎赣南苏区实际的科学结论。

2. 案例研究法

案例研究法是实地研究的一种。研究者选择一个或几个场景为对象，系统地收集数据和资料，进行深入研究，用以探讨某一现象在实际生活环境下的状况。案例研究重在回答“如何改变”“为什么变成这样”及“结果如何”等研究问题。其优点是着重于当时事件的检视，不介入事件的操控，可以保留事件的整体性，发现有意义的特征。相对于其他研究方法，该研究方法能够对案例进行厚实的描述和系统的理解，对动态的相互作用过程与所处的情境脉络加以掌握，可以获得一个较全面与整体的观点（杜晶晶、丁栋虹，2013）。

为了更加深入地研究赣南脱贫攻坚、苏区振兴发展，本书以信丰、兴国、安远三县为例，研究三县如何进行脱贫攻坚、苏区振兴的工作，以及工作成效如何等问题。为了回答这些问题，本书采取了案例研究的方法。

三、主要研究内容

高质量的脱贫攻坚涉及内容较多，集中表现为十大扶贫工程，其中以产业扶贫、教育扶贫、社会保障扶贫、易地扶贫搬迁等扶贫措施作用最为显著。产业扶贫将在本书姊妹篇《赣南产业扶贫与乡村振兴：赣州市信丰县、兴国县、安远县的实践》中专门介绍，因此，本书主要研究社会保障扶贫、易地扶贫搬迁、教育扶贫三个问题。为了更清晰地了解赣南在这些方面开展的情况，本书以信丰、兴国、安远三县为例，分别按照三大专题展开。第五章则采取综合的方法，专门研究三县脱贫攻坚的整改情况。具体章节如下：

第一章，绪论。共分三节。第一节引言部分主要交代了开展本研究的背景、目的、意义以及主要研究方法、研究内容。第二节主要从地理位置和主要特色以及经济发展情况两个方面分别介绍了信丰、兴国、安远三县的概况，从而为读者提供一个基本轮廓。第三节主要介绍赣州市脱贫攻坚的整体情况，有利于读者从宏观上把握赣南苏区脱贫攻坚进展情况。

第二章，社会保障扶贫情况。在社会保障扶贫工作中，赣南创新机制，将社会保障、医疗保险、民政救助政策有机融合，建立了“一个窗口、四道保障线”新机制。本章的社会保障扶贫根据赣南的实际情况进行了扩展，将医保、民政救急难扶贫也合并其中。全章共分三节，从主要政策举措、实施情况两个方面，分别介绍了近年来信丰、兴国、安远三县社会保障扶贫的开展情况。

第三章，易地扶贫搬迁情况。易地扶贫搬迁是赣南苏区脱贫攻坚的难点。从全国看，该政策经历了从探索到不断完善的过程，在此过程中曾经被赋予了其他功能，一度产生了一些偏差，不仅没有达到扶贫效果，而且加重了贫困户的经济负担。直到中央出台文件明确相关标准，该政策才真正发挥了助力脱贫的效用。本章共分三节，从主要政策措施、易地扶贫搬迁实施两个方面，分别介绍了信丰、兴国、安远三县易地扶贫搬迁的开展情况。

第四章，教育扶贫情况。教育扶贫是解决赣南苏区贫困问题的根本之策，但无法立竿见影，需要一茬接着一茬干，久久为功。赣南教育扶贫既要还清学校基础设施、设备等硬件建设方面的欠账，也要还清师资薄弱、待遇低下等软件方面的欠账；既要解决城乡教育发展不平衡的问题，也要解决城区学校之间发展不平衡的问题。为了使读者更好地了解赣南苏区教育扶贫问题，本章共分三节，从扶贫政策以及实施两大方面，分别介绍信丰、兴国、安远三县的教育扶贫情况。

第五章，脱贫攻坚整改。这是党和政府在脱贫攻坚战进入最后阶段的关键时期部署的一项重大工作。整改的目的是拧干脱贫水分，补足脱贫短板，确保脱贫质量，实现高质量脱贫。为了使读者更好地了解赣南脱贫攻坚整改情况，本章共分四节，其中，第一节介绍了脱贫攻坚整改工作开展的背景，其他三节则从脱贫攻坚的动员、实施两个方面，分别介绍了信丰、兴国、安远三县脱贫攻坚整改开展情况。

第六章，研究结论。这是对全书的总结。本章从政策、做法两个方面进行了总结。本书作者认为，赣南苏区脱贫攻坚工作中创造的许多做法具有启示性意义，值得推广。因此，在启示部分，主要介绍了兴国县的两个创新案例，希望对其他革命老区、深度贫困地区的脱贫攻坚工作有所裨益。

第二节 三县概况

一、地理位置与主要特色

（一）信丰县

信丰县人民政府网站对该县进行了简短的介绍，并归纳了其主要特色。信丰县地处江西南部、赣州中部，居贡水支流桃江中游。东邻安远县，南靠龙南县、定南县、全南县，西连广东南雄市，西北接大余县，北界南康区、赣县区。处于大赣州都市区1小时城市经济圈，广州、深圳和南昌4小时经济圈，是珠三角、海西经济区的直接腹地（见图1－5）。

图1－5　信丰县行政图

资料来源：360图片。

信丰建县于唐永淳元年（公元682年）。全县面积2878平方公里，辖16个乡镇、1个省级工业园区、304个村（居）委会，总人口77.5万。截至2013年底，信丰县城建成区面积达26.8平方公里，城市人口达25.8万人，是赣州南部6县（信丰、龙南、安远、定南、寻乌、全南）唯一城区面积突破25平方公里、城市人口突破25万的县城，迈入江西省中等城市行列，同时也是赣南次中心城市之一。

2017年，全县地区生产总值188.29亿元，完成财政总收入18.33亿元，500万元以上固定资产投资实现182.36亿元，社会消费品零售总额实现49.1亿元，出口总额2.31亿美元，城镇居民人均可支配收入28056元，农村居民人均可支配收入11909元。信丰县主要特点如下：

1. 人信物丰之地

信丰自古以“饶谷多粟、人信物丰”著称，县名即取“人信物丰”之意。有全国重点文物保护单位“江南第一宋塔”——大圣寺塔。99%属客家民系，民风淳朴，崇文信礼。矿产资源丰富，已探明元素配分全、品位好的稀土储量近6万吨，石灰石储量7000万吨，麦饭石矿储量达251万吨。信丰红瓜子、萝卜干闻名遐迩。铁石口镇是全国最大的红瓜子加工销售集散地，年吞吐量达1.5万吨，当地人利用传统的炒红瓜子手艺，收集外地种植的红瓜子，炒制后外销，逐渐形成了专业的红瓜子市场。在铁石口红瓜子一条街上，沿街都是售卖红瓜子的店面。

近年来铁石口镇大力扶持农业特色产业发展，不断加大对产业示范基地、良种培育、技术培训等方面的财政资金补贴，新建3000平方米制种基地温室大棚，2015年籽瓜种植规模超3000亩，年产本地红瓜子约4万斤。

2. 中国脐橙之乡

信丰是赣南脐橙发祥地，被授予“中国脐橙之乡”称号。信丰脐橙已有40多年种植历史，品质极佳，先后荣获“国优”“部优”产品称号，被认定为绿色食品A级产品。信丰是中国唯一的脐橙标准化示范区，是赣南脐橙出口基地，产品畅销海内外，全县共有脐橙20多万亩。

3. 著名革命老区

信丰是中央苏区21个全红县之一、红军长征突破第一道封锁线所在地、南方三年游击战争核心区域、著名的“赣南四整”之一——“信丰整纪”之地。毛泽东、周恩来、朱德、彭德怀、项英、陈毅等老一辈无产阶级革命家曾在这里进行了伟大的革命实践。涌现了曾思玉、曾保堂、彭寿生、童国贵、李长暐五位开国将军。孕育了“敢突破、善坚守、整纲纪、求胜利”的信丰革命精神。

4. 千里北江源头

发源于信丰县中坝的北江是珠江第二大水系，是联系中原文化和岭南文化的重要纽带，有“文化丝绸之路”之称。信丰生态环境优良，全县森林覆盖率70.17%，是国家级生态示范区、全国绿化模范县、全省林业建设先进县，有国家级森林公园——金盆山森林公园。年径流总量54.5亿立方米，常年保持国家Ⅱ类水标准。

5. 京九投资热土

信丰区位优越，素有“赣粤闽三省通地”之称。京九铁路、大广高速、寻全高速、105国道、357国道纵横全境，到赣州机场只需40分钟，赣深客专正在建设。信丰工业园区是省级重点工业园区、“十百千亿”工程百亿园区。电子信息、食品制药、新型建材三大优势产业加速集聚，电子信息首位产业快速壮大。信丰正成为全市、全省最具竞争力的投资洼地和发展高地之一。

（二）兴国县

根据兴国县政府网站的信息，兴国概况如下：

兴国县位于江西省中南部、赣州市北部，东倚宁都，东南邻于都，南连赣县，西邻万安，西北接泰和，北毗吉安市青原区、永丰县，连接吉泰盆地，距赣州市82公里、省会南昌346公里。全县辖25个乡镇、1个经济开发区、304个行政村、8个城市社区，全县总面积3215平方公里，总人口85万（见图1－6）。2017年，全年实现生产总值158.42亿元，增长9.1%；财政总收入17.01亿元，增长13.1%；公共财政预算收入7.83亿元，同口径增长9.5%；税收占财政总收入比重达87.9%，全市排名第一；500万元以上固定资产投资131.79亿元，增长14.3%；实现社会消费品零售总额43.34亿元，增长12.6%；全县贷款余额149.4亿元，净增23.72亿元，存贷比61.91%；三次产业比调整为19.3∶48.1∶32.6。全年财政总支出44.53亿元，增长10%。城乡居民人均可支配收入分别达26044元、9729元，分别增长9.1%、10.63%。兴国县的主要特点如下：

图1－6　兴国县地图

资料来源：360图片。

1. 历史悠久、人杰地灵

兴国建县于三国时期，至今已有近1800年的历史。著名人物古有唐代“江南第一宰相”钟绍京，宋代理学诗文家李潜、李卿、李仆父子兄弟七进士，明代史学家吕复，钦天监灵台博士廖均卿，清雍正重臣礼部侍郎王思轼，近有美国决策科学会议主席、泛美大学教授李电白博士，美国加州州立科技综合大学终身教授范新亚以及著名史学家、目录学家姚名达等。

2. 苏区模范、红色故土

兴国县是全国著名的苏区模范县、红军县、烈士县和誉满中华的将军县。毛泽东、朱德、周恩来、陈毅等老一辈无产阶级革命家都曾在这里工作和战斗过。苏区时期，全县23万人口，参军参战的就达9.3万余人，为国捐躯的达5万多人，全县姓名可考的烈士达23179名，长征路上几乎每一公里就有一名兴国籍将士倒下。在血与火的考验中，孕育了肖华、陈奇涵等56位共和国开国将军。毛泽东同志曾称赞兴国人民创造了“第一等工作”，并亲笔书写了“模范兴国”的奖旗授予兴国（见图1－7）。

图1－7 模范兴国

资料来源：360百科。

3. 山川秀丽、风情独特

境内红、绿、古等各色景点交相辉映，是旅游、休闲、观光的好地方。红色方面，拥有以“一院”（潋江书院）、“二馆”（将军馆和革命历史馆）、“六园”

（作风园、调查园、兵工园、名人园、烈士园、将军园）、“七大革命旧址”（土地革命干部培训班旧址、中共江西省委旧址、江西省第一次工农兵代表大会旧址、江西军区旧址、长冈乡调查旧址、中央兵工厂旧址、中国工农红军总医院暨红军军医学校旧址）为代表的红色景点。绿色方面，冰心洞、太平岩、宝石仙境、丹霞湖和均福山森林公园等自然景观神工造化，风光秀丽，各领风骚。古色方面，兴国山歌闻名遐迩，被列入首批国家级非物质文化遗产名录，是文化部命名的“中国民间艺术山歌之乡”“中国民间文化艺术之乡”；是中国风水文化的发源地，梅窖三僚被海内外盛称为“中国风水文化第一村”，入选“全省十大特色景区”和“江西乡村游十大美景”，世界各地的风水爱好者每年都云集三僚开展文化研习活动，兴国三僚风水文化被列入省级非物质文化遗产保护项目。

4. 资源丰富、物产富饶

矿产资源方面，已探明储量较大的资源有萤石、石灰石、高岭土、金、钨、钼等20多种，是赣州氟化工基地；农林资源方面，盛产脐橙、茶油、生猪、灰鹅等，是国家命名的“中国油茶之乡”“中国灰鹅之乡”“中国红鲤鱼之乡”。

5. 交通便捷，区位优越

兴国县位属赣州市1小时城市经济圈，距赣州黄金机场、井冈山机场均1小时路程；可通过京九铁路、浙赣铁路与长江三角洲进行经济联系；紧邻广州黄埔港、深圳蛇口、汕头港，福建厦门港等港口，路程均在550公里以内，且都有高速公路相连接；境内有319国道和泉南高速公路经过，泉南高速在兴国段有三个互通口，距昆厦高速公路40公里；兴赣高速建成通车，昌赣客专、兴泉铁路加速推进，兴赣高速北延、瑞兴于快速交通走廊开工建设，“四纵四横”、综合交通网络初步形成；随着兴国至井冈山红色旅游高速公路的规划建设，交通将更加便捷。

6. 社会和谐、经济繁荣

近年来，兴国县在上级党政的正确领导下，大力弘扬苏区模范光荣传统，与时俱进，开拓创新，实现了全县经济社会各项事业的全面健康较快发展。

（三）安远县

安远县位于江西省南部，东毗会昌县、寻乌县，南邻定南县，西连信丰县，北接于都、赣县。东西宽约48.8公里，南北长约84.6公里。2005年，全县面积2374.59平方公里，占赣州市面积的6%，江西省面积的1.4%。安远县人民政府驻地欣山镇，距赣州市172公里，距省会南昌市586公里。全县设有8镇10乡，151个行政村，16个居民委员会，1734个村民小组（见图1－8）。2014年，全县户籍总人口为398126人，比上年末增加15916人，增长4.2%。其中农业人口为 331089 人，非农业人口为 67037 人。人口计生部门年报显示，全年全县出生人口 5545 人；死亡人口 2591 人；全年净增人口 2854 人，比上年多增 142 人。人口自然增长率为 7. 21‰。出生人口性别比为 110. 88。

图 1－8 安远县行政区划

资料来源：360 图片。

2017年，全县实现生产总值66.78亿元，增长9.1%；规模以上工业增加值增长8.6%；固定资产投资41.7亿元，增长14.2%；社会消费品零售总额20.07亿元，增长10.8%；城镇居民人均可支配收入23111元，增长8.7%；农村居民人均可支配收入9227元，增长10.2%。财政总收入突破8亿元大关，达到8.09亿元，增长11.9%；支出结构不断优化，完成公共财政预算支出28.34亿元，增长11.6%。金融存贷保持平稳，全县金融机构各项存款余额为131.64亿元，增长20.7%；贷款余额为93.2亿元，增长41.4%；存贷比为70%，同比提高9.5个百分点。安远县主要特点如下：

1. 千年古县

因有濂江水之清，安远别号濂江。公元544年（南朝梁大同十年）置安远县，属南康郡。县名因境内有安远水而得，一直沿用。建县后，几经析并易属。公元1310年（元至大三年）复置安远县，属赣州路，后无废置，相沿至今。

2. 文化名县

安远县底蕴深厚，独具特色。安远县是“中国采茶戏艺术之乡”，国家非物质文化遗产赣南采茶戏的发源地，是全国第五、江西首个“中国楹联之乡”。安远县是客家人聚居地，客家文化源远流长。安远县文物古迹甚多，最负盛名的有：建于宋绍圣四年（1097年）的无为寺塔，建于清道光二十二年（1842年）的赣南最大客家方形围屋东生围，建于清顺治九年（1652年）的永镇廊桥，均为国家重点文物保护单位。

3. 旅游大县

安远县风光秀丽，景致宜人。境内的三百山是香港和深圳地区饮用水东江的源头，是国家级森林公园、国家级风景名胜区、国家4A级旅游景区，空气清新，每立方厘米负离子含量高达7万个单位，是纯天然的绿色“氧吧”，也是全国唯一对香港同胞具有饮水思源意义的旅游胜地。县内乡村旅游、温泉旅游、红色旅游等资源丰富，别具魅力。

4. 生态强县

安远县山清水秀，是绿色家园。全县森林覆盖率84.3%，是全国平均水平的4倍，比全省平均水平高20个百分点。全县果园面积30万亩，其中生态脐橙园26万亩，生态产业卓有成效。全县气候宜人，空气清新，境内地表水呈天然弱碱性，是休闲养生的天然宝地。

5. 苏区全红县

光荣传统，永励后人。安远县是人民军队建设史上的重要转折地、中央苏区反“围剿”斗争的重要前沿阵地、苏区精神的重要发祥地。苏区时期，安远是会（昌）寻（乌）安（远）中心县委的组成县份。1927 年 10 月 22 日，朱德、陈毅等率南昌起义军余部在天心圩进行了“天心整军”，这是著名的“赣南四整”的开端，是我军从失利走向胜利的重要转折点，是人民军队建军思想的源头之一。据 1932 年中共江西省委统计，安远全县 10.01 万人中有 12618 人参加红军，12052 人支前作战，平均每 8 人就有一人参加红军，有名有姓的烈士 2136 人，为革命的胜利做出了不可磨灭的贡献。

二、经济发展情况

（一）三县经济发展情况

1. 纵向比较

2012 年 6 月，中央正式出台了《国务院关于支持赣南等原中央苏区振兴发展的若干意见》，为了更好地比较，本书选取 2011 年三县的数据作为参照，依据三县政府工作报告等文件，制作了 2011 ~ 2017 年的经济数据。主要包括 8 个指标，即地区生产总值、财政总收入、500 万元以上固定资产投资、社会消费品零售总额、银行存贷比、三次产业比例、城镇人均收入、农村人均收入。具体如表 1 – 1、表 1 – 2、表 1 – 3 所示。

表 1 – 1 信丰县经济状况（2011 ~ 2017 年）

项目 / 年份	地区生产总值（亿元）	城镇人均收入（元）	农村人均收入（元）	财政总收入（亿元）	500 万元以上固定资产投资（亿元）	社会消费品零售总额（亿元）	银行存贷比（%）	三次产业比例
2011	100.67	15256	5800	8.106	68.13	31.34	50.0	20.6 : 44 : 35.4
2012	112.38	16780	6550	10.3	77.2	27.89	53.1	20 : 45 : 35
2013	129.1	19100	7755	12.21	98.4	31.53	52.2	19.2 : 42.1 : 38.7
2014	143.83	21247	8596	14.18	119.75	35.44	51.4	18.2 : 42.1 : 39.7
2015	153.18	23629	9700	16.0	140.3	40.3	52.8	17.8 : 41.4 : 40.8
2016	170.69	25756	10670	16.38	162.09	44.44	58.1	17.3 : 40.3 : 42.4
2017	188.29	27945	11630	18.33	182.36	49.1	60.3	16.7 : 39.9 : 43.4

资料来源：①信丰县政府工作报告；②信丰县历年国民经济和社会发展计划执行情况与国民经济和社会发展计划的报告；③信丰县国民经济和社会发展统计公报。

表 1－2　兴国县经济状况（2011～2017 年）

项目 年份	地区生产总值（亿元）	城镇人均收入（元）	农村人均收入（元）	财政总收入（亿元）	500 万元以上固定资产投资（亿元）	社会消费品零售总额（亿元）	银行存贷比（%）	三次产业比例
2011	89.7	10900	3961	7.61	41.2	23.6	52.3	25.4∶47.9∶26.7
2012	100.09	12208	4476	9.11	54.83	22.76	49.7	24.8∶47∶28.2
2013	110.84	17215	5285	10.78	68.5	25.79	53.3	23.8∶47.6∶28.6
2014	121.82	20224	6255	13.01	—	29.26	54.0	22.5∶48.2∶29.3
2015	128.91	22044	7834	14.32	98.38	33.7	54.0	22.1∶46.8∶31.1
2016	141.56	23872	8794	15.04	115.3	38.5	—	21.9∶46.3∶31.8
2017	158.42	26044	9729	17.01	131.79	43.34	61.91	19.3∶48.1∶32.6

资料来源：①兴国县政府工作报告；②兴国县历年国民经济和社会发展计划执行情况与国民经济和社会发展计划的报告。

表 1－3　安远县经济状况（2011～2017 年）

项目 年份	地区生产总值（亿元）	城镇人均收入（元）	农村人均收入（元）	财政总收入（亿元）	500 万元以上固定资产投资（亿元）	社会消费品零售总额（亿元）	银行存贷比（%）	三次产业比例
2011	35.2	8796	3698	3.3	6.96	11.5	48.67	32.0∶25.3∶42.7
2012	39.9	9805	4160	4.5	9.3	11	49.19	31.2∶24.8∶44
2013	44.5	11070（预计）	5050（预计）	5.36	11.92（同 2012 年）	12.36	52.24	31.3∶24.4∶44.3
2014	48.8	18084	6113	6.3	26.1	13.9	58.50	29.8∶24.4∶45.8
2015	52.4	19675	7537	7.0028	30.96	16.02	58.70	28.4∶23.1∶48.5
2016	58.54	21251	8371	7.23	36.54（同 2012 年）	18.12	60.46	27.6∶22.0∶50.4
2017	66.78	23111	9227（预计）	8.09	41.7（同 2012 年）	20.07	70	24∶23.6∶52.4

资料来源：①安远县政府工作报告；②安远县历年国民经济和社会发展计划执行情况与国民经济和社会发展计划的报告。

综合上述三县衡量经济发展的 8 个指标可以看出，自 2012 年以来三县经济均取得了长足发展，具体体现在以下四个方面。

第一，三县经济总量增长较快。三县2017年较2011年均出现了大幅度增长，其中，信丰县地区生产总值从2011年的100.67亿元增长到2017年的188.29亿元，增幅高达87%；兴国县地区生产总值在2012年首破百亿元大关，从2011年的89.7亿元增长到2017年的158.42亿元，增幅为77%；安远县地区生产总值也获得了长足增长，从2011年的35.2亿元增长到2017年的66.78亿元，增幅更是高达89.7%，为三县最高。显示其发展后劲十足。

第二，三大产业结构比例不断完善。信丰县三次产业结构比例从2011年的20.6∶44∶35.4调整到2017年的16.7∶39.9∶43.4，其中，第一产业、第二产业比例逐年降低，第三产业迅速升高，其幅度达到22.6%。虽然第一产业、第二产业比例逐年降低，但是其质量却获得明显提升，原因在于近年来信丰县在农业部对口帮扶下大力建设现代农业，不断调整、优化农业内部结构，推动农业实现转型升级；在工业领域，其规模以上固定资产投资尤其是500万元以上固定资产投资从2011年的68.13亿元迅速增长到2017年的182.36亿元，增幅高达67.7%。社会消费品零售总额从2011年的31.34亿元增长到2017年的49.1亿元，增幅达到56.7%，表明第三产业已经成为拉动信丰县经济增长的主要力量之一。在当前中美贸易摩擦呈现加剧趋势的情况下，消费恐将成为经济增长的"稳定器"。兴国县三次产业结构比例从2011年的25.4∶47.9∶26.7调整到2017年的19.3∶48.1∶32.6，其中第一产业所占的比例下降明显，第二产业保持相对稳定，第三产业增长较快。虽然第二产业比例变动不大，但是其内部结构却获得了质的变化，主要表现是500万元以上固定资产投资得到根本改观，从2011年的41.2亿元增加到2017年的131.79亿元，增幅高达220%。社会消费品零售总额则从2011年的23.6亿元上升到2017年的43.34亿元，涨幅达到83.6%，表明第三产业已经成为兴国县经济增长的主要驱动力之一。安远县的三次产业结构比也呈现不断完善的趋势，从2011年的32.0∶25.3∶42.7调整到2017年的24∶23.6∶52.4，第一产业、第三产业比例变动最为明显，其中第一产业比例下降明显，第三产业比例上升幅度最大，所占比重也最大，表明第三产业已经成为拉动安远经济发展的主要动力。社会消费品零售总额从2011年的11.5亿元上升到2017年的20.07亿元，增幅达到74.5%就是明证。

第三，财政总收入增长明显。三县中，信丰县财政总收入从2011年的8.106亿元迅速增长到2017年的18.33亿元，增幅为126%；兴国县财政总收入从2011年的7.61亿元增长到2017年的17.01亿元，增幅为123.5%；安远县财政总收入从2011年的3.3亿元增长到2017年的8.09亿元，增幅为145%，属于三县中增幅最大的县。三县财政总收入增长如此之快，除了三县积极抓住苏区振兴、脱贫攻坚的政策机遇，努力发展经济，从而使税收不断增加、本地财政收入不断增长外，主要原因是上级财政的大力扶持。由于财政总收入增长较快，使三县政府有能力和意愿办成了许多之前想办而没有财力办的事情，尤其是民生事业获得了长足发展。

第四，居民收入获得明显增加。三县中，信丰县城镇人均收入从 2011 年的 15256 元增加到 2017 年的 27945 元，农村人均收入从 2011 年的 5800 元增加到 2017 年的 11630 元，涨幅分别达到 83%、100.5%；兴国县城镇人均收入从 2011 年的 10900 元增加到 2017 年的 26044 元，农村人均收入从 2011 年的 3961 元增加到 2017 年的 9729 元，涨幅分别为 138.9%、145.6%；安远县城镇人均收入从 2011 年的 8796 元增加到 2017 年的 23111 元，农村人均收入从 2011 年的 3698 元增加到 2017 年的 9227 元，涨幅分别达到 162.7%、149.5%。三县人均收入都获得了明显增长，说明他们分享了改革开放以及苏区振兴、脱贫攻坚的成果。但是具体情况又各不相同。如果单从增长幅度看，三县中，无论是城镇人均收入还是农村人均收入，安远县的增长幅度都最大；而且，兴国县、安远县城镇人均收入、农村人均收入的增长幅度大于信丰县。但是，从城镇人均收入与农村人均收入增幅比较看，安远县城镇人均收入增幅明显大于农村人均收入，而信丰和兴国县则是农村人均收入增幅明显大于城镇人均收入增幅。其原因可能在于安远县第三产业比较发达，而第三产业主要集中于城镇，因此，城镇居民更容易分享该产业带来的收益。

2. 横向比较

横向比较主要从两个层面进行，一是三县在赣州全市的位置比较，二是相互之间的比较。

（1）三县经济在赣州全市的位置。

赣州下辖 18 个县（市、区），与全国、江西省其他县（市、区）相比，赣南各县（市、区）经济发展虽然总体上都欠发达，但是各自的具体情况并不完全相同。仅以 2013 ~ 2017 年五年的财政总收入为例，各县的差异较大。如将 18 个县（市、区）分为上、中、下三个等次，则章贡区、南康区、赣县、瑞金、于都、信丰位于前六，龙南、兴国、会昌、大余、崇义、定南六县则位于中游，其余县财政总收入则靠后，属于下游。也就是说，在信丰、兴国、安远三县中，信丰财政总收入位于赣州市第一方阵，兴国位于第二方阵，安远位于第三方阵。具体情况如图 1 - 9 所示。

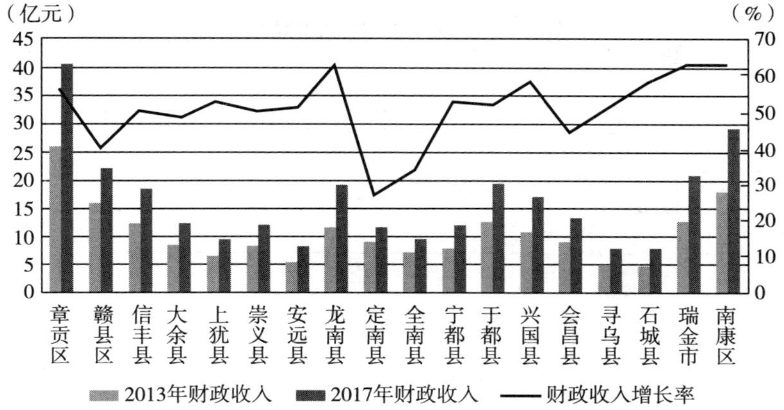

图1－9 赣州18县（市、区）财政总收入情况

经过近几年的努力，赣州各县经济状况获得了极大改善，但是，三县在赣州十八县中的方阵排位并没有改变，2017年各县地区生产总值中，仍然是信丰县位于第一方阵，兴国县位于第二方阵，安远县位于第三方阵。

就2017年的人均生产总值而言，信丰县已经退出了第一方阵，下滑到第二方阵，位居全市第九名，但是，其人均收入（包括城镇居民人均收入、农民居民人均收入）仍然位居第一方阵，仅次于章贡区，位列第二名。兴国县则稳居第二方阵，安远县依然靠后，位居第三方阵（见表1－4）。

（2）三县相互之间的比较。

为了更好地进行横向比较，将上述三个表格相关数据合并成一个表格，详见表1－5。

从表1－5可以看出，三县经济发展的基础差异大。早在2011年，信丰县的地区生产总值就已经过了百亿元，兴国县将近90亿元，安远县远不到兴国的一半。直到2017年，三者之间的差距依然巨大。其中重要原因在于第二产业，即固定资产投资方面差距巨大。在固定资产投资尤其是500万元以上固定资产投资方面，信丰一直保持较快的增长速度，兴国其次，安远则远远落后于信丰、兴国两县，甚至有4个年份（2012年、2013年、2016年、2017年）没有公开500万元以上的固定资产投资情况，这种情况说明第二产业成为安远经济发展的短板。2013年，按常住人口计算，预计安远全县人均生产总值为1.29万元、人均公共财政收入为1090元，分别只有省、市平均水平的41.7%、65.3%和31.2%、50%。安远仍然是全省、全市最落后的县之一，欠发达、后发展依然是安远最基本的县情。

表1-4　2017年赣州市人均产值、收入排名前十的县（市、区）

排名	人均GDP	城镇人均可支配收入	农村人均可支配收入
1	章贡区	章贡区	章贡区
2	龙南县	信丰县	信丰县
3	崇义县	南康区	大余县
4	定南男	瑞金市	龙南县
5	大余县	龙南县	瑞金市
6	全南县	赣县区	南康区
7	赣县区	定南县	于都县
8	南康区	于都县	兴国县
9	信丰县	大余县	会昌县
10	上犹县	兴国县	赣县区

资料来源：赣州市统计局。

表1-5　信丰县、兴国县、安远县经济状况（2011～2017年）

		地区生产总值（亿元）	财政总收入（亿元）	城镇人均收入（元）	农村人均收入（元）	500万元以上固定资产投资（亿元）	社会消费品零售总额（亿元）
2011年	信丰	100.67	8.106	15256	5800	68.13	31.34
	兴国	89.7	7.61	10900	3961	41.2	23.6
	安远	35.2	3.3	8796	3698	6.96	11.5
2012年	信丰	112.38	10.3	16780	6550	77.2	27.89
	兴国	100.09	9.11	12208	4476	54.83	22.76
	安远	39.9	4.5	9805	4160	—	11
2013年	信丰	129.1	12.21	19100	7755	98.4	31.53
	兴国	110.84	10.78	17215	5285	68.5	25.79
	安远	44.5	5.36	11070（预计）	5050（预计）	—	12.36
2014年	信丰	143.83	14.18	21247	8596	119.75	35.44
	兴国	121.82	13.01	20224	6255	—	29.26
	安远	48.8	6.3	18084	6113	26.1	13.9
2015年	信丰	153.18	16.0	23629	9700	140.3	40.3
	兴国	128.91	14.32	22044	7834	98.38	33.7
	安远	52.4	7.0028	19675	7537	30.96	16.02

续表

		地区生产总值（亿元）	财政总收入（亿元）	城镇人均收入（元）	农村人均收入（元）	500万元以上固定资产投资（亿元）	社会消费品零售总额（亿元）
2016年	信丰	170.69	16.38	25756	10670	162.09	44.44
	兴国	141.56	15.04	23872	8794	115.3	38.5
	安远	58.54	7.23	21251	8371	—	18.12
2017年	信丰	188.29	18.33	27945	11630	182.36	49.1
	兴国	158.42	17.01	26044	9729	131.79	43.34
	安远	66.78	8.09	23111	9227（预计）	—	20.07

资料来源：①信丰、兴国、安远三县的政府工作报告；②信丰、兴国、安远三县历年国民经济和社会发展计划执行情况与国民经济和社会发展计划的报告。

在居民人均收入方面，尤其是在农村居民人均收入方面，虽然信丰始终位居三县之首，但是兴国、安远两县的差距并不大。2011年，兴国农民人均收入高于安远农民人均收入7.1%，2017年则仅高于安远5.4%，呈现不断缩小的趋势。

信丰、兴国、安远三县经济发展程度不一的原因有许多，既有区位原因，也有历史原因，还有其他各种复杂的原因，但是，科技创新能力也是其中一个重要原因。

表1－6是根据三县政府工作报告提供的数据制作而成。从表中可以发现，在衡量科技创新能力的各个指标中，安远不详，实际上就是没有。信丰最多，兴国次之，且仅在2017年才出现了以企业为主体的技术创新平台。科技创新水平高低、强弱是衡量内生动力的主要指标之一，创新水平高、创新能力强，自然内生动力就强。企业尤其是高新技术企业是科技创新的主体；通过科技投入，产出专利和新产品，从而提升产品及其企业的市场竞争力，为政府缴纳税收；在自身发展的同时，推动地区经济发展。由于三县各自的内生动力强弱不同，自然造成经济发展程度不同。其中，信丰显然科技创新能力最强，因此其经济发展程度在三县中属于最高。

（二）三县人民生活情况

人民立场是中国共产党的根本政治立场。中国共产党的初心和使命就是为人民谋幸福。在党的十九大报告中，习近平总书记把坚持以人民为中心作为新时代坚持和发展中国特色社会主义的重要内容。他强调：人民是历史的创造者，是决定党和国家前途命运的根本力量。必须坚持人民主体地位，坚持立党为公、执政为民，践行全心全意为人民服务的根本宗旨，把党的群众路线贯彻到治国理政全部活动之中，把人民对美好生活的向往作为奋斗目标，依靠人民创造历史伟业（徐龙建，2017）。

表 1－6　信丰县、兴国县、安远县科技发展情况（2011～2017 年）

		省级工程技术研究中心	省级重点新产品	高新技术企业	其他
2011 年	信丰	—	—	1. 新增高新技术企业 1 家 2. 新增省级民营科技企业 2 家 3. 新增省创新型试点企业 1 家	省、市科技进步奖各 1 项
	兴国	—	—	—	1. “国家科技富民强县计划”等 3 个国家级科技项目顺利通过验收 2. 兴国灰鹅无公害养殖和加工示范项目实施团队被评为国家“十一五”星火计划先进团队
	安远	—	—	—	—
2012 年	信丰	—	—	—	—
	兴国	—	—	—	首次通过全国县（市）科技进步考核
	安远	—	—	—	—
2013 年	信丰	—	—	新增 4 家	1. 首次通过国家科技进步考核 2. 国家科技富民强县续建项目顺利通过验收 3. 争取市级以上科技项目 15 项 4. 申请专利 83 件、授权专利 37 件
	兴国	—	—	—	—
	安远	—	—	—	—

续表

		省级工程技术研究中心	省级重点新产品	高新技术企业	其他
2014 年	信丰	新增 1 个	新增 12 个	新增 2 家	荣获全省专利工作进步十强县
	兴国	—	—	—	—
	安远	—	—	—	—
2015 年	信丰	—	—	—	—
	兴国	—	—	—	—
	安远	—	—	—	—
2016 年	信丰	—	—	—	—
	兴国	—	—	—	—
	安远	—	—	—	—
2017 年	信丰	—	—	—	—
	兴国	1. 国泰特种化工被评为省级企业技术中心 2. 全县建有省级研发中心 3 个	—	—	—
	安远	—	—	—	—

资料来源：信丰、兴国、安远三县县政府工作报告。

人民既是历史的创造者，同时，也是美好生活的分享者。赣南人民既是赣南苏区振兴发展的主体，同时也是苏区振兴发展成果的分享者。上述三县经济发展情况虽然分析了城镇居民、农村居民人均收入增长情况，但仅作为经济发展的一个指标做了简略介绍，且一个指标有一叶障目之嫌，因其无法比较全面地描述苏区振兴政策实施以来三县人民生活变化的情况。为此，本书拟进行专门分析。同样，为了更好地进行比较，以 2011 年的情况作为参照列入其中，将信丰、兴国、安远三县人民生活改善情况分类制作成表格，具体分成 5 个表，分别是：信丰、兴国、安远三县民生实事完成情况、民生支出情况、卫生事业发展情况、文化体育事业发展情况以及社会保障、健康扶贫情况（见表 1 - 7 ~ 表 1 - 17）。

表1-7　信丰、兴国、安远三县民生实事完成情况

		民生实事完成情况
2011年	信丰	民生工程10个方面100件实事全面完成，民生投入增长35.5%
	兴国	重点实施了五大类100件民生实事
	安远	—
2012年	信丰	10大类111件民生实事基本完成，民生投入增长36.7%
	兴国	100项民生实事顺利实施，全县民生支出增长49%
	安远	积极实施了百件民生实事
2013年	信丰	民生百件实事基本完成，全年民生投入增长17.7%
	兴国	100项民生实事基本完成
	安远	积极办好百件民生实事，加大民生投入
2014年	信丰	省、市下达的各项民生指标任务和80件民生实事全面完成，全年财政民生投入增长8.4%
	兴国	—
	安远	全年民生支出增长3.6%
2015年	信丰	全年财政民生投入增长8.4%
	兴国	—
	安远	全年各类民生支出增长22%
2016年	信丰	60件民生实事全面完成
	兴国	全力办好40件民生实事，民生支出增长7.1%
	安远	—
2017年	信丰	60件民生实事全面完成
	兴国	集中力量办好40件民生实事
	安远	全年民生支出增长13.2%

注："—"表示不详。

资料来源：信丰、兴国、安远县历年政府工作报告等。

1. 民生支出情况

表1-8　信丰、兴国、安远三县民生支出情况（2011~2017年）

		民生支出情况		统筹涉农资金（亿元）
		金额（亿元）	占财政预算支出比（%）	
2011年	信丰	9.5	—	—
	兴国	约8.0	约43.6	—
	安远	约6.4	约54.5	—

续表

		民生支出情况		统筹涉农资金（亿元）
		金额（亿元）	占财政预算支出比（%）	
2012 年	信丰	12.95	58.8	3641 万元（扶持资金）
	兴国	21.89	72.1	—
	安远	9.7	62	—
2013 年	信丰	15.2	61	—
	兴国	23	75.7	—
	安远	10.4	61	—
2014 年	信丰	17.4	61.5	—
	兴国	20.3	64.9	—
	安远	10.7	57	—
2015 年	信丰	19.43	60.1	—
	兴国	24.2	71.4	—
	安远	13.27	55.6	2.1（扶贫资金）
2016 年	信丰	一般公共预算支出 44.1	—	—
	兴国	36.53	90.3	—
	安远	22.08	86.9	8.01
2017 年	信丰	32.99	74.8	5.02
	兴国	约 40.0	约 89.8	7.1
	安远	25	88.2	12 亿元用于精准扶贫

注：①“—”表示不详；②兴国县 2011 年、2017 年民生支出系根据《关于兴国县 2011 年财政预算执行情况和 2012 年财政预算（草案）的报告》《关于兴国县 2017 年财政预算执行情况和 2018 年财政预算（草案）的报告》公布的相关数据粗略计算所得。

资料来源：信丰、兴国、安远县历年政府工作报告等。

第一，民生支出主要指各级财政部门用于建立覆盖城乡居民的社会保障体系，增加扩大就业、义务教育投入，提高城乡居民收入，建立基本医疗卫生制度等直接涉及群众利益方面的支出。从表 1－8 民生支出情况看，信丰、兴国、安远一直以来都非常重视民生，平均占比均达到财政预算总额的一半以上。尤其是 2012 年以来，随着苏区振兴政策的不断落实，民生支出不断加大，在财政总支出中的占比不断提高，特别是精准扶贫工作开展后，民生支出迅速加大，其在财政总支出中的占比进一步上升。

第二，在信丰、兴国、安远三县中，信丰民生支出保持逐年不断提升的趋势，兴国、安远从2016年开始急剧升高，其占比分别从2015年的71.4%、55.6%迅速上升到2016年的90.3%、86.9%，其中尤以安远县的涨幅最大，并在2017年进一步上升到88.2%。

第三，从三县政府工作报告看，三县的民生开支主要用于脱贫攻坚、社会保障、医疗卫生、文化教育、农村基础设施建设等方面。随着精准脱贫日期的日益临近，各县民生支出不断加大甚至占财政总支出的绝大部分，一方面说明民生事业得到空前的重视，百姓享受到更多改革开放、苏区振兴的成果，另一方面也客观反映了赣南各县脱贫攻坚任务非常繁重。在脱贫攻坚的后半程，精准扶贫、精准脱贫确实已经成为压倒一切的政治任务、首位工作，必须举全县之力、动用一切财政资源早日完成。而且，三县中，信丰攻坚难度相对较小，安远、兴国攻坚任务繁重，其中又以兴国为最。由于脱贫攻坚投入力度大，成效也比较显著，截至2015年，兴国县贫困村由五年前的165个下降到130个，2.3万户、14.4万人成功脱贫，农村贫困发生率从32.7%下降至9.7%。

2. 卫生事业发展情况

医疗卫生本为一体，但是，为了方便分析，本书进行了区分，将卫生事业单列，而将医疗与社会保障、民政救助合在一块分析，其原因是赣南扶贫领域一个重要创新就是将社会保险、民政、医疗三大部门、领域的政策有机结合，推出了"四道保障线"的健康扶贫举措。

根据三县2011～2017年政府工作报告中有关卫生事业的数据，本书制作了信丰、兴国、安远三县卫生事业发展的情况表，三县卫生事业发展的简要发展情况如表1－9、表1－10和表1－11所示。

表1－9　信丰卫生事业发展情况（2011～2017年）

年份	硬件	软件
2011	1. 人民医院新住院大楼竣工 2. 乡镇卫生院达标工程顺利推进，村卫生室建设得到加强	1. 国家基本药物制度全面实施 2. 为35万群众建立了健康档案 3. 免费治疗白血病和先天性心脏病患儿70人
2012	1. 县人民医院内科住院大楼投入使用 2. 乡镇卫生院改扩建工程完工2万平方米	—
2013	推进了8个乡镇卫生院改扩建和11个村卫生所达标建设	—

续表

年份	硬件	软件
2014	1. 西牛卫生院整体搬迁项目完成主体工程 2. 7 所乡镇卫生院和 32 所村卫生所建设项目稳步推进	食品药品安全示范区创建通过省政府验收
2015	1. 新妇幼保健院完成整体搬迁 2. 大阿、万隆等 4 个乡（镇）卫生院及 36 个村卫生计生服务室项目加快推进	1. 人民医院和妇幼保健院取消药品加成，群众医药费用负担进一步减轻 2. 古陂镇卫生院被评为全国“2014～2015 年度群众满意的乡镇卫生院”
2016	—	—
2017	建成 86 所村卫生计生服务室	—

注：“—”表示不详。

资料来源：信丰县政府工作报告。

表 1－10　兴国县卫生事业发展情况（2011～2017 年）

年份	硬件	软件
2011	—	1. 国家基本药物制度有序实施，新农合参合率达 95.98% 2. 被评为全国基层中医药工作先进单位、全省妇幼卫生工作与妇幼安康工程先进县
2012	县人民医院迁扩建工程稳步推进	县级公立医院综合改革试点工作稳步推进，国家基本药物制度实现基层卫生院和村卫生室全覆盖
2013	县人民医院迁扩建、标准化公办村卫生室建设扎实推进	1. 在全省率先实施县级公立医院改革试点，成功承办全省公立医院改革现场会，顺利通过国务院医改办现场评估 2. 基药使用率达 96.3%
2014	1. 新建乡镇卫生院业务用房及职工周转房 10 所 2. 标准化公办村卫生室 16 所	1. 公立医院综合改革试点做法得到时任国务院副总理刘延东的批示 2. 启动实施常见病多发病防治一体化项目 3. 启动了省级食品安全示范县创建工作
2015	标准化公办村卫生室建设进展顺利	1. 公立医院改革在全省率先实施，试点做法得到国务院领导肯定 2. 县域内就诊率达 93%，群众就医医药费减少支出 2052 万元

续表

年份	硬件	软件
2016	—	1. 在全市率先建立“医学影像诊断系统”和婚育“一站式”服务中心 2. “医养结合”养老模式成为省市示范
2017	1. 4 所卫生院业务用房及职工周转房如期完工 2. 人民医院迁扩建、中医院医技综合楼等项目加快推进	—

注：“—”表示不详。

资料来源：兴国县政府工作报告。

表 1－11　安远县卫生事业发展情况（2011～2017 年）

年份	硬件	软件
2011	—	1. 完善了农村三级卫生服务网络 2. 全面实施了国家基本药物制度 3. 开展了儿童“两病”免费救治
2012	完成了县人民医院门诊大楼主体工程	1. 扎实推进了国家基本药物制度 2. 继续实施了重大疾病免费救治工作 3. 全面完成了国家免费孕前优生健康检查试点项目
2013	县人民医院门诊大楼和孔田中心卫生院住院楼即将投入使用	积极创建省级食品药品安全示范区
2014	全面启动乡镇卫生院标准化建设“三年推进计划”，实施了 6 所卫生院提升改造工程	引进医务人员 124 人
2015	全力推进“三个标准化”建设，6 所乡镇卫生院面貌焕然一新	1. 引进基层卫生院紧缺技术人员 45 人 2. 推进县级公立医院综合改革，全面实行药品零差价销售
2016	推进所有贫困村公有产权卫生室建设	—
2017	所有贫困村建有村级便民服务中心、公有产权卫生室	—

注：“—”表示不详。

资料来源：安远县政府工作报告。

综合以上三个县的卫生建设情况，发现自2012年以来赣南苏区卫生事业取得了长足进步，可以从三个方面进行分析。

第一，基础设施建设不断加快。受限于经济总量小、财力单薄，2011年以前三县卫生事业基础设施建设投入力度非常小，仅信丰县在县乡进行了土建基础设施建设投资。苏区振兴政策实施以来，赣南各地加大了卫生事业的投入，从而使赣南苏区卫生领域基础设施建设情况得到了较大改观，增强了苏区人民的获得感。

第二，农村卫生事业得到前所未有的关注。从表1－9～表1－11的数据可以看出，精准扶贫、精准脱贫政策实施以来，农村卫生事业得到显著增强，不仅乡镇卫生院基础设施建设不断完善，而且还建立了大量的标准化村卫生室。乡镇卫生院、村卫生室建设的不断加强，极大方便了农村居民就近就医，不仅能够有效缓解大医院人满为患的囧状，而且极大降低了农民的就医成本，减轻了经济负担，是实实在在的惠民之举。

第三，医院医疗卫生改革成效显著。在基础设施不断完善的同时，三县医院不断完善软件设施，其中重要举措就是进行公立医院综合改革，全面实施药品零差价销售，实施常见病多发病防治一体化项目，进行“医养结合”试点。系列改革措施的实施，进一步提升了群众在县城内就医的意愿，如兴国县县内就诊率高达93%；在城镇医保、新农合等制度的综合作用下，较大程度上减轻了患者及其家庭的经济负担，提高了满意度。

3. 文化体育事业发展情况

马斯洛需求层次理论认为，人有多方面的需要，而且这种需要呈现层级递进关系。在物质需要得到满足后，人必然追求精神层次的需要。近年来到处兴起的养生、健身活动，弥漫城乡的广场舞就是明证。

习总书记在党的十九大报告中指出：“中国特色社会主义进入新时代，社会主要矛盾转化为人民日益增长的美好生活需要和不平衡不充分的发展之间的矛盾。”这个不平衡是多方面的，既有区域发展的不平衡，如东部沿海地区发展得非常好，中部地区一般，西部地区相对比较落后；也有城乡发展的不平衡；还有阶层发展的不平衡；等等。党的十八大以来，为了解决这种不平衡，满足人民群众日益增长的对美好物质生活和精神生活需要，中央出台了许多政策，如国务院关于支持赣南等原中央苏区振兴发展的政策、脱贫攻坚政策就是其中非常重要的政策。在这些政策大力支持下，赣南苏区各县大力加强城乡文化体育事业的投入力度，尤其注意加强农村地区特别是欠账较多的贫困农村地区文体事业建设。经过几年来的大力投资，信丰、兴国、安远等赣南城乡文体事业发生了巨大变化，尤其是广大农村地区文体基础建设投资实现了零的突破，文化惠民工程、公共文化服务标准化、均等化建设取得重大进展。三县文化体育事业发展的简要情况见表1－12～表1－14。为了便于对照、比较，本书列出了2011～2017年三县的情况，以作为参照。

表1－12　信丰文化体育事业发展情况（2011～2017年）

年份	基础设施	有影响的活动	文物保护	获奖
2011	广播电视“村村通”工程扎实推进，新发展数字电视用户9000户	成功举办首届“橙乡红歌汇”	古陂蓆狮、犁狮列入国家级非物质文化遗产保护名录	1. 县文化馆被评为国家一级馆 2. 体育事业发展有新成效，荣获市运动会团体总分第五名 3. 被评为全国全民健身活动先进单位
2012	—	—	—	连续四年被评为全国全民健身活动先进单位
2013	1. 县体育中心体育场主体工程完工 2. 启动了体育馆、游泳馆建设 3. 建成了16个乡镇综合文化站，100%的行政村建有文化活动室和农家书屋	《信丰脐橙志》出版发行	1. 虎山玉带桥被列为国家级第七批文物保护单位 2. 新增大阿子孙龙等5个省级非遗保护项目	—
2014	1. 中心体育场建成并投入使用 2. 2个乡（镇）、21个村级农村体育健身工程建设 3. 推进了文化惠民工程及公共文化服务标准化、均等化建设 4. “户户通”工程建设加快推进，新增初装有线电视和无线数字电视6635户	1. 协办省运会青少年部足球比赛，被评为“优秀赛区” 2. 举办县第三届老年人体育运动会	—	荣获江西省“合唱之乡”称号

续表

年份	基础设施	有影响的活动	文物保护	获奖
2015	1. 县体育中心基本建成 2. 新建了 15 个乡（村）农民体育健身工程 3. 打造了公共文化服务标准化建设示范点 35 个 4. 完成了 3 万多户直播卫星户户通建设	成功举办了县第六届运动会、“中国梦·橙乡韵”主题合唱艺术节等大型文体活动	加大了对虎山玉带桥、油山上乐塔等文物的保护维修力度	采茶戏《桃花迎春》、微电影《小刀》等一批文化精品在全国荣获大奖
2016	—	—	—	—
2017	1. 南山体育场主体工程基本完工 2. 完成 15 个村级农民体育健身工程	—	—	1. 县群星合唱团获第十四届中国合唱节银奖 2. 信丰本土小戏《玉带桥》获“中华颂·长丰杯”第八届全国小戏小品曲艺大展银奖

注：“—”表示不详。

资料来源：信丰县政府工作报告。

表 1－13 兴国县文化体育事业发展情况（2011～2017 年）

年份	基础设施	有影响的活动	文物保护	获奖
2011	新建乡镇综合文化站 15 个、农家书屋 45 个	在市三运会中获团体总分第三名	—	—
2012	—	—	—	—
2013	“兴国人民广播电台—兴国之声”正式开播	成功举办县第七届运动会	—	—
2014	—	1. 承办第五届环鄱赛暨省运会自行车决赛及火炬传递活动 2. 参加第十四届省运会，荣获 5 金 6 银 5 铜佳绩 3. 与“同一首歌”合力打造了第八届兴国山歌汇演	—	被国家文化部评为“中国民间文化艺术之乡”

续表

年份	基础设施	有影响的活动	文物保护	获奖
2015	新建农家书屋304个	—	—	—
2016	1. 首批10个“百县万村综合文化服务中心示范工程”建设进展顺利 2. 完成直播卫星“户户通”3.6万户	成功举办兴国县第五届老年人健身体育运动会	—	兴国山歌剧《老镜子》代表全市参演省第六届艺术节，荣获中国（张家港）戏剧艺术节优秀剧目奖
2017	—	—	—	原创山歌剧《老镜子》获省玉茗花优秀剧目奖

注：“—”表示不详。

资料来源：兴国县政府工作报告。

表1-14　安远县文化体育事业发展情况（2011~2017年）

年份	基础设施	有影响的活动	文物保护	获奖
2011	1. 文化信息资源共享工程全面竣工 2. 启动了县乡有线电视网络整合工作，实施了电视数字化工程	博物馆、图书馆、文化馆实现免费开放	—	体育事业取得新突破，荣获全市第三届运动会团体总分第六名
2012	顺利完成了县采茶剧团转企改革	成功举办了四大洲青年男子篮球挑战赛并荣获全国优秀赛区称号	1. 东生围、永镇桥被列为国家文物保护单位 2. 东生围、磐安围申报世界文化遗产进入国家预备名单	1. 赣南采茶戏首次参加全国地方小戏比赛并荣获三等奖 2. 被列为国家客家文化生态保护示范县 3. 江西省采茶戏艺术之乡
2013	完成县图书馆维修改造	—	—	—
2014	—	—	东生围、永镇桥升格为国家级文物保护单位	被文化部命名为“中国采茶戏艺术之乡”

续表

年份	基础设施	有影响的活动	文物保护	获奖
2015	加强公共文化服务体系建设，公共文化服务体系建设被文化部作为典型案例向全国推介	1. 成功举办第二届采茶戏文化艺术节 2. 承办“送欢乐·下基层”大型文艺公益演出	实施采茶戏振兴计划	—
2016	全面实施广播电视“户户通”工程	1. 成功举办第六届县运会 2. 深入实施赣南采茶戏振兴计划，一大批优秀赣南采茶戏曲目登陆央视、走进基层	—	—
2017	—	深入实施采茶戏振兴计划，创编了大型采茶戏歌舞剧《杜鹃哩咯红》	—	—

注：“—”表示不详。

资料来源：安远县政府工作报告。

4. 社会保障、健康扶贫情况

综上所述，本书所分析的社会保障、健康扶贫情况涵盖了社会保险、民政救助和医疗健康扶贫等领域。为便于观察，具体分成硬件建设和制度（政策）建设两大板块，分别制作了信丰、兴国、安远 3 个表格，如表 1－15 ~ 表 1－17 所示。

表 1－15 信丰县社会保障、健康扶贫情况（2011 ~ 2017 年）

年份	硬件建设	制度（政策）
2011	—	1. 实现了城乡困难群众医疗救助、基本医疗保险和养老保险全覆盖 2. 为 80 周岁以上老人发放了高龄补贴
2012	—	1. 推进城乡居民医疗、养老保险全覆盖 2. 新农合参合率达 97.12%，财政补偿金额达 1.26 亿元 3. 城乡居民社会养老保险参保率达 85%

续表

年份	硬件建设	制度（政策）
2013	新型综合社会福利院、残疾人康复托养中心建设加快推进	1. 基本医疗、养老保险实现全覆盖 2. 城乡低保标准分别提高50元和30元
2014	投资近3000万元，完成大桥、正平等10个乡（镇）敬老院新（改、扩）建项目，新增床位360个，全县“五保”人员集中供养率提高30%	1. 城乡社会保险覆盖面进一步扩大，城镇职工基本养老保险参保人数达4.64万人，城乡居民养老保险参保人数达32.7万人 2. 城镇基本医疗保险参保人数达9.92万人 3. 新型农村合作医疗参合人数62.7万人，参合率达97.86% 4. 24个乡镇卫生院和151个村卫生室开展了门诊统筹报账工作，3.3万人次享受门诊统筹补偿，补偿金额累计达123.09万元 5. 43065人次享受城乡医疗救助，累计发放救助金1977.17万元 6. 自2014年起，县财政为16个乡镇和工业园区每年增加转移支付补助20万元，为所有村（社区）干部每月增发100元固定补贴，为所有村民小组长每月发放50元工资
2015	1. 县综合社会福利院暨重度残疾人康复托养中心项目主体完工 2. 大塘埠镇等11个乡（镇）敬老院及15个乡（镇）农村幸福院项目投入使用	1. 农村深度贫困家庭全部纳入政府兜底保障 2. 为全县所有群众开办了自然灾害公众暨附加见义勇为救助责任险 3. 落实“低保”户、“五保”户每月每户减免10度电费政策 4. 县财政为所有精准扶贫对象购买了新农合保险及重大疾病商业补充保险 5. 社会保险覆盖面进一步扩大，城乡居民养老保险基础养老金、城乡低保及农村“五保”对象集中供养等补助标准进一步提高 6. 机关事业单位工作人员工资标准调整、乡镇机关事业单位工作人员生活补贴政策落实到位，职务与职级并行制度全面落实，机关事业单位养老保险制度改革正式实施 7. 医疗救助体系不断完善，为32162人次发放医疗救助金2345.8万元 8. 为1106人次发放“救急难”资金128.36万元
2016	—	1. 全年城镇医保参保100879人，农民参合628589人；工伤保险参保21196人，其中农民工参保5726人 2. 城乡居民参保34.6万人，参保率达90% 3. 7.9万多名60岁以上老人发放养老金8145万元，发放率达100% 4. 新农合参合率达96.12%，统筹基金使用率达86.06%，参合农民政策范围内住院报销比例达75.01% 5. 全年发放“五保”资金904.8万元，供养“五保”对象2169人

续表

年份	硬件建设	制度（政策）
2017	1. 县社会福利中心和残疾人康复中心已投入试运营 2. 开工新建古陂、小河 2 所区域性示范敬老院	1. 建成健康扶贫“四道医疗保障线”一站式同步结算平台，贫困户住院个人负担降至 2.77%，为全市最低 2. 城乡低保对象和特困对象的供养及医疗救助全面提标，累计发放社会救助金 1.22 亿元

注：“—”表示不详。

资料来源：信丰县政府工作报告。

表 1－16　兴国县社会保障、医疗健康扶贫情况（2011～2017 年）

年份	硬件建设	制度（政策）
2011	杰村、鼎龙、方太等 8 个乡镇敬老院改造基本完工	1. 失地农民参保人数达 5402 人，全市名列前茅 2. “金保工程”全市首批上线运行 3. 启动实施了新型农村和城镇居民社会养老保险试点工作，城乡居民参保人数达 19.1 万人 4. 城镇居民医疗保险参保人数达 16 万人，全市排名第二 5. 企业退休人员人平每月上调工资 160 元 6. 城乡最低生活保障线分别提高到每人每月 300 元和 130 元 7. 残疾人事业扎实开展，被评为全国残疾人文宣工作先进县
2012	—	1. 社会保障提标扩面，城镇职工基本医疗保险、城镇居民基本医疗保险和失业保险实现市级统筹 2. 农村合作医疗参合率达 97.65% 3. 民政救助水平不断提升，城乡最低生活保障标准进一步提高 4. 干部职工福利待遇进一步提高
2013	完成乡镇敬老院改扩建 10 所	1. 建立城乡低保补助标准自然增长机制 2. 提高高龄老人补贴标准 3. 新农合参合率达 98.03% 4. 成功争取常见病多发病防治一体化项目
2014	首批 17 个农村幸福院建设试点扎实推进	1. 各类优抚对象抚恤补助提标政策全面落实 2. 城乡“低保”、农村“五保”供养对象生活保障水平全面提高 3. 认真抓好社保、医保

续表

年份	硬件建设	制度（政策）
2015	—	五年来： 1. 实行“4+1道保障线”健康扶贫，全县贫困户自付医疗费用占总费用比重降至10%以内 2. 城镇职工基本养老保险、城乡居民社会养老保险参保人数分别达4.4万人、34万人 3. 城乡低保全面提标，新（改）建乡镇敬老院25所 4. “救急难”改革试点在全国率先启动
2016	1. 县儿童福利院、救灾救助中心正式投入运营 2. 高兴、江背等乡镇敬老院改造提升工程全面完成	1. 在市里提出4条保障线基础上增加年终新农合二次补偿，构建“4+1”健康扶贫体系，贫困户医疗费自付比例由35%降至5.9% 2. 全县城镇职工养老保险、城乡居民养老保险、城镇基本医疗保险、新型农村合作医疗保险指标全面落实
2017	—	实施健康扶贫提升工程

注：“—”表示不详。

资料来源：兴国县政府工作报告。

表1-17 安远县社会保障、医疗健康扶贫情况（2011～2017年）

年份	硬件建设	制度（政策）
2011	—	1. 实施了城乡居民社会养老保险工作，统筹解决了1600多名包括代课教师在内的“三类”人员社保问题 2. 建立了失地农民养老保障机制 3. 城镇职工、居民医保覆盖面进一步扩大，在全市率先实现事业单位全员参加工伤保险 4. 提高了公职人员的津补贴和村干部工资待遇，解决了村民小组长固定误工补贴 5. 优抚安置政策落实到位 6. 社会救助和老龄工作成效明显，被评为全市民政工作先进县
2012	—	1. 完善了城区失地农民参保机制 2. 城镇职工、居民医保覆盖面进一步扩大 3. 社会救助工作更加规范，救灾救济和优抚安置工作全面落实 4. 财政承担百岁老人医保和住院医疗费用自付部分 5. 为全县70岁以上老人办理了免费乘坐公交车意外伤害险

续表

年份	硬件建设	制度（政策）
2013	“两红”人员县城集中安置点、县综合福利院、高云山敬老院等项目加快建设	1. 发放企业离退休人员基本养老金7788万元、新农保养老金1986万元 2. 新农合参合率达到97.8% 3. 加强城乡低保动态管理，取消不符合条件的低保对象1698人，新增低保对象1459人 4. 提高了干部职工津补贴和村（居）干部工资
2014	整合资金，全面启动农村敬老院、乡镇卫生院标准化建设“三年推进计划”，实施了10所敬老院、6所卫生院提升改造工程	1. 进一步提高了城乡低保、农村“五保”补助标准，被评为“全省社会救助先进县” 2. 基本实现城镇职工、城镇居民基本医疗保险全覆盖 3. 新农合参合率达98% 4. 提高了环卫工人、村（居）干部工资和机关事业单位人员、离退休（职）干部津补贴 5. 清欠农民工工资873万元
2015	整合资金，全力推进“三个标准化”建设，4所农村敬老院、6所乡镇卫生院面貌焕然一新	1. 率先实行城乡居民大病二次补偿和贫困户大病医疗补充保险制度，为453名贫困人员提供大病医疗补助630万元 2. 进一步规范城乡低保管理 3. 深化“救急难”试点，被评为全省社会救助工作优秀县 4. “五险”持续扩面，失地农民参加基本养老保险实现全覆盖 5. 实行乡镇工作补贴，提高了环卫工人、艰苦边远山区农村中小学教师和机关事业单位工作人员工资待遇
2016	—	1. 农村低保与扶贫开发实现有效衔接 2. 大病医疗救助工作扎实推进 3. 实施残疾人“两补”政策，持续扩大“五险”覆盖面，实现失地农民参加基本养老保险全覆盖 4. 社会救助力度不断加大 5. 被评为省、市社会救助工作先进县
2017	—	1. 健康扶贫“四道保障线”更加稳固，贫困人口住院费用自付比例降至10%以下 2. 农村低保新增扩面564户2120人 3. 城镇兜底保障18990人 4. 实施医疗救助19161人次 5. 农村“五保”集中供养率达80%

注：“—”表示不详。

资料来源：安远县政府工作报告。

根据表 1 – 15 ~ 表 1 – 17，可以发现以下三个方面的特点。

第一，发展速度加快。自 2012 年以后，无论是硬件建设还是制度建设，三县社保、健康扶贫事业发展全面提速，且呈现不断加快的趋势。尤其是精准扶贫、精准脱贫政策实施以来，其力度进一步加大，其原因在于苏区贫困程度深，特别是深度贫困地区，欠账更多；要如期在 2020 年实现全部脱贫，不加大力度就无法兑现承诺。

第二，既有普惠，也有特惠。表 1 – 15 ~ 表 1 – 17 所涵盖的内容中，多数硬件建设为普惠性质，城镇社会保障、新农合等都属于普惠性质。应该说，随着国家财力的不断提高以及国家治理能力的不断提升，这种普惠性质的优惠面在不断扩大，力度也在逐渐提高。但是，“两红”人员优待政策、精准扶贫政策等则属于特惠政策。相对于普惠，特惠人群由于受众面较小，其政策作用力度相对较大。如对于建档立卡贫困户的政策，由于其自身经济能力、财力较小，如果没有外部财力的巨大支持，依靠其自身摆脱贫困需要非常长的时间，有些甚至根本无力也无望脱贫。在这种情况下，就必须由政府出面，发挥社会主义制度集中力量办大事的优势，通过政府财力、物力、人力的巨大支持、帮扶，帮助其脱贫。对于失去能力的少数特殊群体，则实行兜底性质的扶贫措施，从而实现“两不愁、三保障”。

第三，农村、农民成为关注的重点。从表 1 – 15 ~ 表 1 – 17 可以明显看出，近几年农村、农民所受到的重视程度不断提升，其显著标志是乡镇敬老院、幸福院以及各种惠民政策越来越受到重视。之所以如此，原因在于脱贫攻坚的对象就集中在农村、农民。农村即贫困村，农民即建档立卡贫困户。在中央苏区时期，赣南广大农村、农民曾经支援了革命，牺牲巨大、成就巨大。在社会主义建设时期，又没有得到很好的休养生息，而是一边医治战争创伤，一边支援社会主义建设事业，贡献巨大，自身发展非常缓慢。改革开放以来，又成为广东等沿海发达地区原材料、劳动力输出大区，农村精英多数流失到沿海城镇，广大农村不断凋敝。留守农村的除了老人、妇女、儿童外，就是病残、缺劳动力、缺技术等各类脱贫能力较弱的农民。由于这些人员所在地区多数属于深度贫困村庄，加之自身无法通过市场交易获取收入，因而成为脱贫攻坚的主要对象，自然成为被精准扶贫、精准脱贫政策关注的重点。为了帮助这些村庄、这些人群尽早脱贫，近年来，各级政府不断出台新的帮扶政策，不断加大帮扶力度，并取得了明显成效。具体如表 1 – 18 所示。

表 1－18 信丰、兴国、安远三县脱贫攻坚的成效（2014～2017 年）

		脱贫人数（户、人）	贫困发生率（%）	贫困村摘帽（个）
2014 年	信丰	—	—	—
	兴国	35500 人	—	—
	安远	—	—	—
2015 年	信丰	16036 人	—	—
	兴国	—	9.7	35
	安远	21000 人	6.7	
2016 年	信丰	12000 人	—	5（省级）
	兴国	6754 户 24554 人	6.3	32
	安远	12800 人	—	10
2017 年	信丰	6790（预计）	—	2（省级）
	兴国	10142 人（预计）	5.62	34
	安远	14500 人	3.15	60

注：①查阅信丰、兴国、安远三县政府工作报告以及三县官网其他信息，无法收集到 2014 年之前比较详细的脱贫攻坚数据，因此，本表所统计的时间为 2014～2017 年；②“—”表示不详。

资料来源：信丰、兴国、安远三县政府工作报告。

从表 1－18 可以明显看出，信丰、兴国、安远三县中，兴国县脱贫攻坚任务最重。虽然近几年兴国县已经取得了相当的成绩，但是，在三县中其贫困人口所占比重依然最高，尚有 61 个贫困村需要完成摘帽任务。要如期完成脱贫攻坚任务，还有大量的工作需要加紧、抓实。

第三节 赣州市脱贫攻坚情况

一、贫困退出标准、程序

贫困退出标准及程序，分成 3 个部分：贫困户、贫困村、贫困县的退出标准及程序。具体如下：

（一）贫困人口退出标准及程序

1. 退出标准

具体分国定标准、省定标准。其中国定标准为：贫困人口退出以户为单位，主要衡量标准是该户年人均纯收入稳定超过国家扶贫标准且吃穿不愁，义务教育、基本医疗、住房安全有保障（“两不愁、三保障”）（顾仲阳，2016）。省定标准为：①人均可支配收入 >3335 元（2017 年）；②有安全稳固住房；③无辍学儿童；④交纳新农合和大病医疗保险。

2. 退出程序

国定退出程序：由村“两委”组织民主评议后提出，经村“两委”和驻村工作队核实、拟退出贫困户认可，在村内公示无异议后，公告退出，并在建档立卡贫困人口中销号（黄俊毅，2016）。

省定退出程序：按照贫困户预退申报、精准扶持、摸底调查、民主评议、入户核实、公示公告、审核批准、销号退出的程序进行。

（二）贫困村退出标准及程序

1. 国定退出标准及程序

中共中央办公厅、国务院办公厅《关于建立贫困退出机制的意见》规定，贫困村退出以贫困发生率为主要衡量标准，统筹考虑村内基础设施、基本公共服务、产业发展、集体经济收入等综合因素。原则上贫困村贫困发生率降至 2% 以下（西部地区降至 3% 以下），在乡镇内公示无异议后，公告退出。

2. 省定退出标准及程序

总结起来是 8 大项目 16 个指标 + 村集体经济收入 >5 万元（见表 1－19）。

表 1－19　江西省贫困村退出标准

序号	项目	具体含义
1	贫困发生率	（贫困村贫困人口数 ÷ 贫困村农村人口数）×100%（退出贫困村其贫困发生率须低于 2%）
2	交通方面	1. 25 户（含 25 户）以上自然村有 3.5 米以上（含 3.5 米）宽度的通村委会硬化道路 2. 100% 以上农户入户路硬化 作为刚性指标，不达标不得退出
3	饮水方面	100% 农户饮水安全，有水质、水量达标的自来水、家用井水或山泉水
4	住房方面	1. 100% 农户住房安全 2. 无人居住危房拆除率 100%
5	用电方面	1. 100% 农户通生活用电 2. 村委会所在地通动力电

续表

序号	项目	具体含义
6	通信方面	1. 村委会所在地通宽带网络 2. 100% 农户能通过广电网络或卫星接收设施收看电视节目
7	环境建设方面	1. 100% 以上农户享有水冲式卫生厕所 2. 25 户（含 25 户）以上自然村排水沟渠基本健全，正常年份的降雨期无内涝现象，平时无污水横流现象 3. 25 户（含 25 户）以上自然村有保洁员 4. 25 户（含 25 户）以上自然村有垃圾集中收集点
8	公共服务设施方面	1. 贫困村有卫生室，标准化村卫生室参照卫生部门相关标准，卫生室建筑面积在 80 平方米以上，诊断室、治疗室、药房三室分设，医疗设备齐全，配备乡村医生 2. 贫困村有农村综合服务平台或综合文化活动室（中心），指集宣传文化、党员教育、体育健身等为一体的综合公共文化服务中心，标准为：有便民服务中心、表演戏台及文化广场、篮球场、农家书屋、多功能活动室、文化宣传科普长廊等

省定退出程序：按照对象初选、精准扶持、调查核实、公示公告、批准退出的程序进行。

（三）贫困县退出标准及程序

贫困县包括国家扶贫开发工作重点县和集中连片特困地区县。

贫困县退出以贫困发生率为主要衡量标准。原则上贫困县贫困发生率降至 2% 以下（西部地区降至 3% 以下），由县级扶贫开发领导小组提出退出，市级扶贫开发领导小组初审，省级扶贫开发领导小组核查，确定退出名单后向社会公示征求意见。公示无异议的，由各省（自治区、直辖市）扶贫开发领导小组审定后向国务院扶贫开发领导小组报告。国务院扶贫开发领导小组组织中央和国家机关有关部门及相关力量对地方退出情况进行专项评估检查。对不符合条件或未完整履行退出程序的，责成相关地方进行核查处理。对符合退出条件的贫困县，由省级政府正式批准退出。

二、主要成绩与存在的主要问题

（一）全市脱贫攻坚取得的主要成绩

1. 脱贫攻坚的目标

如前所述，信丰、兴国、安远三县中，兴国脱贫攻坚任务最为艰巨。应该说，作为举世瞩目的“将军县”、苏区模范县，兴国县的脱贫攻坚情况在赣州具有典型性、代表性。因此，本书以兴国县为例，分析其脱贫攻坚目标设定情况。

兴国全县总人口84.6692万，农业人口71.3832万人。“十三五”贫困村共有130个。根据2017年7月2日国办系统反馈数据，截至2013年底全县建档立卡贫困人口30794户125665人（因病9994户39250人，占比31.24%；因残2853户11015人，占比8.77%；因学589户2517人，占比2%；因灾307户1208人，占比0.96%；缺技术6619户27473人，占比21.86%；缺资金5724户25099人，占比19.97%；缺劳动力3570户12374人，占比9.85%；自身发展动力不足1361户5453人，占比4.34%；交通条件落后277户1275人，占比1.01%），贫困发生率18.3%；截至2014年底24043户93746人，贫困发生率13.2%；截至2015年底18506户67245人，贫困发生率9.3%；截至2016年底14031户48992人（因病5883户，占比41.93%；因残1979户，占比14.1%；因学277户，占比1.97%；因灾147户，占比1.05%；缺技术1553户，占比11.07%；缺资金1631户，占比11.62%；缺劳动力1980户，占比14.12%；自身发展动力不足476户，占比3.59%；交通条件落后77户，占比0.55%），贫困发生率6.9%，32个贫困村符合退出条件；截至2017年预计脱贫1.7765万人，贫困发生率可下降到4.3%，预计退出贫困村34个；2018年预计脱贫1.53万人，预计退出贫困村34个；2019年预计脱贫1.1431万人，预计退出贫困村30个；2020年预计脱贫0.4496万人。计划到2019年实现贫困县脱贫摘帽，到2020年实现贫困人口全面脱贫。

兴国县脱贫攻坚任务重，难度大，难度大的人口占比为20%左右。主要分布在边远乡镇的边远山村，如兴江陈也村、南坑中叶村、郑枫村、枫边箬坑村、茶园里溪村、均村东山村、兴莲中山村、社富九山村、鼎龙水头村等。最难的问题是住房保障。少数农户靠危房改造政策补助无法新建住房，选择易地搬迁又故土难离，嫌弃保障房面积小而不愿入住。

综合考虑各方面情况，兴国县制定了脱贫攻坚的总体目标，具体如下：

第一，减贫摘帽任务提前完成。按照“六个精准”和“五个一批”战略部署，统筹政府、市场、社会资源，大力实施精准扶贫、精准脱贫。2016～2018年依次完成脱贫15800人以上、16000人以上、10877人以上，完成贫困村摘帽30个、60个、40个，对10088人政府兜底的贫困人口一兜到底，到2018年底，全县17726户52765人贫困人口全部脱贫，130个贫困村全部脱贫摘帽，贫困县脱贫摘帽，确保实现扶贫对象不愁吃、不愁穿，义务教育有保障、基本医疗有保障、住房有保障的“两不愁、三保障”目标，与全国同步小康。

表 1－20 赣州市兴国县 2017 年度脱贫攻坚计划表

建档立卡贫困人口脱贫计划数	贫困村计划退出个数	退出贫困村名单
17765	34	塘背村、黄塘村、龙岗村、黄沙村、源坑村、东村村、下埠村、水沟村、和平村、廖下村、桂江村、芦溪村、龙砂村、西霞村、茶石村、豪溪村、上达村、泮溪村、高园村、义渡村、龙山村、华坑村、崇义村、板坑村、井下村、分水村、瓦溪村、罗兴村、约口村、约溪村、中叶村、灵山村、石含村、秀水村

资料来源：兴国县扶贫和移民办公室。

第二，贫困群众收入水平明显提高。力争到 2018 年底，基本消除绝对贫困现象，贫困县脱贫摘帽取得突破性进展；具备劳动能力但缺乏发展条件的轻度贫困农户人均可支配收入达到当地平均水平的 70% 左右；具备部分劳动能力的中度贫困农户人均可支配收入达到当地平均水平的 50% 左右；强化对完全丧失劳动能力、处于重度贫困的农户的重点保障。

第三，贫困农村基础条件显著改善。到 2018 年，生存条件恶劣的贫困群众得到整体搬迁安置，贫困村基础设施较为完善，基本公共服务主要领域指标接近全省平均水平；到 2020 年，建立较为完善、覆盖全县的农村住房保障体系，建设一大批新型农村社区，农民群众安居乐业。

第四，贫困对象发展能力大幅提升。着力扶持生产和就业发展，到 2018 年，有劳动能力的贫困户都有一项以上增收致富的主导产业，贫困家庭劳动力掌握一门以上就业创业技能，新生代劳动力具备转移就业基本职业素质，贫困家庭孩子都能接受公平的有质量的教育。

2. 已经取得的主要成绩

脱贫攻坚是首要政治任务、第一民生工程，也是赣南老区振兴发展的基础性工作，没有解决脱贫问题，赣南老区的振兴发展就无从谈起。因此，脱贫攻坚已经成为赣南原中央苏区各级领导关心最多、投入最多、调度最多、督导最多的重中之重工作。全市脱贫攻坚呈现出工作力度明显加大、推进进度明显加快、脱贫质量明显提升的良好态势。对此《2016 年赣州市政府工作报告》《2017 年赣州市政府工作报告》《2018 年赣州市政府工作报告》均给予了充分肯定。其中，

《2016 年赣州市政府工作报告》指出：2015 年出台实施“1 +1 +17”的精准扶贫政策体系，实行市县两级单位与 1419 个贫困村、市县乡三级干部与 30.82 万贫困户结对帮扶全覆盖，全年减少贫困人口 34.82 万人。完成城市棚户区改造 1.01 万户，货币化安置率达 43.76%，其中中心城区货币化安置率达 100%。新增中心城区商品蔬菜规模基地 7400 亩，新（改）建农贸市场 5 个。建成各类创业孵化基地和创业园区 58 个。新增城镇就业 7.32 万人，转移农村劳动力 11.31 万人。赣州市被确定为全国“救急难”综合试点单位。部省共建教育改革发展试验区建设取得实效。赣州职教园区建设进展顺利。全面推开县级公立医院综合改革和新农合大病保险，9 种重大疾病免费救治惠及 3.1 万名群众，市人民医院新院投入使用。公共文化服务标准化、均等化建设试点和客家文化（赣南）生态保护实验区建设扎实推进。

对于 2016 年全市的脱贫攻坚工作，《2017 年赣州市政府工作报告》认为：赣州市健康扶贫、金融扶贫、网络扶贫、安居扶贫、兜底保障扶贫等工作走在全省前列。构筑健康扶贫“四道医疗保障线”，贫困人口住院自负费用比例降到 10% 以内，这一经验做法在全省推广。全国网络扶贫现场推进会在宁都召开。建成农村保障房 8683 套，完成易地搬迁 5.4 万人。全年脱贫 27.1 万人，175 个贫困村退出，贫困发生率下降 3.6 个百分点（曾文明，2017）。

《2018 年赣州市政府工作报告》预计 2017 年脱贫 19.4 万人、258 个贫困村摘帽，瑞金脱贫摘帽扎实推进。赣南脐橙产业扶贫成为全国范例。就业扶贫车间基本实现乡镇全覆盖。完成易地搬迁 5.4 万人。健康扶贫“四道医疗保障线”实现“先诊疗、后付费”和“一卡通”即时结算。贫困户子女助学补助基本实现全覆盖。省、市 90 件民生实事年度计划基本完成。新（改、扩）建公办幼儿园 164 所、义务教育学校 439 所、职业学校 4 所，已有 12 个县（市、区）通过义务教育均衡发展国家评估。棚户区改造基本建成 2.4 万套。完成农村危房改造 2.76 万户，其中农村保障房 8710 户。新（改、扩）建敬老院、光荣院、福利院 60 所。市人民医院新院全面投入使用，市妇保院新院开工建设。中心城区二级以上医院和县级医院实现跨省异地就医即时结算。城乡居民医保“一卡通”实现同步结算。

这些都表明了赣州脱贫攻坚成效显著，而且多有创新，但是，从总体看，脱贫路径主要是发展产业（养殖、油茶低改、种植甜叶菊等）、就业、政府兜底等，而教育扶贫则能够从根本上解决问题，即所谓的斩断穷根。

（二）脱贫攻坚存在的主要问题

党中央国务院向世界庄严承诺，要在2020年解决我国现行标准下的贫困问题，时间非常紧迫。从这个角度看，我国脱贫攻坚已经进入下半程。为了保障如期实现脱贫，近年来，各级加强了对各地脱贫攻坚的督查工作。如赣州市对各地各单位2016年度精准扶贫工作进行考核评价，2017年4月7日~20日，赣州市精准扶贫攻坚战领导小组派出9个督查组对各县（市、区）2017年第一季度精准扶贫工作进行了督查，主要以进村入户为主，采取听汇报、查资料、看现场和访群众等方式，重点围绕扶贫政策精准落户、整村推进扶贫项目启动、产业扶贫推进、结对帮扶等工作进行督查。此次督查了行政村133个，其中省级贫困村119个、市级贫困村9个、非贫困村5个，上门走访660多户贫困户。督查发现，各县（市、区）在精准扶贫工作中还存在一些具体问题，大致分为6个方面，具体如下：

第一，贫困基础信息不齐全、不准确；贫困户识别不精准、脱贫退出质量不高。贫困户致贫原因、脱贫措施、享受补贴等信息填制不全。对部分贫困户的真实情况摸得不准，少数家庭比较贫困而未纳入，存在漏评现象。少数条件较好，生活条件远远超过“两不愁、三保障”基本水平，但仍被识别为贫困户，存在错评现象。存在分户造贫现象，儿子分户、老人纳入贫困户。动态管理不够，少数因病、因灾致贫返贫的家庭没有及时跟进纳入。片面理解脱贫不脱政策，规划贫困户脱贫随意性大，将一些条件还未达到脱贫标准的贫困户安排退出，存在错退现象。

第二，《一本通》填写不规范、不准确。各县（市、区）普遍存在贫困户一户一档资料与实际情况、录入国办系统数据、《一本通》信息、户籍信息、公示牌（贫困户家门口、村委会公示墙）内容不吻合现象。

第三，驻村帮扶不扎实。有的帮扶干部对村情民情掌握不够，情况不熟，思路不清，部分帮扶干部没有按要求驻村，除时间没有保证外，帮扶效果也不够明显，存在不实、不到位的现象。有的帮扶单位只是停留在简单慰问层面，扶持措施也是仅限于政府兜底性保障，没有因户因村制宜制订帮扶措施，精准到户措施针对性不强，缺乏让贫困户获得长期稳定收益的帮扶措施。

第四，政策落实不到位。扶持政策宣传到户不够，贫困户对扶持项目知晓度不够，影响了贫困户参与项目建设积极性。有的产业政策落实不到位，还没有享受到有关的奖补政策。产业扶贫推进不太理想。产业扶贫以及五个“一”机制落实不够，对龙头企业支持不多，利益联结机制也不够完善。健康扶贫“四道保障线”落实不够到位。少数县、乡干部根本不清楚这项政策，一些建档立卡贫困户在县域内住院，个人自付比例高达20%以上，一些边缘户就更高，达到30%～40%。

第五，整村推进项目进展较慢。一些县的部分项目还没有动工，有的还在做投资计划，有的还在进行招投标，只有极少数项目已开工建设。

第六，存在将赡养、抚养责任推向社会的现象。少数子女道德缺失，一些病、残老年人被自己的儿女抛弃，导致其无生活来源，迫使政府将这些无固定收入的病、弱、残的老人纳入贫困户系列，无形中增加了政府脱贫负担。

从国检情况看，赣州脱贫攻坚主要是“坚”得不够，具体表现在以下6个方面：

一是“最后一公里”的责任压得还不实。有的乡（镇）、村两级履行主体责任不力。虽然脱贫攻坚进行了几年，但是还有些乡村干部责任不清、政策不熟、底数不明、工作不实。有不少驻村工作队，反映村干部工作过于依赖帮扶单位，遇到难题推向驻村工作队。有的村支部书记对本村贫困现状、贫困户的现状、扶贫项目、资金投入、就业产业扶贫等情况远不如第一书记熟悉。有的甚至还不知道村支部书记承担了脱贫攻坚主体责任。有的行业部门履行行业扶贫责任不力。有的地方没有形成行业扶贫合力，只靠分管扶贫的领导抓脱贫攻坚，教育、安居、健康、产业扶贫等行业扶贫工作都是一个人调度。有的部门至今仍然认为脱贫攻坚是扶贫部门的事，把精准扶贫当作负担，导致本行业扶贫的工作“飘”着走，有问题不去解决。有的帮扶干部履行帮扶责任不力。不少帮扶干部还停留在走访慰问式帮扶，帮扶工作不到位、走过场，止步于钱给了、物给了、像照了、表填了，没有全面深入宣传、落实政策，贫困户帮扶前与帮扶后变化不大。

二是一些关键环节的基础性工作还不够扎实。在识别退出方面，有的地方精准识别政策掌握不透，出现疑似漏评、错退对象。在基础资料方面，普遍存在村级内业资料信息不准、有逻辑错误、程序不到位、填写不规范、缺项漏项、涂涂改改、管理混乱等问题。

三是在“两不愁、三保障”定性、定量指标上短板弱项依然很多。少数地方没有对标国家考核要求建立问题台账，短板弱项底数不清，或者解决措施没落地，导致仍然有不少死角盲区。在吃穿保障方面，仍然有一些重病户、独居老人户等，徘徊在温饱的边缘。还有少数贫困户安全饮水没有完全解决到位，表现在水质不达标、水量不足、水源偏远、饮用河水等。在住房保障方面，有的建了新房但入住率不高，如虽享受了土坯房改造政策建了新房，但仍居住在危旧土坯房里。有的易地搬迁户虽然进行了搬迁入住，但由于后续扶持未跟进、配套设施不到位、生活成本增加等原因，又返回原住房“候鸟式”居住。在教育保障方面，还有少数孩子在义务教育阶段辍学的问题没解决。有的教育补助发放不及时，贫困户误以为没享受。在劝学方式上，更多的是上户说教，从改善教学环境的角度想的办法少。在医疗保障方面，有的新识别贫困人口医保卡未及时发放到位，住院费用和慢性病门诊费用报销不到位。还有一些慢性病和精神病患者的医疗、管护得不到保障。

四是“造血”式脱贫层次不深，产业利益联结不紧密。有的地方把大量资金花在粉刷墙壁上，真正投入产业扶贫的资金没有多少，各个村的项目总投入与产业项目投入比仅在8∶2左右，没达到国家和省市要求。有的产业扶贫基地联结贫困户不紧密，搞简单的转贷分红，贫困户没有真正参与。不少产业基地与贫困户的利益联结协议只签了3年，只考虑到2020年，没有2020年以后的事情，脱贫后可持续发展让人生疑。

五是对消除贫困的重视程度还有差距。存在项目安排不精准、监管不严格、扶贫效益不明显等问题，主要表现在中心村、贫困村好，偏远村、非贫困村差；到村的大桥修好了，到组、到户小桥没修通；到组的水管接通了，入户的水管没接通；广场、河堤修好了，到户的房子、厕所没改好；村庄环境整治了，农户户内环境脏乱差；公共场所的设施完善了，少数农户家中很简陋；等等。

六是“等、靠、要”思想在滋生，贫困户内生动力不足。有的地方包办得太多，群众主体作用发挥不够，很多地方干部开会多、群众开会少；干部培训多、群众培训少；干部干得多、群众干得少；普遍存在“干部干、群众看”的问题，出现脱贫攻坚力度越大，贫困户“等、靠、要”思想越重，非贫困户心里越不平衡的苗头。

三、主要应对之策

针对上述问题，赣州市坚持问题导向、目标导向、成效导向，对标国家考核评估要求，进一步落实责任、完善举措、加大力度、精准落实，要求各县（市、区）要从规模调整、再识别、再评议、采集录入全过程精准精细，严格执行贫困人口识别、退出的规定标准和程序，坚决把牢数据质量关。坚持群众公认原则，确保各项工作经得起群众的检验。要组织督导组，深入到村、组具体指导，将工作进展情况及存在问题，及时向党政一把手汇报，对群众反映的问题要全面核实，及时整改，不留死角，并提出了如下应对之策。

第一，掀起脱贫攻坚高潮，抓实脱贫攻坚问题整改工作。要突出在产业和就业扶贫、保障扶贫、贫困村村庄整治、深度贫困村脱贫、构建大扶贫格局、精神脱贫六大关键领域发起强劲攻势，集中解决好产业扶贫质量不高、“两不愁、三保障”有盲区漏洞、脱贫攻坚责任压得不够实、贫困户内生动力不足、村容村貌不整洁、内业资料不规范等突出问题，确保取得实效，不走过场。要制定好一个方案，抓什么，怎么抓，谁来抓，到事到人到时间，搞细搞清楚；筹好一笔资金，对照脱贫任务，衔接脱贫攻坚与乡村振兴战略，安排好资金项目，向深度贫困村和深度贫困群众倾斜，统筹考虑贫困村和非贫困村，优先确保“两不愁、三保障”和产业扶贫的项目资金；开好一个会，结合年初工作部署，开好一个动员会议，把任务布置下去、压力传导下去，迅速掀起脱贫攻坚的新高潮。紧密结合当前脱贫攻坚问题整改工作，厘清问题清单及具体整改措施，落实整改的主体责任、行业扶贫部门责任，加强整改督查频次，较真碰硬、问效追责，确保所有问题全部整改到位。

第二，压实责任。进一步压实脱贫攻坚“最后一公里”责任体系，让“扶贫重担众人挑”具体化、任务化，对号入座，严格对照责任清单，切实负起责任，做到主动认领，履职尽责。首先，进一步压实乡村干部责任。要坚持“进好两扇门，做好七件事”。第一扇门：进村扶贫工作室的门，做好三件事：“一看、二查、三问。”一看管理：人员、机构等是否要素齐全，资料是否入柜，环境卫生是否良好，制度是否上墙。二查内容：查贫困户“一户一档”、精准识别“七步法”、动态管理资料等内业资料是否简约管用、逻辑合理、程序到位。三问干部：问包片乡镇领导、村书记、村第一书记、帮扶干部等对象，了解情况熟不熟、政策懂不懂、思路清不清、措施实不实。第二扇门：进贫困户家的门，做好“四查”这四件事。一查动态管理，整改精准识别、精准退出存在的问题。对照脱贫标准，看是否存在漏评、错退的问题。二查政策落实，整改“两不愁、三保障”不到位的问题。一看粮，二看衣裳，三看房，四看有没有读书郎，五看有没有人躺病床，对存在问题落实政策措施抓好整改。三查产业覆盖，整改脱贫质量不高的问题。查是否有产业覆盖、利益联结是否真实、受益是否可持续，要把贫困户真正引到产业链上，做好产业与贫困户的“加法”。四查帮扶实效，整改群众满意度不高的问题。查贫困户是否懂政策并实现应享尽享，是否有具体的帮扶措施和帮扶成效，贫困户对干部的帮扶是否满意。其次，要进一步压实驻村工作队的责任。派出最强队伍做好帮扶工作，引导帮扶干部由注重内业向注重解决实际问题转变，由“我在、我去了”向“我做了什么、解决了哪些问题”转变，提高帮扶针对性。帮扶单位主要负责同志要对本单位帮扶工作跟踪问效。最后，进一步压实行业部门的责任。市委、市政府明确市、县党委、政府分管领导是行业扶贫“第一责任人”，负责抓好分管范围内行业扶贫的统筹谋划、调度指导、督查考核等工作。各行业部门主要负责同志是行业扶贫“直接责任人”，要坚持以脱贫攻坚工作统揽业务工作，扶贫工作亲自谋划、亲自部署、亲自推动。通过这样，做到职能部门各负其责、分头行动，防止出现扶贫部门一家单打独斗的现象。

第三，打牢攻坚基础。一是动态管理要精准。加强动态管理和数据分析，逐村逐户开展过筛排查，落实精准识别“七步法”、精准退出“七步法”程序和资料，实现“应进则进”“应退则退”，做到不漏评、不错退，同时也要防止错评。二是档案资料要规范。乡党委书记负总责，包片乡镇领导具体负责，帮扶干部直接负责，扶贫部门业务指导，规范核准精准识别和退出、贫困户基本信息、帮扶工作记录等资料信息，逐户逐项整改到位，确保内业资料、国办系统信息与实际情况“三个一致”。对贫困户和非贫困户中的疑似问题户，要建立疑点甄别和佐证机制。三是基层组织要建强。要以村“两委”换届为契机，建强基层党组织战斗堡垒。积极鼓励村“两委”通过领办创办产业基地、盘活集体资产资源、建设光伏电站等方式，持续壮大村集体经济。健全乡级扶贫工作站、村级扶贫工作室，配足人员力量、给足工作经费、落实扶贫津贴，充分发挥基层扶贫机构在脱贫攻坚中的作用。

第四，抓住重点。紧盯“两不愁、三保障”这个核心要素，再次开展专项大排查，组织力量逐村、逐户、逐人开展拉网式、地毯式排查。抓住四个重点：即重点关注未纳入建档立卡的“低保”户、危房户、重病户、残疾人户、独居老人户、无劳动力户和边远户、散居户、外来户等群体，坚决做到不留死角盲区；重点查清精准识别是否准确、是否愁吃穿、安全饮水有没有保障、住房有没有保障、义务教育有没有保障、医疗有没有保障，分类建好台账，做到底数清、任务清、措施清、责任清；重点解决易地搬迁安置房、保障房等入住率不高的问题，解决慢性病患者门诊治疗、买药费用报销问题，解决贫困精神病患者无人管、无人治的问题；重点提升群众满意度问题，把握好特惠和普惠之间的关系，正确处理好贫困户之间、贫困户与非贫困户之间、贫困村与非贫困村之间的矛盾，做通群众思想工作，让贫困户与非贫困户都认账，都满意。

第五，提升脱贫质量。要由关注脱贫速度向保证脱贫质量转变。一要提升产业扶贫质量和效益。各地各部门要认真落实产业扶贫“五个一”机制，加大产业扶贫资金投入，尤其要注重产业扶贫的真实性、可持续性。二要加大精神扶贫力度。深入推进乡风文明建设，大力宣传正面典型，采取群众喜闻乐见的方式，讲群众身边的脱贫故事，用扶贫成效和脱贫典型教育贫困户树立勤劳致富、脱贫光荣的思想；强化正向激励机制，在年度帮扶资金安排上正向引导，采用生产奖补、劳务补助、以工代赈等方式，促进自立自强和自主脱贫。通过德治、自治、法治等方式，逐步消除“因懒致贫、因赌致贫、因婚致贫、因子女不赡养老人致贫”等精神贫困问题。三要大力整治村容村貌。要把农村公路改造升级作为村庄整治重点，深入推进农村公路“三年行动计划”，建设好安全路、产业路、联网路、旅游路。要从细处入手，把垃圾处理设施配备到位；把残垣断壁（空心房）拆除到位；把河道、街道、公路沿线、房前屋后的垃圾、杂物清理到位，呈现“整洁有序、干净美丽”的村庄环境。同时，要按照“五净一规范”要求，引导贫困户搞好家庭环境卫生。

第六，抓实脱贫项目。做到项目安排精准、项目监管严格、扶贫成效明显。一要安排精准。要对准“两不愁、三保障”、产业扶贫等脱贫要求安排，保持方向不偏。二要扎实推进。市、县十大项目牵头部门要在年初做好前期工作，建好项目库，尽早招投标。三要从严监管。纪委、财政、审计、扶贫等部门靠前监督，及时发现制止苗头性、倾向性问题，防微杜渐。要将整改纪律挺在前面，对整改问题，不推脱、不回避、不拖延，无条件迅速落实整改。按照“谁主管、谁调查、谁登记、谁审核、谁录入、谁负责”的工作原则，对整改不力的情况进行追责。对组织弱化、推卸责任、敷衍塞责等行为，给予相关单位和责任人通报批评处理；对暗箱操作、优亲厚友、弄虚作假等违规行为，视情节轻重，给予相关责任人党纪、政纪处分。

第二章　社会保障扶贫情况

第一节　信丰县

一、主要政策举措

（一）社会保障扶贫政策

1. 农村最低生活保障政策

（1）申请条件。

户籍状况、家庭收入和家庭财产是认定最低生活保障对象的 3 个基本条件。持有当地常住户口的农村居民，凡共同生活的家庭成员人均收入低于当地农村最低生活保障标准，且家庭财产状况符合当地政府规定条件的，可以申请农村最低生活保障。共同生活的家庭成员分别持有非农业户口和农业户口的，一般按户籍类别分别申请城市低保和农村低保。

共同生活的家庭成员是指具有法定赡养、抚养、扶养关系并且长期共同生活（含长期或者阶段性在外务工）的成员。具体包括：配偶；父母和未成年子女；已成年但不能独立生活的子女，包括在校接受本科及其以下学历教育的成年子女；其他具有法定赡养、扶养、抚养义务关系并长期共同居住的人员。

下列人员不计入共同生活的家庭成员：连续 3 年以上（含 3 年）脱离家庭独立生活的宗教教职人员；在监狱、劳动教养场所内服刑、劳动教养的人员。

（2）主要程序。

主要程序有 6 项：申请、审查、核定、听证、审核、审批。具体如下：

申请。①申请最低生活保障，应当以家庭为单位，由户主或其代理人以户主的名义向户籍所在地乡镇人民政府提出书面申请；②受申请人委托，村（居）民委员会可以代其向户籍所在地乡镇人民政府提交书面申请及其相关材料；③困难家庭中丧失劳动能力且单独立户的成年重度残疾人和脱离家庭、在宗教场所居住3年以上（含3年）的生活困难的宗教教职人员，可以单独提出申请。

审查。乡镇人民政府对申请人提交的申请材料进行审查，有条件的可以根据申请人授权，对申请人家庭收入和财产信息进行核对。根据材料审查和信息核对情况，作出相应处理：①申请人提供的申请材料齐全、符合要求的，应当受理申请，并且向申请人出具书面受理通知书；②申请人提供的申请材料不齐全或者不符合要求的，应当当场一次性书面告知申请人需要补正的全部内容；③不告知的，自收到申请材料之日起即为受理；④申请人明显不符合最低生活保障条件的，应当当场告知申请人不予受理，并且说明理由。

核定。家庭经济状况核定。乡镇人民政府在村（居）民委员会协助下，组织驻村干部、社区低保专干等工作人员对申请人家庭经济状况和实际生活情况逐一进行调查核实。

听证。家庭经济状况调查结束后，乡镇人民政府在村（居）民委员会的协助下，以村（居）为单位召开听证会，对申请人家庭经济状况调查结果的客观性、真实性进行民主听证。听证遵循宣讲政策、介绍情况、现场评议、形成结论、签字确认的程序。

审核。乡镇人民政府对申请家庭是否给予低保提出建议意见并及时在村（居）民委员会公示审核结果。公示期为7天，公示结束后将相关材料报县级民政部门审批。

审批。县级民政部门进行审批。①对拟予批准的，通知乡镇人民政府在申请人家庭常住地所在社区或者自然村（组）将拟批准家庭的户主姓名、保障人口、家庭收入及拟补助金额张榜公示7天，公示期满无异议的，发放《最低生活保障证》；②有异议的，县级民政部门会同乡镇人民政府作进一步核查，并根据核查结果及时作出决定；③对不予批准的，书面通知申请人并且说明理由。

（3）保障金的核定与发放。

最低生活保障金从批准享受最低生活保障的当月起计发。低保金的发放，是通过银行、信用社等金融机构，直接支付到低保家庭的账户。低保金额按其家庭人均收入低于当地最低生活保障标准之间的差额确定。基本计算公式是：

家庭月最低生活保障金额 =（当地月最低生活保障标准 − 家庭月人均收入）×

保障人数

目前，赣州市农村最低生活保障标准为270元/月。

（4）动态管理。

最低生活保障实行动态管理。对“常补对象”的生活状况，乡镇人民政府每年至少入户调查一次，对“非常补对象”的生活状况每半年至少入户调查一次，并根据其家庭经济状况的变化，及时按程序办理维持、提高、降低或者停发低保资金手续。

2. 农村“五保”供养政策

（1）供养对象。

农村“五保”供养对象是指符合下列条件的农村老年人、残疾人和未满16周岁的未成年人：①无法定赡养、抚养、扶养义务人，或者其法定赡养、抚养、扶养义务人无赡养、抚养、扶养能力的；②无劳动能力的；③无生活来源的（曹建林，2016）。

（2）申办程序、供养标准。

主要程序：①由村民本人向村民委员会提出申请，因年幼或者智力残疾无法表达意愿的，由村民小组或者其他村民代为提出申请；②经村民委员会民主评议，对符合规定条件的，在本村范围内公告；③无重大异议的，由村民委员会将评议意见和有关材料报送乡、民族乡、镇人民政府审核；④乡（镇）人民政府提出审核意见，并将审核意见和有关材料报送县级人民政府民政部门审批，县级人民政府民政部门作出审批决定。

需要提交的材料，包括身份证、户口簿、婚姻状况证明、家庭收入状况证明等。

“五保”供养标准。目前，赣州市农村“五保”供养分为集中供养和分散供养两类，集中供养标准为365元/月，分散供养标准为290元/月（曹建林，2016）。

（二）医疗扶贫政策

1. 新型农村合作医疗

（1）筹资标准与补偿政策。

筹资标准。2016年新农合筹资标准：个人缴费120元（政府出资），各级财政补助410元。具体分4种情况进行补偿。

第一，门诊补偿。乡、村两级定点医疗机构实行同一补偿比例。参合人员在乡、村级定点医疗机构的单次门诊费用补偿比例为70%。参合人员在本县中医院门诊接受中医药治疗纳入门诊统筹范围，其医药费用按40%比例补偿。门诊统筹补偿不设起付线。参合人员在乡级定点医疗机构门诊就医，年度累计补偿金额不受封顶线限制。

第二，住院补偿。乡级定点医疗机构单次住院实行分段累加补偿，不设起付线，可报费用。0～800元部分按70%报销，800元以上部分补偿比例为90%。农村"低保"对象、"五保"供养对象（扩面到建档立卡贫困对象）住院可报费用不设起付线直接按90%进行补偿。县级定点医疗机构的补偿比例为80%。市级定点医疗机构的补偿比例为55%。省级定点医疗机构的补偿比例为50%。非定点医疗机构的补偿比例为35%。

在计算参合农民的实际补偿金额时，应用可报费用减去起付线金额后，再按规定的补偿比例补偿。按定点医疗机构设立三级起付线，县（市、区）级定点医疗机构400元，县外定点医疗机构600元，非定点医疗机构800元。起付线以下为个人自付部分，参合人员每次住院均须按医疗机构级别扣除相应的起付线。农村"低保"对象、"五保"供养对象（扩面到建档立卡贫困对象）在县级定点医疗机构住院，可减免400元起付线直接按比例补偿。

住院补偿封顶线为10万元。

上述政策均按照江西省卫生和计划生育委员会《关于印发2015年新型农村合作医疗统筹补偿方案的通知》执行。

第三，门诊大病补偿。14类疾病列入门诊大病补偿范围，即精神病、糖尿病、心脏病、高血压病、慢性肾病、脑卒中后遗症、再生障碍性贫血、帕金森氏综合征、系统性红斑狼疮、结核病、肝硬化、慢性活动性肝炎、癫痫、重症肌无力。

门诊大病的补偿比为40%，起付线为0元，封顶线为3000元。同时将地中海贫血（含输血）、恶性肿瘤、肾衰透析、血友病输血（含vi因子、IX因子）、器官移植后抗排斥治疗的门诊医药费用按住院补偿办法进行补偿。

第四，农村居民重大疾病救治补偿。做好农村居民耐多药肺结核、艾滋病机会性感染、乳腺癌、宫颈癌、肺癌、食道癌、胃癌、结肠癌、直肠癌、慢性粒细胞白血病、急性心肌梗死、脑梗死、血友病、Ⅰ型糖尿病、甲亢、儿童苯丙酮尿症和尿道下裂共17类重大疾病救治工作。实施按病种付费，三级新农合定点医疗机构补偿70%，二级新农合定点医疗机构补偿75%。

（2）补偿程序。

住院补偿。①县内定点医疗机构对参合人员住院发生的医药费用按规定进行初审并直接向参合人员垫付应补助的金额（实行直补）；②除意外伤害、正常住院分娩、参加商业保险外，参合人员持身份证、户口本、新农合证（卡）及县外就医转诊证明到省、市级定点医疗机构就医并实行直补（即时结报）；③在县外非定点医疗机构住院，出院后携相关补偿资料到户籍所在地新农合经办机构进行补偿。

门诊补偿。参合人员在定点医疗机构门诊就诊时，应携带新农合证（卡）、身份证，定点医疗机构直接减免部分门诊医药费用。

门诊大病补偿。①患门诊大病（慢性病）的参合人员在本县范围内就诊，携带新农合证（卡）、户口本、县级以上医院出具的疾病诊断证明、门诊病历、门诊发票及清单到就诊医院办理报账手续；②县外就诊的到户口所在地乡镇卫生院办理补偿手续。

2. 新型农村合作医疗大病保险

（1）筹资标准、补偿政策。

2016 年新农合筹资标准：每人 30 元（由新农合基金支付，不需个人缴费）。2016 年，起付线 15000 元，农村建档立卡贫困对象起付线减半即 7500 元。大病保险年封顶线为 25 万元。具体补偿标准如下：

第一，省内就医患者的费用计算。在赣州市内的定点医疗机构和非定点医疗机构就诊的参合患者，按现行新农合政策补偿后（农村居民重大疾病救治补偿政策继续执行），个人年度累计负担的合规医疗费用（合规医疗费用 = 住院期间发生的可报费用 + 目录外药品费用）扣减起付线金额后，0 元至 5 万元部分，补偿比例为 50%；5 万元以上至 10 万元部分，补偿比例为 60%；10 万元以上部分，补偿比例为 70%。农村建档立卡贫困对象每段补偿比例提高 10%。

在赣州市外的省内定点医疗机构和非定点医疗机构就诊的参合患者，按现行新农合政策补偿后（农村居民重大疾病救治补偿政策继续执行）个人年度累计负担的合规医疗费用（住院期间发生的可报费用作为合规医疗费用）扣减起付线金额后，0 元至 5 万元部分，补偿比例为 50%；5 万元以上至 10 万元部分，补偿比例为 60%；10 万元以上部分，补偿比例为 70%。农村建档立卡贫困对象每段补偿比例提高 10%。

市内、市外的省内非定点医疗机构就诊的参合患者使用进口药品、特殊耗材须经当地保险公司或新农合管理部门审批后才能纳入可报费用。

第二，省外就医患者的费用计算。省外就诊的参合患者，其自付医疗费用的 85% 减去大病保险起付线后，按上述比例补偿。农村建档立卡贫困对象每段补偿比例提高10%。到省外就医的参合患者大病保险可报费用的计算方法：大病保险可补偿费用（合规费用）=［（总费用－新农合补偿费用）×85%－起付线］×报销比例。

第三，意外伤害补偿。受到意外伤害的参合患者，新农合补偿后大病保险按规定进行补偿（新农合审核不予报账的，大病保险也不予补偿），意外伤害大病保险补偿年内封顶线金额为20000元。

第四，门诊慢性病费用补偿。慢性病门诊大病诊断标准、病人确认办法、慢性病病种、定点医疗机构用药记录以及发票等规定均按新农合现行规定（新农合审核不予补偿的发票，大病保险也不予补偿），新农合补偿后再由大病保险给予补偿，补偿比例为40%，不设起付线，大病保险补偿年内封顶线金额为3000元。

（2）补偿程序。

新农合基本医保补偿结算后，患者个人负担的合规医疗费用符合起付规定的，由中国人寿大病补充保险经办人员负责准备大病保险规定的补偿材料，并在规定时限内完成理赔结算服务。慢性病门诊费用补偿和新农合同一程序。

3. 农村贫困人口疾病医疗商业补充保险

（1）筹资标准、补偿政策。

2016年农村贫困人口疾病医疗商业补充保险筹资标准为每人90元，市、县财政按2∶8的比例负担。农村贫困人口疾病医疗商业补充保险补偿不设起付线，年封顶线为25万元。具体补偿标准如下：

第一，新农合目录内住院医疗费用。参保的农村贫困人口住院发生的医疗费用，按现行新农合政策和新农合大病保险政策补偿后，剩余部分中属于目录内部分费用的，由农村贫困人口疾病医疗商业补充保险补偿90%，个人负担10%。

第二，新农合目录外住院医疗费用。按现行政策规定由个人全额负担的目录外住院医疗费用，由农村贫困人口疾病医疗商业补充保险补偿75%，赣州市内定点医疗机构负担5%（在出院时新农合直补时给予直接减免），个人负担20%；赣州市内非定点医疗机构和市外医疗机构就诊则由个人负担25%。

（2）补偿要求。

商业保险机构办理疾病医疗商业补充保险补偿时所需材料：住院发票、诊断书、住院费用总清单、医用材料说明书和合格证的复印件，以及相关部门已补偿的回执单。申请材料为复印件的需加盖已给予补偿的相关部门公章。

商业保险公司要主动与相关部门进行衔接，做好申报材料的对接工作，按照县内7个工作日、县外15个工作日内完成查勘、核实、理算及支付工作。如遇特殊情况可延长5个工作日。农村贫困人口住院医疗费用，经审核确认后，补偿资金以转账方式汇入其个人银行账户。

4. 城乡医疗救助政策

（1）医疗救助主要对象。

医疗救助以县（市、区）为单位组织实施，以下人员可列为城乡医疗救助对象：①特困供养人员；②最低生活保障对象；③残疾军人、“三属”人员、“两红”人员、在乡老复员军人、带病回乡退伍军人、农村和城镇无工作单位且生活困难的参战参试退役人员（简称“六类对象”）；④尚未纳入城镇职工基本医疗保险的企业在岗和退休军转干部及1953年底前参军后在企业退休的军队退役士兵（简称“两类人员”）；⑤支出型贫困低收入家庭大病患者；⑥县级以上人民政府规定的其他特殊困难人员（曹建林，2016）；⑦经新农合、新农合大病保险和贫困人口重大疾病医疗商业补充保险补偿后的个人负担医疗费用部分，符合条件的可向民政部门申请城乡医疗救助。

（2）医疗救助的实施范围。

城乡医疗救助实施范围主要包含4个方面：

第一，资助参保参合。资助城乡“低保”对象、农村“五保”供养对象等城乡困难群体参保参合。

第二，门诊医疗救助。①对农村“五保”供养、城镇“三无”对象和城乡“低保”常补对象开展日常门诊救助；②对农村“五保”、城镇“三无”对象和城乡“低保”常补对象中的严重慢性病或重大疾病患者开展重大疾病门诊救助和特殊重大（慢性）病种门诊购药救助。

第三，住院医疗救助。住院医疗救助又分常规住院救助、重大疾病住院救助。

常规住院救助。主要适用于特困供养人员、最低生活保障对象、“六类对象”及“两类人员”，经基本医疗保险及城乡居民大病保险、各类补充医疗保险、商业保险报销后，医疗救助政策范围内个人自负部分按3种标准予以救助：①特困供养人员按100%给予救助；②最低生活保障对象按不低于70%的比例救助，年累计救助封顶线不低于3万元；③“六类对象”“两类人员”按不低于50%的比例救助，年累计救助封顶线不低于2万元。

重大疾病住院救助。重大疾病住院救助是指救助对象因患重大疾病住院，经基本医疗保险及城乡居民大病保险、各类补充医疗保险、商业保险报销后，个人自负部分仍然负担较重，其个人自负部分救助按 5 种标准予以救助：①特困供养人员按 100% 给予救助；②最低生活保障对象、“六类对象”“两类人员”按不低于 70% 的比例救助，年累计救助封顶线不低于 3 万元；③14 周岁以下贫困家庭儿童重大疾病患者按不低于 80% 的比例救助，年累计救助封顶线不低于 5 万元；④支出型贫困低收入家庭大病患者按 50% 的比例救助；⑤县级以上人民政府规定的其他特殊困难人员救助比例由当地政府研究确定。

在实施上述重大疾病门诊和住院医疗救助过程中，特困供养人员、最低生活保障对象因各种原因未能及时参加基本医疗保险的，其重大疾病医疗救助政策范围内个人负担医疗费用可按一定比例直接给予救助。

第四，专项医疗救助。对符合按病种定额付费专项救治条件的贫困重大疾病患者，按照有关规定开展重大疾病专项救助（曹建林，2016）。

（3）关于临时救助的政策。

第一，临时救助范围、标准。对因灾、因交通事故等意外事件，家庭成员突发重大疾病等原因，导致基本生活暂时出现严重困难的家庭，或者因生活必需支出突然增加超出家庭承受能力，导致基本生活暂时出现严重困难的最低生活保障家庭，以及遭遇其他特殊困难的家庭，给予临时救助。根据贫困程度一次性给予贫困家庭 100～5000 元不等的临时救助；对特别困难的贫困家庭给予 1 万～3 万元的特别救助。

第二，救急难。包括救济对象、审批程序、审批权限，具体如下：

急难救助的对象。“救急难”对象是指具有本市户籍的常住居民、持有本市居住证的流动人口、流浪乞讨人员，因灾、因病、因突发事件导致其家庭出现突发性、临时性、紧迫性基本生活、基本医疗、基本教育、基本住房、基本就业等困难的急难型贫困家庭和个人。

急难救助的审核审批程序。对于急难型家庭救助，主要采取紧急救助程序和一般救助程序。①紧急救助程序。对于情况紧急、需立即采取措施以防止造成无法挽回的损失或无法改变严重后果的，乡镇人民政府、县民政局应先行实施紧急救助。紧急救助之后，按规定补齐审核审批手续。②一般救助程序。乡镇人民政府在村（居）委会协助下，对急难救助申请人的家庭经济状况、人口状况、遭遇困难状况等逐一入户调查，提出审核意见，并在当地村（居）委会张榜公示后，报县民政局复核。县民政局根据乡镇人民政府上报的材料，对申请对象开展家庭经济状况核对，提出复核意见，将县乡两级调查的详细情况、拟救助金额，向社会公示。县民政局根据调查、审核、公示的情况，提出审批意见。

急难救助的审批权限。乡镇人民政府可以审批 1000 元及以下的救助资金。县民政局可以审批 10000 元及以下的救助资金。10000 元以上 30000 元以下的救助资金，由县民政局报同级社会救助联席会议审批。“救急难”实行一事一救。同一申请人、同一事由的，一年内原则上只救助一次。特殊情况经民政部门认定，一年内最多给予两次救助，且第二次救助金额不得超过首次。

2017 年，信丰县调整了上述政策，制定了 23 条健康扶贫政策措施。具体情况如下：

第一，贫困人口免费参加城乡基本医疗保险和大病保险。特困供养人员、城乡最低生活保障对象、城镇重度残疾的学生和儿童、城镇丧失劳动能力的重度残疾成年人、城镇低收入家庭的未成年人和 60 周岁以上的老年人、已失业又未纳入城镇职工基本医疗保险的 14 类退役士兵以及其他建档立卡贫困人口等参加城乡居民基本医疗保险的个人缴费部分，由财政全额补助。

第二，提高贫困人口住院医疗保险待遇。特困供养人员、最低生活保障对象及其他建档立卡贫困人口在一级、二级定点医疗机构住院不设起付线（城乡居民住院费用报销起付线：一级医院 100 元，二级医院 400 元），政策范围内医疗费用直接由统筹基金按基本医保的标准进行支付（吴国平，2017）。住院报销比例提高到：一级医疗机构 90%，二级医疗机构 80%，三级医疗机构 60%；年度内医保基金累计最高支付限额 10 万元。

第三，提高门诊特殊慢性病待遇水平。一是扩大门诊特殊慢性病保障范围。将地中海贫血、血吸虫病、结核病、癫痫、儿童生长激素缺乏症等江西省常见地方病纳入门诊特殊慢性病，门诊特殊慢性病种类达到 30 种，其中Ⅰ类 8 种，Ⅱ类 22 种。二是提高门诊特殊慢性病报销比例（钟端浪，2017）。将门诊特殊慢性病报销比例由 40% 提高到 60%。三是提升门诊特殊慢性病年度支付限额。将Ⅰ类门诊特殊慢性病年度最高支付限额由 1.5 万元提高到 10 万元，将Ⅱ类门诊特殊慢性病年度最高支付限额由 3000 元提高到平均 5000 元（吴国平，2017）。

第四，提高贫困人口大病保险待遇。一是降低大病保险起付线。建档立卡贫困人口城乡居民大病保险报销起付线下降 50%（吴国平，2017），即基本医保最高支付限额 5 万元以上政策范围内的医药费用纳入大病保险基金支付；城乡居民基本医疗保险报销后个人负担部分特殊门诊医药费用纳入大病保险基金支付。二是提高大病保险补偿比例。统筹地区内报销 90%、统筹地区外报销 80%。三是建档立卡贫困人口基本医疗保险年度累计政策范围内个人负担部分医药费超过 6000 元（城乡居民个人负担超过 18000 元）的部分，按 50% 的比例由大病保险基金给予二次补偿，不设封顶线。

第五，继续实施10类重大疾病免费救治。继续实施“光明·微笑”（白内障、唇腭裂）工程、儿童“两病”（儿童白血病、儿童先心病）、尿毒症免费血透、重性精神病免费救治、妇女“两癌”（宫颈癌、乳腺癌）免费手术等重大疾病专项救治项目（吴国平，2017）。

第六，继续提高15种重大疾病保障水平。建档立卡贫困人口患耐多药肺结核、肺癌、食道癌、胃癌、结肠癌、直肠癌、慢性粒细胞白血病、急性心肌梗死、脑梗死、血友病、I型糖尿病、甲亢、儿童苯丙酮尿症、尿道下裂及地中海贫血15种重大疾病，实行按病种定额救治，在二级和三级定点医院治疗，其费用按80%和70%纳入医疗保险补偿（吴国平，2017）。

健康扶贫“四道医疗保障线”是赣州市委、市政府为减轻城乡贫困人口疾病医疗费用个人支出负担，防止“因病致贫、因病返贫”而建立的健康扶贫制度。可以享受“四道医疗保障线”待遇的城乡贫困人口具体包括经精准识别的农村建档立卡贫困人口和城乡最低生活保障对象、特困人员、孤儿（统称城乡贫困人口）。健康扶贫“四道医疗保障线”保障对象个人不需要缴费，由各级政府负责筹集资金。健康扶贫“四道医疗保障线”保障范围是城乡贫困人口因病发生的门诊特殊慢性病费用和住院费用。健康扶贫“四道医疗保障线”待遇是：城乡贫困人口在市内医保定点医疗机构就医，刷医保IC卡免交押金办理住院手续，出院只需交“四道医疗保障线”补偿后的个人自付费用。经“四道医疗保障线”报账后，个人就医负担比例降至10%以下，一个自然年度内最高支付限额可达60万元以上。

健康扶贫“四道医疗保障线”报账流程分两种情况处理，具体如下：

一是市内定点医院就医：城乡贫困人口持身份证、卡就医（属于市内转院的先办理转院手续）—刷医保IC卡办理入、出院—出院时个人支付经“四道医疗保障线”报账后的自付费用。

二是市外定点医院就医：城乡贫困人口现办理市外转院手续—办理入、出院—出院时个人垫付相关医疗费用—提交报账的相关就医资料—参保人的定点医院或参保人户籍所在地乡镇定点医疗机构按政策报销。

总之，在社会保障和医疗扶贫方面，2017年，信丰县社会福利中心和残疾人康复中心已投入试运营。开工新建古陂、小河2所区域性示范敬老院。建成86所村卫生计生服务室。城乡低保对象和特困对象的供养及医疗救助全面提标，累计发放社会救助金1.22亿元。

二、实施情况

2016年以来，信丰县相继出台多项政策，推动大病医疗保险在解决“因病致贫、因病返贫”中发挥更大作用。由政府筹资为所有建档立卡贫困对象购买大病保险（30元/人）和疾病医疗商业补充保险（90元/人），并对贫困人口参加城乡居民基本医疗保险个人缴费部分（120元/人）给予全额补助。对贫困人口住院实行“先诊疗、后付费”的结算机制，取消医疗病种限制。并在各定点医疗机构设立专门的报账窗口，开辟结算“绿色通道”，优先为贫困对象进行直补。全县建档立卡贫困人口因病住院在县乡两级定点医疗机构减免起付线，大病保险补偿时，起付线下降50%，起付线每参合年度内只扣减一次。每档补偿比例提高10%，0元至5万元部分，补偿比例为60%；5万元以上至10万元部分，补偿比例为70%；10万元以上部分，补偿比例为80%；门诊慢性病报销比例50%，不设起付线，年度封顶线4000元。按城乡居民医疗保险政策和大病保险政策补偿后，剩余部分中属于三个目录内的住院医疗费用，由贫困人口疾病医疗商业补充保险补偿90%，个人负担10%，剩余部分中属于目录外的住院医疗费用，由贫困人口疾病商业补充保险补偿75%，市内定点医疗机构负担5%（在出院直补时给予直接减免），个人负担20%，市内非定点医疗机构和市外医疗机构就诊则由个人负担25%。贫困人口疾病医疗商业补充保险补偿不设起付线，年封顶线为25万元。实现贫困人口住院自付费用比例降至10%以下（刘善庆等，2017）。如家住信丰小江镇的贫困对象邓某香由于败血症2016年在广东住院，住院总费用143929元，城乡基本医疗保险补偿37949.74元，大病保险补偿52435.94元，疾病商业补充险补偿45672.1元，个人自付费用7871.22元，自付比例5.47%。家住信丰安西镇的贫困对象蓝某九由于脑梗死于2016年在信丰中医院住院，住院总费用106895.78元，城乡基本医疗保险补偿77205.97元，大病保险补偿2350.75元，疾病商业补充险补偿23106.91元，个人自付费用4232.15元，自付比例3.96%。

四道医疗保障线“一站式”同步结算工作稳步推进。根据《赣州市人民政府关于整合城乡居民基本医疗保险制度的实施办法》（赣市府发〔2016〕33号）、《关于印发〈赣州市城乡居民大病保险暂行办法〉的通知》（赣市人社发〔2016〕30号）和《转发县民政局等部门关于进一步加强和完善城乡医疗救助制度实施方案的通知》（信府办发〔2016〕63号）文件精神，依托城乡居民基本医疗保险网络，在县行政服务中心设立四道医疗保障线“一站式”结算窗口，在县级医院（县人民医院、县妇保医院、县中医院、赣南医学院第二附属医院）先行建立一套“一站式”结算系统，简化补偿程序，实现城乡居民基本补偿、大病保险、商业补充保险、民政医疗救助“一站式”结算。目前，县行政服务中心窗口已建立好，各单位已进驻合署办公，四家县医院系统也已上线运行。下一步工作将同步结算模式延伸到乡级医院医疗机构，最大限度地方便群众，提升服务水平。

如何防止因病致贫、因病返贫现象的发生则是扶贫的底线。2016 年，信丰县建档立卡贫困对象享受城乡居民基本医疗保险住院补偿 12062 人次，补偿金额 3049.6 万元，大病保险补偿 1362 人次，补偿金额 1213.89 万元，疾病商业补充保险补偿 102 人次，补偿金额 192.58 万元。

2017 年以来，信丰县卫生计生、扶贫、人社、民政等部门齐心协力，坚持问题导向、需求导向、民生导向，做到识别精准、措施精准、推进精准，把 23 条政策措施变为群众有切身感受、切身体会的工作成绩，使贫困人口医疗保障水平明显提高。

兜底保障制度持续完善。信丰县在稳固“四道保障线”政策，使个人自付比例下降至 10% 以内的基础上，开展了贫困人口住院费用一站式结算服务。该县各级公立医疗机构设立“一站式”结算综合服务窗口，安装贫困人口“一站式”结算系统，贫困人口入院治疗后只需凭“一卡通”即时结算，真正实现了从“多头跑”到“不要跑”，从“每日交钱”到“一次性核账”的结账模式，同时实现了基本医疗、大病保险、补充保险、医疗救助等信息即时交换。通过健康扶贫“四道医疗保障线”一站式同步结算平台，信丰县贫困户住院个人负担降至 2.77%，为赣州全市最低。

扶贫政策持续完善。信丰县实施了设置扶贫病床、先诊疗后付费、一站式结算、减免目录外费用 5% 等一系列政策普惠贫困人口。截至 2017 年 7 月，全县共设置扶贫病床数 188 张，服务贫困人口 1555 人次，所有入院贫困患者享受了减免起付线金额 83.17 万元、实施先诊疗后付费免收押金 58.64 万元，目录外费用减免 5% 共计 61.22 万元等一系列政策优惠。

重大卫生健康民生红利持续释放。信丰县共免费救治尿毒症等 8 种重大疾病患者 138 例，救治贫困家庭艾滋病机会性感染患者 118 人。贫困人口 14 种重大疾病累计救治 309 人，累计救治费用 1890275 元，个人自费额仅为 127471 元，大大降低了贫困人口的就医负担。

健康管理服务水平持续提升。根据国家卫计委“三个一批”行动计划的要求，信丰县各乡（镇）对贫困人口进行了分类管理，给因病贫困家庭有针对性地安排了一名医护人员、组建了一个医疗帮扶团队，实施了精准救治。同时按照基本公共卫生服务项目要求落实了医疗随访、慢病管理、康复指导等“一对一”签约服务。

贫困人口政策知晓率持续提升。信丰县各定点医疗机构都加强了健康扶贫政策宣传，各出入院登记处、宣传栏均张贴了醒目的健康扶贫宣传政策，对建档立卡贫困人口在门诊诊疗和住院治疗方面开展了一系列政策宣传，出台了一系列优惠政策，加强了医务人员健康扶贫政策培训，确保处处有宣传，人人知政策，创造了良好的就医氛围。

第二节 兴国县

一、主要政策

（一）健康扶贫政策

1. 城乡贫困人口医保政策

实施对象：城乡贫困人口疾病医疗补充保险的实施对象为兴国县通过精准识别并建档立卡的贫困人口和未进入贫困户建档立卡系统的城乡最低生活保障对象、特困人员、孤儿（以下统称城乡贫困人口）。

保障时限：保险时间为当年 1 月 1 日至 12 月 31 日。

城乡贫困人口基本医保个人缴费部分（150 元/人·年）由财政直接资助，大病保险（40 元/人·年）由医保基金出资购买，疾病医疗补充保险（120 元/人·年）由市、县财政负担。

城乡贫困人口 2017 年健康扶贫“四道医疗保障线”报账政策：

一道：城乡居民基本医疗保险。①特殊门诊报账待遇：Ⅰ类 8 种、Ⅱ类 22 种，报账比例为 60%；Ⅰ类全年封顶线为 10 万元（含住院）、Ⅱ类全年封顶线为 5000 元（与大病保险合并计算）。②住院报账待遇：起付线为一级、二级医院免收起付线，三级医院 600 元，年度内第四次及以上不设起付线，一级、二级、三级医院报销比例分别为 90%、80%、60%，全年封顶线为 10 万元（含特殊门诊）。

二道：大病保险（含二次补偿）。①特殊门诊报账待遇：Ⅰ类、Ⅱ类病种，报账比例为统筹地区内 90%，统筹地区外 80%；Ⅰ类全年封顶线为 25 万元（含住院）、Ⅱ类全年封顶线为 5000 元（与基本医疗保险合并计算）；其他待遇：格列卫、赫赛汀、普来乐、恩度、达希纳、依尼舒等 11 种特药，不设起付线，报销比例 70%，不计入二次补偿，封顶线与大病基金最高支付限额合并计算。②住院报账待遇：统筹地区内 90%，统筹地区外 80%；全年封顶线为 25 万元（含特殊门诊）。③其他待遇：大病保险起付线下降 50%，即贫困人口享受城乡居民基本医疗保险支付限额 5 万元以上政策范围内的医药费纳入大病保险基金按规定支付待遇；二次补偿，即年度累计政策范围内个人负担部分医疗费用超过 6000 元的部分，报销 50%。

三道：贫困人口疾病医疗补充保险。不设起付线，住院和门诊特殊慢性病报账比例：①个人负担的医保目录内医疗费用，报销 90%。②个人负担的医保目录外医疗费用，县级以上综合医院认定的、该疾病治疗必需的、医保目录内无法替代的药品和医疗耗材费用，市内定点医院就医报销 75%，市内定点医疗机构负担 5%，个人自负 20%；在市内非定点和市外定点医院就医报销 75%，个人自负 25%。报账限额：25 万元（含特殊门诊）。

四道：医疗救助（对个人负担医保目录内医疗费用按比例进行救助）。日常门诊救助（1 万元以下部分）：特困人员按 100% 给予救助；最低生活保障对象中的常补对象按 60% 的比例给予救助，全年累计救助封顶线为 1000 元。重大疾病门诊救助（1 万元以下部分）：特困人员按 100% 给予救助；最低生活保障对象中的常补对象按 70% 的比例给予救助，1 万 ~2 万元部分封顶线为 1 万元，2 万元及以上的封顶线为门诊和住院救助封顶线之和。特殊病种门诊定点零售药店购药的救助：必须经县级或县级以上基本医疗保险经办机构和遗留救助经办机构确认，已开展了基本医疗保险门诊特殊慢性病定点零售药店购药报销的县市区的特困人员、最低生活保障对象按 70% 给予救助；全年累计救助封顶线为 2 万元。

住院救助比例：①特困人员救助比例 100%，不封顶；②最低生活保障对象救助比例 80%，5 万元封顶；③支出型贫困低收入家庭大病患者和符合条件的其他建档立卡贫困人口，对 2 万元以上部分按 50% 的比例给予救助，3 万元封顶（牛煜辉，2018）；④以上救助对象中 14 周岁以下儿童（特困人员、孤儿除外）重大疾病救助比例 90%，6 万元封顶。

专项救助：①对贫困家庭的儿童先天性心脏病和白血病患者等 7 种患者实施按病种定额付费免费救治项目；②对农村贫困家庭耐多药肺结核等 13 类疾病患

者实施的按病种定额付费20%予以救助；③“光明·微笑”工程和爱心基金会“爱心”遗留免费救助项目。

2. 医疗减免

建档立卡贫困户患者在县域内公立医疗机构住院实行“先诊疗、后付费”；享受扶贫病床，病床按“三免四减半”政策减免相关费用。

3. 慢性病保障

扩大慢性病报账范围，提高慢性病报账比例。在原30种门诊慢性病病种的基础上，增加原发性高血压Ⅰ期、风湿类风湿病、消化道溃疡、皮肤病、泌尿系结石、椎间盘突出症6种病种为门诊慢性病病种；报账比例在原60%的基础上，再提升30%的补偿，补偿比例达到90%。按具体实施细则执行。

4. 免费救治

实施“光明·微笑”（白内障、唇腭裂）工程、儿童“两病”（儿童白血病、儿童先心病）、尿毒症免费血透、重症精神病免费救治、妇女“两癌”（宫颈癌、乳腺癌）免费手术、儿童先天性耳聋人工耳蜗植入及康复免费救治、艾滋病机会性感染患者免费救治等重大疾病免费救治项目。

5. 大病救治

对贫困人口患儿童急性淋巴细胞白血病、儿童急性早幼粒细胞白血病、儿童先天性心脏病房间隔缺损、儿童先天性心脏病室间隔缺损、食道癌、胃癌、结肠癌、直肠癌、终末期肾病9个病种，进行单病种控费，减轻医疗费用负担。

6. “一对一”健康服务

为每位建档立卡贫困人口免费建立规范化的电子健康档案，为老年人、儿童、孕产妇和高血压、糖尿病、重性精神病患者等人员免费提供健康体检、随访和转诊等服务。

7. 防病抗病

加强防病工作力度，增强贫困户抗病能力。强化爱国卫生到村到户，加强对贫困户的病媒生物消杀，适当检测监控贫困村、贫困户的水质情况。加强疾病筛查工作，对贫困户实行免费产检和新生儿“四病筛查”（李世林，2017）。

8. 精准病患者治疗及监护

按危险评估分级，危险评估1～5级患者经家属申请给予免费住院治疗，关锁患者按原有精神病患者的申请治疗程序给予长期免费治疗；所需费用经医保报账后，其余部分原则上由民政部门负担。

9. 长期卧病患者医疗补助

经认定为长期卧病在床需要长期护理、照料的失能患者（中风、植物人、截瘫、脑外伤后遗症等）给予医疗及药物补助。具体由县扶移办会同乡镇、村进行摸排、公示等程序后确定人员名单。实行每年一审核一认定一发放，按每位患者每年2000元的标准予以发放。

（二）兜底保障扶贫

1. 民政救助

“五保”户集中供养标准425元/人·月、分散供养标准320元/人·月。

孤儿集中供养标准1100元/人·月、分散供养标准700元/人·月。

给予因灾、因病、因残、因学等致贫家庭500~3000元不等的临时救助。

“五保”户在定点医疗机构就医费用，经新农合及补充医疗保险补偿后，医疗救助政策范围内个人负担部分按100%给予救助；低保对象住院医疗费用，经新农合及补充医疗保险补偿后，医疗救助政策范围内个人自付部分按50%给予救助。全年累计救助金额2万~5万元。

自2017年1月1日起，最低生活保障标准由270元/人·月提高至305元/人·月，月人均补差标准由195元提高至225元。

2. 新农保

2016年起，扶贫对象中的“低保”“五保”供养对象，由政府托底代缴新型农村社会养老保险。

3. 完善社会保障措施

对丧失劳动力、没有经济来源的贫困群众，实行社会保障兜底。逐步提高低保、“五保”补助标准，扩大低保覆盖面，对符合农村低保条件的扶贫对象，做到“应保尽保”。加强农村敬老院建设，提高管理服务水平（邝先元，2015）。积极推进“救急难”工作，落实县临时救助配套资金，对因病、因灾、因残等特殊原因致贫的困难家庭实施临时救助。全面推进新型农村社会养老保险，对政府兜底扶贫对象由政府逐步纳入代缴范围，让贫困对象享受到养老金保障。

4. 健全关爱服务体系

在乡村便民服务中心设置妇女儿童家园、社区青少年中心等关爱服务场所。对贫困留守儿童开展亲情陪护、心理疏导、心愿达成、学业辅导。组建“留守妇女之家”，维护妇女合法权益。落实80岁以上老人高龄补贴，探索实施困难失能老人护理补贴。加快建设农村幸福院、社区日间照料中心、居家养老服务信息平台，为农村留守老人提供助餐、助洁、助医等基本养老服务。加大贫困残疾人康复工程、特殊教育、技能培训、托养服务实施力度。健全发现报告、应急处置、帮扶干预机制，帮助贫困家庭解决实际困难。加大中国福利彩票“苏区·荣光”即开型彩票的发行力度。所募集的公益金县留存部分主要用于扶贫济困，对扶贫对象给予专项资助，帮助其解决生产生活问题。

（三）电力扶贫

即供电。根据县民政局每季度提供的“五保”户、“低保”户名单，每户每月优惠10度电。

二、实施情况

（一）健康扶贫

2016年，兴国县由政府购买医疗保险（150元/人）和重大疾病商业补充保险（120元/人），对农村建档立卡贫困户看病实行“新农合补偿、新农合大病保险、疾病医疗补充保险、民政医疗救助”等保障，构建了“四道保障线”健康扶贫保障体系，自付医疗费用占总费用的比例降至10%以内（黄志勇、陈鹏，2018）。比如，埠头乡桐溪村贫困户李宾云，其6岁的孙子李吉祥患先天性失聪，2016年底在帮扶干部的帮助下，在南昌进行了人工耳膜手术，医疗总费用达19.23万元，报销后仅自付9653元，自付比例仅为5.02%。

2016年度全县共有农村建档立卡贫困对象住院18414人次（含门诊慢性病人次、尿毒症血透人次），总医疗费用6299.78万元，人均3423元，其中进入新农合大病保险的，已补偿436人次，人均0.71万元，新农合大病补偿金额达309.4万元；进入商业补充保险的，已补偿392人次；商业保险补偿629.51万元，人均1.6万元（三项合计补偿2138.52万元，自付215.47万元，自付比例9%）。民政救助情况，全年共有3164人享受民政医疗救助，人均995元，自付比例下降4.99%，“四道保障线”后患者自付比例为4.01%。

2017年，兴国县针对有些贫困人口医疗费用负担重，且无法全部享受现行健康扶贫项目政策的情况，又出台了《健康扶贫提升工作的补充意见》，整合资金2300万元（其中涉农财政资金1500万元、医保资金800万元），对贫困人口参加新型农村合作医疗个人缴费部分由财政给予全额补助。对贫困人口住院实行先诊疗后付费的结算机制。在原有医疗保障政策的基础上，试行农村贫困人口大病商业补充保险，完善医疗救助政策，取消医疗病种限制，提高医疗救助比例，扩大医疗救助范围，构筑新农合补偿、新农合大病保险补偿、农村贫困人口大病商业补充保险补偿、新农合二次补偿、民政医疗救助五道关卡，切实提高贫困人口报销比例，遏制和减少农村“因病致贫、因病返贫”现象。具体来说，2017年在以下四个方面加大扶贫力度。

一是实行慢性病保障提标扩面。新增加6种门诊慢性病病种，达到36种，补偿比例由60%提升至90%（800万元）。

二是对危险评估1~5级的218位精神病患者给予免费住院治疗，关锁患者给予长期免费治疗（1060万元）。

三是对长期卧病在床需要长期护理、照料的失能病人（中风、植物人、截瘫、脑外伤后遗症等全县554人）按每年2000元的标准发放补助（110万元）。

四是强化对疾病的防控。深入开展爱国卫生运动，加强对贫困户的病媒生物消杀，适时检测监控贫困村、贫困户的水质情况（李世林，2017）；实行免费产检和新生儿“四病筛查”，提高新生人口素质（330万元）。贫困户“看不起病，吃不起药”的问题迎刃而解。

与此同时，兴国县各医疗机构加大对健康扶贫帮扶力度，所有医疗机构对贫困人口实行了“先诊疗后付费”“三免四减半”，设立了扶贫病床（县级医疗机构按病床的5%设立，乡镇卫生院不少于2张），自2017年5月12日起全部实行了“一站式”结算，大大方便了贫困人口就医报账，减轻农户垫付资金的压力。

实施医学类本专科生订单、定向免费培养工程，支持和引导符合条件的贫困村乡村医生按规定参加城镇职工基本养老保险。全面建立困难残疾人生活补贴和重度残疾人护理补贴制度。

（二）农村低保与扶贫两项制度衔接工作

1. 基本情况

兴国县现有农村低保对象15218户41157人（上级核定基数40623人），有特困人员供养人数3566人（上级核定基数3735人），有乡镇敬老院25所，有扶贫人数70155人。通过集中整治，获得了显著的成效，常补对象户数占比达到22.5%，人数占比平均达到18.0%。全县低保户均人数占比达到2.7人。整户保户数占比为73.2%，人数占比为77.6%。纳入扶贫建档立卡户数占比75.8%，人数占比80.3%。2017年第二季度新增361户866人，停发低保818户1512人，现有低保户调整增加人数2293人、现有低保户调整核减人数564人。

2. 应保尽保

2017年开展了低保集中整治工作，县政府办先后出台4份文件，即《关于进一步加强困难群众基本生活保障工作的通知》《关于成立兴国县困难群众基本生活保障工作协调小组的通知》《关于做好2017年城乡困难群众提标提补工作的通知》《关于印发兴国县社会救助工作责任追究办法的通知》。同时，县精准扶贫工作领导小组出台了两份文件，即《关于再次开展建档立卡贫困人口和农村低保对象台账比对工作的通知》《关于印发兴国县开展兜底保障扶贫专项整治活动实施方案的通知》，从而为保障扶贫工作指明了方向。主要工作体现在以下六个方面：

一是做到精准识别。按照程序，坚持一个基本原则，即将困难家庭中的重度残疾人，困难家庭中罹患重病丧失劳动能力的人、群众普遍认为困难的家庭、因灾、因刚性支出、因突发事件等造成生活困难的家庭纳入保障范围。

二是注重低保制度建设，日常管理规范有序。在制度建设方面，在坚持“三级调查、三级审核”为主要内容的低保审核审批制度基础上，建立了“低保听证制度”和“城市低保三级联审制度”。日常管理方面，建立了政策法规和规章制度台账。将最低生活保障、特困人员供养、受灾人员救助、医疗救助、临时救助、教育救助、住房救助、就业救助的政策法规编印成文件汇编。建立了城乡低保家庭基本信息、城乡低保资金发放明细、城乡低保分类管理、城乡低保动态管理救助台账；建立了低保对象档案台账，做到县有档案室，乡镇有档案柜，村有档案盒，分户建档，一户一档。

三是及时提高保障标准。从 2017 年 1 月 1 日起，农村最低生活保障标准由每人每月 270 元提高到 305 元，补差水平每人每月提高 30 元，从 195 元达到 225 元。目前实际人均补差水平达到每人每月 226 元。

四是按解困期分类施保。分为 A、B、C 三种保障类型，其中，A 类为常补对象，占低保总数的 18%，指老、弱、病、残者，依靠自身的努力难以改变贫困状况，解困期在 3 年以上的困难家庭，实行整户保，每人每月补助 305 元。B 类为非常补对象，占低保总数的 20%，指在劳动年龄段，有劳动能力，但自身发展动力不足，解困期在 1 ~ 3 年的困难家庭，每人每月补助 250 元。C 类为非常补对象，占低保总数的 62%，指在劳动年龄段，有劳动能力，短期遇到困难，解困期在 1 年内，可以通过自身努力改变生活状况的困难家庭，每人每月补助 200 元。到 2018 年，A、B、C 三种保障比例预调整为 23%、30%、47%。

五是从严把握相关要求。在低保对象审核审批中要从严把握“七不保”“四从严”“五步骤”的要求。“七不保”的情形是：子女（孙子女）有赡养能力的；雇佣他人从事各种经营性活动的；家庭人均金融资产超过当地月低保标准 24 倍的；拥有家用小汽车、大型农用车、大型工程机械、船舶等之一的；兴建、购买高档住房或非居住用房的；自费安排子女择校就读或者出国留学的；因赌博、吸毒、打架斗殴、寻衅滋事、长期从事邪教活动等违法行为被公安机关处理且拒不改正的。“四从严”的情形是：属于基层干部及其近亲属的；家庭成员中有在国家机关、事业单位、社会团体等由财政部门统发工资，或在国有企业和大中型民营企业工作，收入相对稳定的；购买商业养老保险的；户居分离的。要按照“入户、核对、评议、审核、审批”的“五步骤”进行。

六是严格动态管理。在动态管理中，民政局实行工作责任制，建立局班子成员包片、局机关干部包乡的指导帮扶机制，主要工作责任为：包各类民政工作对象确认的核准到位，包各类民政工作对象的动态管理到位。包民政资金的规范化管理到位。包临时性、阶段性工作任务落实到位。乡镇做到“两会一公示”，即听证会、评议会、对象张榜公示。就是在申请受理、调查核实情况的基础上，以村为单位召开听证会，听证会后召开评议会，评议会上主要解决生活好的家庭得票高和生活困难的家庭得票少这两种情况是否可以纳入低保的问题，同时评议确定常补对象、非常补对象、整户保、分类施保的补助标准。对通过评议后的名单进行张榜公示。

3. 制度衔接

第一，对象衔接。将“五保供养”“纯低保户”优先纳入“建档立卡”范围，将其他符合低保和扶贫条件的农村贫困对象分别纳入农村低保和扶贫开发范围，做到农村低保制度和扶贫开发政策对农村贫困人口的全面覆盖。

第二，标准衔接。按照年均14.4%的增长比例建立农村低保提标自然增长机制，确保2018年全县农村低保标准能够高于同期全国扶贫标准20%，2020年高于40%，2017～2020年农村低保标准分别达到3660元/年、4260元/年、4860元/年、5640元/年（张福顺，2017）。

第三，政策衔接。对不在扶贫建档立卡范围的农村低保户和不是低保对象的建档立卡贫困户，在落实民政、扶贫相关政策的同时，推动教育、住房、医疗等政策双向覆盖。

第四，管理衔接。完善动态管理、信息共享和联审会商机制，实行工作互动、数据互联、信息互通，建立台账清晰、管理同步的“两户”精准衔接机制。

当前重点是进行建档立卡贫困人口与农村低保对象台账比对工作，对于收入达到或超过农村低保标准的低保对象，按程序退出低保；对于通过扶贫开发实现脱贫的农村低保对象，采取3～6个月“收入适应期”方式，逐步减发其低保补助金，并由扶贫部门进行识别认定，将认定脱贫的“扶贫低保户”移交民政部门重点检查，审核决定是否退出低保，确保公正有序地做到“应退尽退”。坚持应保尽保，应扶尽扶。在低保动态管理中，民政部门将扶贫建档立卡中符合低保条件的优先纳入低保，扶贫部门将符合纳入建档立卡的低保户优先纳入建档立卡。一是开展台账比对。各乡镇建立了《农村低保总名册》《已纳入扶贫建档立卡的低保名册》《未纳入扶贫建档立卡的低保名册》《新增低保对象名册》。二是建立信息共享机制。民政和扶贫部门做到及时更新有关数据，并做好配套制度衔接，做到信息数据共享，台账对接一致。三是实行“挂账式”衔接。低保与扶贫开发“两项制度”衔接由扶贫部门牵头，民政部门配合，对已建档立卡未享受农村低保待遇和新增农村低保对象而未纳入建档立卡范围的，实行双方数据相互“挂账式”比对，逐户核查。目前此项工作正在进行之中。

第三节 安远县

一、主要政策举措

（一）健康扶贫政策举措

1. 惠民医疗保障政策

在继续实施2016年政策的基础上，根据新的扶贫情况调整完善了相关政策。具体可分以下五个方面：

第一，资助全县贫困人口免费参加2017年医疗保险。县财政按每人150元标准资助52427名建档立卡贫困人口免费参加城乡居民基本医疗保险。按每人120元标准为52427名建档立卡贫困人口购买疾病医疗商业补充保险。

第二，强化县域内医疗机构贫困人口就医惠民政策。县内医疗机构设立扶贫病房（病床），优化医疗服务。县级医疗机构按总床位的5%左右设置扶贫病床，各乡（镇）卫生院设置扶贫病床不少于2张，对贫困人口就诊执行“三免四减半”政策；贫困患者在县内定点医疗机构住院实行先诊疗后付费，县级定点医疗机构设立“一站式”综合服务窗口，实现医疗保险、医疗救助、二次补偿“一站式”信息交换和即时结算，贫困患者只需负担自付医疗费用。

第三，实施孕产妇补助政策。实行免费婚前医学检查和孕前优生健康检查。对建档立卡的贫困孕产妇住院分娩正常产实行免费；非正常产的，依农村医疗救助制度规定救助。

第四，实行基本医疗保险和大病保险扶贫政策倾斜。完善基本补偿、大病保险、商业补充保险、城乡医疗救助、二次补偿健康扶贫“五道保障线”，优化结算体系和《一本通》运用，逐步实现贫困人口住院费用从报账制变为核账制。

一是提高城乡居民基本医疗保险住院和门诊特殊慢性病保障水平，取消贫困人口在县、乡的一、二级医疗机构住院报销起付线，对贫困人口门诊慢性病报销比例由40%提高到60%，Ⅰ类门诊特殊慢性病年度封顶线由3000元提高到10万元，Ⅱ类门诊特殊慢性病年度封顶线由3000元提高到5000元。

二是提高城乡居民大病保险报销比例，对贫困人口城乡居民大病保险起付线下降50%，同时大病保险报销比例在城乡一、二、三级定点医疗机构分别提高到90%、85%和80%，转外诊70%（10万元以上部分提高到75%）；大病保险报销后政策范围内个人负担部分医药费用超过6000元的部分进行二次补偿50%。

三是继续提高15种重大疾病城乡居民基本医疗保险保障水平，实行按病种定额救治，在二级和三级定点医院治疗，城乡居民基本医疗保险分别按80%和70%补偿。

四是为贫困残疾人提供精准康复服务，将符合条件的残疾人医疗康复项目按规定纳入基本医疗保险支付范围，提高贫困残疾人医疗保障水平。

第五，加大医疗救助保障力度和推进单病种控费。

一是加大民政医疗救助力度，对贫困人口中“五保”对象政策范围内医疗费用，予以全额救助；低保对象政策范围内医疗费用，在省政府规定的现行救助比例的基础上，提高5个百分点予以救助；将“五保”“低保”对象以外的贫困人口，纳入支出型贫困低收入家庭大病患者范围予以救助。

二是继续按照安远县人民政府办公室《关于加强城乡重大疾病医疗保障工作的实施方案（试行）》（安府办字〔2015〕62号）精神，由县财政出资落实再次补偿医疗保障政策。

三是继续实施10类重大疾病免费救治，继续实施尿毒症免费血透、妇女“两癌”免费手术、“光明·微笑”工程、儿童“两病”、儿童先天性耳聋人工耳蜗植入及康复、重性精神病、艾滋病机会性感染患者免费救治等重大疾病免费救治项目。

四是建立残疾儿童康复救助制度，逐步实现0~6岁视力、听力、言语、智力、肢体残疾儿童和孤独症儿童免费得到手术、辅助器具配置和康复训练等服务。

五是推进单病种控费，对贫困人口患儿童急性淋巴细胞白血病、儿童急性早幼粒细胞白血病、儿童先天性心脏病房间隔缺损、儿童先天性心脏病室间隔缺损、食道癌、胃癌、结肠癌、直肠癌、终末期肾病 9 个病种，进行单病种控费，减轻医疗费用负担。

2. 主要措施

安远县不断完善三级医疗服务网络，具体采取以下四个方面完善措施。

第一，兼顾三级网络，推进医疗机构规范建设。

一是按照“八室一卫”、总面积不低于 80 平方米的标准全面完成 70 个贫困村公有产权卫生室建设任务，确保全县每个贫困村拥有 1 所公有产权标准化村卫生计生服务室。

二是继续实施基层中医药服务能力提升工程，在鹤子、镇岗、新龙、重石、长沙、龙布等卫生院建设中医综合服务区，加强中医药设备配置和中医药人员配备。

三是启动县人民医院和妇女儿童医院整体搬迁工程，进一步完善县人民医院、妇女儿童医院现有孕产妇和新生儿危急重症救治中心软硬件建设。

四是加快县级残疾人康复服务中心建设，在孔田、版石、天心、龙布 4 所中心卫生院设立康复科。

第二，争取政策支持，加强卫计人才队伍建设。组织县级公立医院 5 名骨干医师到知名医院进修培训；制定乡（镇）卫生院每年不少于 20% 专业人员到上级医院进修制度，并定向培养医学生 5 名；择优招录 9 名乡镇计生统计员；落实农村订单定向培养乡村医生 5 名。

第三，实行待遇倾斜，稳定基层卫计人才队伍。统筹安排资金，巩固乡镇卫生院工作人员乡镇工作补贴；落实乡村医生岗位补贴政策，稳定乡村医生队伍。

第四，实施分级诊疗，严格控制医疗费用增长。严格落实《关于控制公立医院医疗费用不合理增长的若干意见》（国卫体改发〔2015〕89 号），加快分级诊疗制度建设，逐步规范常见病、多发病患者首先到基层医疗卫生机构就诊，实施双向转诊，实现建档立卡贫困患者县域内就诊率达 90% 以上；采取综合措施坚决遏制医疗费用不合理增长，增长率控制在 10% 以内。

（二）兜底保障政策

为充分发挥农村低保在脱贫攻坚中的托底作用，协同解决农村低保对象贫困问题，全面打好打赢精准扶贫攻坚战，结合安远县 2017 年脱贫攻坚实际情况，制定出台了下列保障政策：

第一，提高农村低保和“五保”供养保障标准。2017 年全县农村低保标准提高到3660元/年，月人均补差水平提高到225元；“五保”集中供养标准提高到5100元/年，“五保”分散供养标准提高到3840元/年，确保农村低保和“五保”对象实际收入增幅略高于全县农村居民年人均可支配收入增幅。

第二，加强农村敬老院建设和管理。加快龙布、鹤子、镇岗3所农村敬老院标准化建设进度，确保2017年7月底前全面竣工并投入使用，采取多种方式改善集中供养条件，通过增加床位，完善设施，增加服务功能，提升服务水平，确保全县农村敬老院基本满足所有农村“五保”分散供养对象的入院需求，有效解决敬老院集中供养失能老年人护理问题。

第三，深入开展“救急难”综合试点工作。完善乡（镇）社会救助“一门受理、协同办理”服务窗口，健全及时发现和快速响应机制，细化工作分工，明确工作职责，确保困难群众“求助有门，救助及时”。对于突发事件造成一般性基本生活困难的家庭，予以安远县低保标准3倍以内的基本生活应急救助；对因火灾、突发事故等因素造成房屋倒塌或严重损毁无法居住，导致家庭基本生活出现严重困难的家庭，根据其家庭实际困难程度，给予急难救助10000～20000元；对因单方交通事故导致自身受伤或死亡、意外伤害等突发事件，或因不可抗拒因素造成家庭主要劳动力死亡或重伤，导致家庭基本生活出现严重困难的家庭，给予急难救助5000～10000元；对因家庭成员突发重大疾病，导致家庭基本生活出现严重困难的家庭，在扣除基本医疗保险、大病保险、疾病医疗补充商业保险、医疗救助、大病二次补偿和其他社会帮扶资金后，个人自付的医疗费用支出在50000元以上的“低保”家庭、低收入家庭，分别按自付费用的20%、10%予以急难救助，最高救助额为30000元。

第四，贯彻落实医疗救助制度。取消重大疾病病种限制，将经城乡居民基本医疗保险、各类商业保险报销后，医疗救助政策范围内，门诊个人自付部分在10000元及以上，住院个人自付部分在20000元及以上的列为“重大疾病”；将建档立卡贫困人口大病患者列为安远县医疗救助对象；取消特困人员、孤儿年度救助封顶额；低保对象政策范围内救助比例提高到80%，年度封顶额提高到5万元，其中14周岁以下（含14周岁）重大疾病救助比例提高到90%，年度封顶额提高到60000元；支出型贫困低收入家庭大病患者和建档立卡贫困人口大病患者重大疾病年度救助封顶额提高到3万元，其中14周岁以下（含14周岁）重大疾病年度封顶额提高到60000元，最大限度减轻贫困户医疗支出负担，降低因病致贫风险，缓解因病致贫现象。

二、实施情况

（一）健康扶贫实施情况

安远县通过积极探索、开拓创新，建立健全可持续和针对性强的健康扶贫工作体制机制和政策倾斜措施，全面推进健康扶贫工作，进一步优化和提升县乡村三级医疗卫生网络服务能力，筑牢医疗保障和健康管理双重“防火墙”，采取针对性防治干预措施，精确到户、精准到人、精准到病，分类施策，让建档立卡贫困人口享有基本医疗卫生服务，能“看得上病、看得起病、看得好病、少生病”，有效提升全县贫困人口健康保障水平，努力创建全国健康扶贫工程示范县。主要做好以下几项工作：

1. 成立专门组织机构

为加强对创建全国健康扶贫工程示范县工作的组织领导，成立以县政府主要领导任组长，县委、县政府分管领导任副组长，县卫计委、扶贫和移民办（精准扶贫办）、财政局、人社局、民政局、残联和各乡（镇）人民政府主要负责人为成员的安远县创建全国健康扶贫工程示范县工作领导小组，领导小组在县卫计委下设办公室，由县卫计委主要负责人任办公室主任，分管负责人任办公室副主任，负责统筹抓好创建全国健康扶贫工程示范县各项工作。

2. 夯实基层基础工作

由县扶贫和移民办（精准扶贫办）、卫计委牵头，动员组织各乡（镇）、村“两委”、驻村帮扶工作队等基层工作力量参与健康扶贫，发挥驻村第一书记、村级卫生人员和计生专干“排头兵”的作用，分工协作，全面摸清全县所有建档立卡贫困户因病致贫、因病返贫家庭情况，进一步完善健康扶贫数据库，实时更新，动态管理，做到精确到户、精准到人、精准到病。

加强政策宣传，使基层干部群众政策知晓率达85%以上。通过各种媒体和多种形式，广泛宣传健康知识，倡导健康生活方式，积极宣传健康扶贫政策措施，切实提高群众知晓率，引导健康扶贫对象科学合理就医，营造全社会参与和支持健康扶贫工作的良好舆论环境和社会氛围。

3. 推进重点工作落实

围绕建档立卡贫困人口“看得起病，看得上病，看得好病，少生病”，采取有针对性的政策措施，推动健康扶贫工作任务落实，实现“两个比例不低于90%”，即建档立卡贫困患者县域内就诊率不低于90%、住院费用实际报销比例不低于90%。

第一，完善三级医疗卫生网络，提升医疗卫生服务能力。在2016年乡（镇）卫生院、村卫生室标准化建设的基础上，进一步加大资金投入，全面完成公有产权村卫生计生服务室标准化建设，在中心卫生院设立康复科，半数以上乡（镇）卫生院配套建设中医综合服务区，启动县人民医院和妇女儿童医院整体搬迁工程，完善孕产妇和新生儿危急重症救治中心软硬件建设。争取政策支持，实行待遇倾斜，通过择优招录、定单定向培养、实施逐级分批进修培训、落实乡（镇）工作补贴和乡村医生津贴等措施，加强和稳定全县卫生计生人才队伍，为开展健康扶贫提供坚实保障。

开展城乡医院对口支援，全面提升医疗服务能力。每年由县人民医院、疾控中心、妇女儿童医院、北方医院派出业务骨干医师18名对口支援6所乡镇卫生院，全面提升乡镇卫生院医疗卫生服务水平，推进分级诊疗工作，同时进一步巩固省妇幼保健院和省胸科医院对县人民医院的对口支援，提升县人民医院疑难重症救治水平。

推进远程医疗系统建设，就近提供优质医疗服务。加强县人民医院与南方大学第一附属医院等大医院友好合作关系，利用“互联网+”工程，纳入远程医疗服务系统，提升县级公立医院服务能力，同时鼓励县级医院向乡镇卫生院提供远程会诊等服务，利用信息化手段促进优质医疗资源下沉、放大，为农村贫困人口提供方便快捷的医疗服务，节约医疗费用，减轻患者负担。

加强贫困人口健康管理和签约服务。为每位贫困人口免费建立规范化的动态管理电子健康档案，为老年人、儿童、孕产妇和高血压、糖尿病、重性精神病患者等人员免费提供健康体检、随访和转诊等服务，健康随访次数由每年4次增加到6次，严重精神障碍患者管理率达到80%以上；实行家庭医生签约服务，建档立卡贫困人口重点对象签约服务覆盖率达100%。

第二，严格落实惠民医疗保障政策，减轻贫困人口就医负担。由县财政资助建档立卡贫困人口免费参加城乡居民基本医疗保险、大病保险和疾病医疗商业补充保险，参保率达到100%。县级医疗机构按总床位的5%左右设置扶贫病床，乡（镇）卫生院设置扶贫病床不少于2张，对贫困人口就诊执行“三免四减半”政策。贫困患者在县内定点医疗机构住院实行先诊疗后付费，县级定点医疗机构设立“一站式”综合服务窗口，实现基本医疗保险、大病保险、疾病商业补充保险、医疗救助、安远再次补偿等“一站式”信息交换和即时结算，贫困患者只需负担自付医疗费用。

按照赣州市政府办公厅《关于印发赣州市健康扶贫工程实施方案的通知》

（赣市府办字〔2016〕202号）和市人社局、卫计委、民政局等部门出台的配套文件规定对建档立卡贫困对象执行健康扶贫倾斜政策。提高城乡居民基本医保政策范围内门诊和住院费用报销比例达10个百分点以上；大病保险补偿起付线下降50%，补偿比例在普惠基础上提高10%。对贫困人口中“五保”对象政策范围内医疗费用，予以全额救助；“低保”对象政策范围内医疗费用，在省政府规定的现行救助比例的基础上，提高5个百分点予以救助；将农村特困供养、“低保”对象以外的建档立卡贫困户纳入支出型大病救助范围。

继续按照县政府办《关于加强城乡重大疾病医疗保障工作的实施方案（试行）》（安府办字〔2015〕62号）精神，落实再次补偿普惠性医疗保障措施，让安远县患有重大疾病的一般城乡居民不再因病致贫、返贫。

第三，狠抓疾病预防控制工作，有效减少贫困人口患病。强化疾病监测和预防控制工作。实行预防接种查漏补种工作常态化，尤其加强贫困家庭儿童预防接种管理，确保贫困家庭儿童以县为单位，免疫规划疫苗单苗接种率均达95%以上；加大传染病、地方病、慢性病防控力度，强化三百山镇饮水氟含量和学生氟斑牙监测工作，有效控制和降低传染病、地方病发病率和慢性病患病率上升幅度；加强肿瘤随访登记及死因监测，扩大癌症筛查和早诊早治覆盖面。

加强健康促进和妇幼保健服务。加强贫困人口妇幼健康工作，全面实施儿童营养改善项目和免费婚前医学检查，对失独家庭提供再生育技术服务，实现国家免费孕前优生健康检查、农村孕产妇住院分娩补助、育龄妇女免费发放叶酸项目、农村妇女“两癌”筛查、预防艾滋病、梅毒和乙肝母婴传播项目全覆盖；通过农村改水改厕，健康宣教、爱国卫生运动等活动加强健康促进工作，引导贫困人群改变不良生活习惯，有效提高防病意识和自我保健能力，推动从治疗疾病向预防疾病转变，让贫困人口少生病。

4. 创新工作模式

安远县以解决因病致贫、因病返贫问题为导向，以大幅减轻贫困人口就医负担为重点，结合实际积极探索，统筹配置和使用相关资金、项目，形成政策合力，推动实施健康扶贫工程。做好健康扶贫与教育扶贫、民政兜底保障、移民安居、产业扶贫、就业扩面增量等十大扶贫脱贫工程的措施衔接工作，创新创优健康扶贫工作模式，提高相关财政资金的使用效率。

5. 细化责任分工

安远县扶贫和移民办（精准扶贫办）会同县卫计委负责健康扶贫总体协调、组织推进和监督检查工作；县卫计委负责健全完善大病免费救治制度，加强卫生计生服务能力建设等各项目标任务，督导任务进度；县发改委负责支持县、乡两级基层医疗卫生服务体系项目建设，将健康扶贫工作纳入经济社会发展相关规划；县财政局负责落实健康扶贫各项资金，加快资金拨付，加强资金监督管理；县人社局负责完善城乡居民保险制度和基层医疗卫生专业人员招聘政策，统筹安排医保局全面落实基本医保、大病保险、商业补充保险和安远再次补偿等医疗保障服务；县民政局负责落实大病医疗救助工作；县残联要会同县民政局、卫计委，开展残疾人基本康复服务，加强残疾人康复能力建设。县内医疗机构要设立明显的健康扶贫工作标识，执行健康扶贫政策，设立宣传栏，宣传倾斜政策和工作情况；商业保险公司主动加强与医疗救助经办服务机构的衔接，简化报销程序，互联互通信息，提供“一站式”同步结算服务；各乡（镇）人民政府承担主体责任，统筹好本乡（镇）健康扶贫各项工作，确保政策落实到位。

（二）兜底保障扶贫实施情况

为确保2017年兜底保障政策真正落地，提升扶贫效力，安远县进行了如下工作：

1. 加大宣传力度

充分利用电视、广播、报刊、手机短信、微信、宣传横幅、板报等载体，对现行的农村低保、“五保”供养、孤儿救助、临时救助和医疗救助的保障范围、申请条件、优惠政策等进行广泛宣传。注重发挥乡（镇）便民服务窗口（社会救助受理窗口）作用，积极为群众讲解政策和服务内容，答疑释惑。利用政府信息门户网站、民政网等信息平台，传递社会救助最新资讯。对网上信访、来信来函等形式的信访，经调查核实符合政策规定的给予及时办理，对不符合政策规定的，做好耐心细致的解释工作。

2. 加强资金保障

县财政部门按照相关政策足额落实本级各项配套资金。县民政部门加大救助资金的争取力度，确保各项救助资金足额落实到位；加快农村敬老院标准化建设，管好用好兜底保障各项资金，确保兜底保障脱贫工作公正、有序进行。各乡（镇）充分发挥社会力量的作用，鼓励支持慈善机构、基金会等社会组织采取捐赠、结对帮扶等形式积极支持和参与兜底保障工作。

3. 完善工作机制

加强农村低保与贫困对象的衔接，各乡（镇）在低保对象认定审核过程中，扶贫办和民政所协同工作，贫困户及低保对象的认定统一按照“七步法”程序进行认定（安精扶办字〔2015〕3号），即“农户申请、村民小组评议、组级公示、村民代表大会审核、村委会公示、乡镇人民政府复核和县扶贫办批准、村公告以及扶贫对象签字”共7个步骤进行精准识别。对生活确实困难、符合条件，但未通过村组听证评议的对象，先由乡（镇）组织乡、村及村“五老”代表进行调查核实，由县、乡、村三级统一认定后予以纳入。每年1月30日前，县扶贫和移民办要将上一年度“建档立卡”中已经脱贫的“扶贫低保户”名单等详细资料及时提供给县民政局，由县民政局将已帮扶脱贫的低保对象作为季度核查或年度排查重点反馈乡（镇）民政所，由乡（镇）民政所逐户核（排）查，并按现行低保政策和程序申报减发或停发对象低保金，确保纳入农村低保对象的贫困户得到群众公认，能够公正有序“应退尽退”。

加强农村低保对象动态管理，严格按照“应保尽保、应退尽退”的原则，对低保“常补对象”每年民主评议审核一次，“非常补对象”原则上每半年民主评议审核一次，根据农村低保对象家庭收入、财产变化情况，及时增发、减发或停发低保金。

强化考核考评，将兜底保障脱贫工作纳入年度精准扶贫工作考核的重要内容。对在兜底保障脱贫工作中有实招、干实事、见实效的单位和个人给予通报表扬；对工作不力、进展缓慢的单位和个人，要限期整改，对整改不到位的通报批评，并追究责任。

4. 全力推进兜底保障扶贫工作

加大低保兜底力度。加强部门协作，完善低保制度与扶贫政策衔接机制。在开展贫困户识别工作时，优先把农村低保、特困人员纳入建档立卡范围；在建档立卡贫困户动态调整时，重点识别新纳入的农村低保对象。民政部门新增的农村低保对象，原则上要从建档立卡贫困户中产生，强化低保动态管理，确保一户不少、一人不漏，实现兜底保障1.9万人以上。同时，完善农村居民基本养老保险制度，适时提高基础养老金标准，逐步提高保障水平，提高农村低保保障标准，确保不低于国家贫困标准。

纵深推进“救急难”工作。进一步健全临时救助制度，深入推进“救急难”工作，适度提高救助标准，优化救助程序，增强救助成效。对因灾、因交通事故等意外事件以及家庭成员突发重大疾病等原因，导致基本生活暂时出现严重困难的家庭，或者因生活必需支出突然增加超出家庭承受能力，导致基本生活暂时出现严重困难的最低生活保障家庭，以及遭遇其他特殊困难的家庭（丁建定，2018），给予临时救助或急难救助。健全发现报告、应急处置、帮扶干预机制，帮助特殊贫困家庭解决实际困难。

2017 年安远县计划兜底保障 1.9 万人以上，截至 2017 年 6 月，已经完成兜底保障 17769 人，其中：农村低保 16642 人，发放 1 ~4 月资金 1309.18 万元；农村“五保”1103 人，发放 1 ~5 月资金 227.453 万元，其中：集中供养资金 773335 元，分散供养资金 923050 元，孤儿资金 578145 元。

第三章　易地扶贫搬迁情况

第一节　信丰县

一、主要政策措施

（一）搬迁范围和对象

根据县域总体发展规划，结合搬迁对象意愿，对居住在深山、库区、地质灾害频发和地方病多发等生存环境恶劣、不具备基本发展条件，以及生态环境脆弱、限制或禁止开发的农村自然村或居住点建档立卡贫困人口及同步搬迁人口。优先安排位于地震活跃带及受泥石流、滑坡等地质灾害威胁的农村自然村或居住点建档立卡贫困人口及同步搬迁人口。

（二）搬迁安置方式

易地扶贫搬迁对象以户为单位，在坚持“一户一宅”的原则下，以县城、工业园区和圩镇安置为主、中心村安置为辅，集中安置与分散安置相结合，自主选择安置方式，原则上将搬迁对象一次性安置到县城、工业园区和圩镇。集中安置具体包括四种情况：

第一，县城（工业园区）安置。引导有劳动能力，尤其是已有家庭成员在县城或工业园区务工的，选择在工业园区“进城进园”集中安置点或县城其他政府保障性住房集中安置。

第二，圩镇安置。对要求留在乡镇生产生活的，可选择在乡镇建设的集中安置点安置。

第三，中心村安置。对没有离乡意愿和自身家庭条件较差的，可选择在中心村建设的集中安置点安置。

第四，其他安置。①敬老院集中供养安置。对无劳动能力的孤寡老人等需搬迁的“五保”贫困对象，符合纳入敬老院供养规定的，可选择纳入敬老院集中供养安置。②镇、村保障性住房安置。对无经济能力搬迁的建档立卡贫困户以及身患精神病、传染病等不符合入院集中安置的“五保”对象，根据其家庭人口数按照人均住房建设面积不超过25平方米的标准和实际需求，由各乡（镇）、村统筹安排建设保障性安置住房，或由政府购买有安全质量保证的空置房、二手房，实施交钥匙工程，搬迁的贫困对象免费入住，搬迁建房补助资金由政府统筹安排使用，条件允许的可为其置办简单的家具，安置房产权归公，周转使用。③购买政府收购的库存商品房。政府可通过购买库存商品房、有安全质量保证的空置房和以购代建公租房，房屋单套建筑面积不得超过搬迁政策补助规定的面积，可采取先租后售、租售并举等方式安置搬迁对象，其中建档立卡贫困对象要严格按照人均住房建设面积不超过25平方米要求执行。政府对所集中购买的房屋价格进行调整，按照房屋成本价对搬迁对象进行出售，房地产开发商要在物业等方面给予让利，确保搬迁对象能够买得起，住得进。采取以购代建公租房安置模式的，政府购买商品住房作为公共租赁住房，用于安置符合承租公租房条件的易地搬迁对象，同时列入当地公租房年度建设计划。符合承租公租房条件的易地搬迁对象，承租公租房一定期限后，可结合当地实际情况，通过先购买有限产权，逐步过渡到完全产权的方式，实施公租房“租售并举”。

（三）建设内容与补助标准

1. 建设内容

安置点建设要围绕改善搬迁对象生产生活条件和发展环境，建设住房和必要的水、电、路、气、网等基本生产生活附属设施，根据安置区实际需要，配套建设教育、卫生、文化等公共服务设施。

2. 建设标准

安置住房建设要按照“保障基本”的原则，建档立卡贫困户人均住房面积不超过25平方米（宅基地按照不超过90平方米标准执行）。特别是一户一宅建房的，不得变相扩大住房面积，不得提高建设标准，可在分配的宅基地预留续建空间，由搬迁户根据以后自身能力自主决定是否扩建。享受政策的建档立卡搬迁户，在未稳定脱贫前，不得自主举债扩建。对建设兜底安置住房的，要以砖混结构的小户型为主，并配建水电设施、搞好简单装修等，保证基本入住条件。

对与建档立卡贫困人口同步搬迁的农户，各地可根据当地群众生产生活习惯，结合地方财力和移民自筹能力，自行确定住房控制面积标准，坚决防止盲目扩大住房面积。

3. 移民建（购）房补助标准

建档立卡贫困对象按每人2万元给予补助。其中，中央和省专项扶贫资金0.8万元，地方配套补助资金1.2万元。集中供养安置或兜底住房安置的，由乡镇与搬迁户签订协议后，资金可拨付代建单位。如在敬老院集中安置的，其补助资金拨付至所在敬老院等。

同步搬迁的非建档立卡人口每人补助0.8万元。由省财政专项扶贫资金安排。同步搬迁的人数要控制在搬迁建档立卡贫困人数的1.5倍内，并纳入规划，超出的同步搬迁人口由各县（乡镇）自行安排。

4. 安置点基础设施和公共服务设施费

根据搬迁年度计划，各地可结合自身实际和安置点建设需要，在整合有关部门资金的基础上，按搬迁建档立卡贫困人口每人不超过5万元的标准，在扣除用于建档立卡贫困人口建（购）房补助后，剩余部分统筹用于建档立卡贫困人口与同步搬迁人口集中安置点的基础、公共服务设施建设。

根据安置点安置规模、基础设施项目和公共服务建设需要，积极整合农村危房改造、新农村建设、交通、水利、教育、扶贫等涉农资金，优先安排到集中安置点上，用于安置点水、电、路等基础设施和卫生室、文化室、管理用房、学校等公共服务设施建设，具体补助标准需根据安置点安置搬迁对象规模对其实施的基础设施建设进行补助，以突出重点、打造示范亮点。

（四）后续政策保障

1. 资金整合

加大整合各项涉农惠农资金的力度，整合后资金要统筹安排，专款专用，用于搬迁安置点的基础和公共服务设施项目建设。搬迁对象符合政策条件的，可享受农村危旧房改造政策。搬迁移民安置点道路建设，享受25户以上自然村通村水泥路和村内道路建设补助政策。

2. 强化用地保障

鼓励通过城乡建设用地增减挂钩试点政策，优先解决易地扶贫搬迁安置所需建设用地。对符合增减挂钩试点项目区立项条件的，优先安排增减挂钩周转指标；对不具备开展增减挂钩条件的，根据县下达的易地扶贫搬迁任务数，据实由县、乡两级按照各50%的原则优先安排安置所需新增建设用地计划；支持易地扶贫搬迁乡镇依法依规进行土地利用总体规划的修改调整。在满足城镇化需要的基础上，可将部分城乡建设用地增减挂钩节余指标在全县范围内使用。

3. 加大金融支持

充分利用国家易地扶贫搬迁政策性金融信贷资金做好易地扶贫搬迁移民安置及基础设施建设；灵活运用支农惠农再贷款、再贴现、信贷政策导向效果评估等工具，引导辖内商业性、合作性金融机构不断强化社会责任意识，持续加大扶贫搬迁移民产业担保贷款、扶贫小额信用贴息贷款以及创业担保贷款等信贷投放，有效支持安置区后续产业发展和搬迁移民创业就业。

4. 完善社会保障

进城进园安置的，城乡居民社会保险与企业职工社保衔接、农村和城镇低保互转、农村合作医疗和城镇居民医疗保险自由选择。易地扶贫搬迁移民可以直接办理城镇居民户口，也可保留农村户籍办理城镇居住证，享受城镇居民同等待遇，各种强农惠农和农村计划生育政策不变。

5. 促进就业创业

加大对易地搬迁移民的技能培训和劳动力转移培训，“新型农民职业培训”“雨露计划”“金蓝领工程”等农村劳动力转移培训向易地扶贫搬迁对象倾斜，通过培训提升其就业创业能力（陈胜东，2017）。免费提供职业介绍服务，自主创业的享受创业担保贷款政策，优先扶助其子女免学杂费就读职高，获得求职创业补助。购买公益性岗位，优先安排搬迁移民户在工业园、农业产业龙头企业或产业基地就近就业，确保有就业需求的家庭至少有一人实现就业。迁入地要帮助移民发展产业，扶持符合当地实际的种、养、加等特色产业项目，增加搬迁移民户收入。

6. 保障土地合法权益

切实维护搬迁对象土地合法权益，在坚持和完善最严格的土地保护制度前提下，赋予农民对承包地的占有、使用、收益、流转及承包经营权和抵押、担保权能（陈胜东，2017）。坚持依法、自愿、有偿原则，引导鼓励搬迁移民户入股或流转承包土地经营权和山林经营权，发展产业，增加收入。依法保障搬迁移民对原居住地集体资产股份的占有、收益、有偿退出权益及抵押、担保继承权（陈胜东，2017）。搬迁移民对象原宅基地可通过增减挂等方式依法按程序退出。

7. 强化后续管理

要落实迁出地与迁入地管理的过渡与衔接，建立联合管理服务机构，落实好相应的后扶经费，搞好社区服务和原迁出地村级债务的化解。要加强对易地扶贫搬迁移民的培训教育，帮助从心理、生活上尽快适应新的生活环境、新的生活方式，不断增强认同感和归属感，确保稳得住，实现安居乐业。

二、实施情况

（一）历年来安居工程实施情况

根据信丰县政府工作报告，将信丰县自2011年以来在安居工程方面所做的工作列表如下，从表3－1中可以看出其实施的大致过程。需要指出的是，该表不仅涵盖了扶贫工程，也包括棚户区改造及公租房、廉租房的保障性住房安置情况。

表3－1 信丰县安居扶贫情况（2011～2017年）

年份	易地搬迁集中安置、危旧房改造	公租房、廉租房	棚户区改造
2011	推进了农村危旧房改造	1. 308套廉租房、2800套公共租赁房开工 2. 被评为全市保障性住房工程建设先进县	821户棚户区改造工程全面开工
2012	7264户农村危旧土坯房动工改造，春节前喜迁新居	1200套廉租房、1100套公租房全面开工	1535户15万平方米棚户区改造稳步推进
2013	1. 32个"引农进镇"和2个"引农进城、进园"集中建设点全面展开 2. 拆除农村危旧土坯房36168户，完成改造8838户	1038套保障性住房已摇号分配	—
2014	农村危旧土坯房改造深入实施，完成11451户农村危旧土坯房改造任务	1. 200套廉租房、2000套公租房全面开工建设 2. 工业新城嘉定"三引"工程和各乡（镇）保障房建设项目快速推进 3. 1070套保障性住房即将摇号分配	1215套棚户区改造项目加快推进
2015	—	摇号配租各类保障房1141套，解决了3990人住房难题	—

续表

年份	易地搬迁集中安置、危旧房改造	公租房、廉租房	棚户区改造
2016	古陂镇悦心苑等6个移民搬迁集中安置点高标准建成，完成997人易地搬迁任务	1. 城北教育小区、城南花园小区等公租房建设加快推进 2. 农村保障房建设加快落实，全县795户保障房对象全部喜迁新居 3. 1174套保障性安居工程加快推进，其中西牛星村社区48套已分配使用	磨下棚户区改造二期500户、南花园小区和城南片区游州苑小区2个棚户区改造项目914户任务顺利推进
2017	打造了12个安置点，可安置2657名贫困人口	1. 城南花园公租房小区项目基本建成 2. 城北教育园公租房小区开工在建 3. 古陂、大塘埠等8个乡镇644套公租房已建成入住	—

注："—"表示不详。

资料来源：信丰县政府工作报告。

（二）易地扶贫搬迁的推进

坚持"政府主导、群众自愿、应搬尽搬、规划先行"的原则，在2016～2018年，信丰县将完成9152人的易地搬迁任务，其中建档立卡贫困人口搬迁3661人，并确保易地搬迁对象实现"搬得出、稳得住、能致富"的目标。面对到2018年贫困人口全部脱贫的任务，为使搬迁对象能够及早地入住，改善生产生活水平，2016年信丰县结合当地实际，将易地扶贫搬迁和农村危房改造政策进行结合，在全县实施农村保障房安置工程，实行农村贫困对象"拎包入住"，帮助其解决安全住房问题，切实让农村无劳动能力、无经济能力建房的贫困人口受益，共完成搬迁868户1760人（其中建档立卡贫困人口搬迁719户1371人，同步搬迁人口搬迁149户389人），建设古陂镇悦心苑、小江镇元坝上谢、大阿镇居委会热水湖等6个集中安置点，共安置149户466人（其中建档立卡人口100户272人）。同时，采取乡镇敬老院、闲置公房修缮、兴建保障房等形式，解决了795户1423人农村无房特困户的住房问题。

铁石口镇党委、政府在圩镇规划建设新建华社区集中安置点，用于搬迁安置全镇内住房条件差、交通不便且经济条件较差的群众。经过报名，张建生成功申请到了一套两室一厅的住房。经过简单装修，张建生一家人住进了新房。张建生家是贫困户，以前住在该镇长远村坳下组，房子虽然大，却是土坯房，进出交通不便，距离村主干道近 1 公里，入户道路是一条连摩托车都很难进去的羊肠小道。妻子要照顾残疾的女儿，基本都不出门，生活用品都是由张建生或者邻居带回来，平时用水是自家没有经过处理的井水。由于该村小组电压不稳，还要去山上捡柴烧，才能吃上熟的饭菜，生产生活条件十分恶劣。

说起现在的生活，张建生一脸的笑容。他说："家里每季度能享受低保补助 2400 元，加上住在这里，在家门口就能挣到钱了，我妻子在圩镇上不远的一家制衣厂上班，只要在饭点时候回家给女儿做饭就行，家里的收入增加了，日子就好过了。"

2017 年将继续推进易地搬迁扶贫工程，计划建设安西镇橙馨苑易地扶贫搬迁安置点（分三期）、虎山乡龙州龙苑小区安置点、嘉定镇代屋村易地搬迁及保障房安置点、万隆乡田心村小江脑安置点等 8 个易地扶贫搬迁安置点，建设安置点道路硬化、电力架设、安全饮水、排污管道、绿化亮化以及休闲广场、卫生室、活动室等公共服务设施项目，总投资 14933 万元，完成安置点安置住房建设 751 套，共计 54520 万平方米。为加快易地扶贫搬迁工程建设进度，加强资金管理，确保建房补助资金及时精准拨付到位，2017 年就相关工作进行了相关调整，其核心是在规范化管理基础上加快工作进度，提高工作效率。

第一，加强规范化管理。享受易地扶贫搬迁政策补助对象身份由乡（镇）组织乡（镇）、村干部负责审核把关，并按审批程序完善相关档案资料，特别是移民搬迁对象要公示，做到村、乡（镇）两级公示，拍好公示照片，自己留存的同时上报一份给县扶贫和移民办，移民档案填写要规范整洁。

第二，符合拨款进度要求的，一是由乡（镇）组织乡（镇）、村干部进行自查自验，验收对象名单经乡（镇）党政联席会讨论、审核通过后，做好会议记录，会议记录必须经乡（镇）班子成员签字且要盖好政府章；二是各乡（镇）应从国扶办系统中导出享受易地扶贫搬迁政策补助建档立卡贫困人口名单，经乡（镇）扶贫办主任、分管领导、主要领导签字盖好政府章，连同会议记录复印件及其他请款手续一起上报至县扶贫和移民办审验复核后，报县财政请款。

第三，2016 年至今已请款的，相关乡（镇）根据已请款名单要补做好党政联席会议记录及从国扶办系统中导出已享受易地扶贫搬迁政策补助名单经相关人员签字盖章等材料，交至县扶贫和移民办搬迁扶贫股；还未请款的，按上述要求做好相关手续办理请款。

第四，因对建档立卡贫困人口进行了精准再识别，有部分乡镇之前只请了中央及省级财政资金人均 0.8 万元的建房补助资金，但建档立卡贫困人口人均 1.2

万元的县级融资贷款及进城购房安置建档立卡贫困人口人均0.5万元、同步搬迁人口人均0.2万元县级财政建房补助资金还未请，因此，要求相关乡镇抓紧时间请完剩余款项。国办系统更新后，易地扶贫搬迁建档立卡贫困人口建房补助将按更新后名单执行。

2017年，信丰县打造了12个易地搬迁集中安置点，可安置2657名贫困人口。

第二节　兴国县

一、主要政策措施

（一）搬迁对象、补助标准

兴国县在深山区、库区、地质灾害频发区、生态功能保护区，生存条件恶劣，一方水土养不活一方人，符合条件的建档立卡贫困户搬迁移民每人补助20000元，同步搬迁户搬迁移民每人补助8000元。

（二）“四道防线”

兴国县坚决守住易地扶贫搬迁“四道防线”。第一，坚决守住搬迁对象精准的“界线”（深山、库区、地质灾害频发区；地方病多发，生存环境恶劣，生态环境脆弱地区）；第二，坚决守住住房面积的“标线”（人均不超过25平方米）；第三，坚决守住搬迁不举债的“底线”（户均自筹不超过1万元）；第四，坚决守住项目规范管理的“红线”（执行项目基本建设程序）。

二、实施情况

（一）兴国县历年安居工程实施情况

本书根据兴国县政府工作报告，将兴国县自2011年以来在安居工程方面所做的工作列表如下，从表3－2中可以看出其实施的大致过程。需要指出的是，该表不仅涵盖了扶贫工程，也包括棚户区改造及公租房、廉租房的保障性住房安置情况。

表 3－2 兴国县安居扶贫情况（2011～2017 年）

年份	危旧土坯房改造	易地搬迁安置	公租房、廉租房	棚户区改造
2011	1. 完成 1150 户农村危房改造 2. 投入 2484 万元改造农村“两红”人员及遗属危房 1041 户，改造户数全市第二	完成扶贫搬迁 2000 人	1. 实施了 1240 套廉租住房建设 2. 被评为全市保障性安居工程建设先进单位	—
2012	把农村危旧土坯房改造作为推进苏区振兴的头号民生工程来抓，改造土坯房 10760 户	—	1. 新建廉租房 1034 套、公租房 1200 套 2. 被评为“全省保障性住房建设和房地产管理先进县”	—
2013	完成农村危旧土坯房改造 12436 户	重点建设了长冈合富新村、埠头铭恩新村、茶园幸福新村等集中安置点 93 个	新建保障性住房 1128 套	—
2014	完成农村危旧土坯房改造 9900 户	新建农村危旧土坯房集中安置点 32 个，其中对 698 户特困户实施了“交钥匙”工程	完成保障性住房建设 770 套	棚户区改造 450 户
2015	五年来，完成农村危旧土坯房改造 39737 户	五年来，全县建成集中移民安置点 40 个，安置移民 1758 户、8686 人	五年来，新建各类保障性住房 7454 套	—
2016	—	—	1. 发放公共租赁住房补贴 500 户 2. 完成农村特困户保障房建设 495 套	棚户区改造 6.7 万平方米
2017	—	投入 3 亿元完成易地搬迁人口 5047 人	—	—

注：“—”表示不详。

资料来源：兴国县政府工作报告。

（二）易地扶贫搬迁的推动

兴国县“十三五”易地扶贫搬迁规模16302人，其中建档立卡贫困人口6522人、同步搬迁人口9780人。2016年全县易地扶贫搬迁任务是6289人，其中建档立卡贫困人口1475人、同步搬迁人口4814人。2016年度建档立卡贫困户搬迁任务全部完成。

1. 全力推进搬迁扶贫

据综合统计，2016年兴国县存量危房为2423户，其中四类对象2106户（建档立卡贫困户1703户，分散供养“五保”户117户，低保户245户，贫困残疾人家庭41户），一般贫困户（指收入高于国家贫困线、低于国家贫困线1.5倍的低收入人群）317户（2017年计划改造221户，2018年拟计划改造96户）。

按照改造方式不同，实行分类补助标准。①危房改造：分散供养“五保”户、低保户、贫困残疾人家庭和建档立卡贫困户，每户补助2万元；②维修加固：按照1.5万元/户以内的标准进行维修；③扶贫移民搬迁安置：建档立卡贫困户2万元/人，同步搬迁0.8万元/人；④农村保障房安置：按照工程造价1100元/平方米的标准进行补助，即1人户25平方米补助控制在3万元/户以内，2人夫妻户35平方米补助控制在4万元/户以内，2人非夫妻关系或3人户中有夫妻的50平方米补助控制在5.5万元/户以内，4人户60平方米补助控制6.6万元/户以内，5人及以上户的人均建筑面积不得超过18平方米，但不得低于13平方米（具体以县危改办审定图纸面积进行补助），价差和税收可以向上浮动但控制在补助标准的10%以内。

2. 科学合理规划搬迁

坚持“政府主导、群众自愿”的原则，对地处深山区、库区、地质灾害频发区，重要生态功能区等生存环境脆弱地区的群众实施易地搬迁。结合县域发展、产业布局、城镇建设总体规划，科学合理编制易地搬迁规划，分年度有计划实施。突出安置点建筑风格特色，注重完善功能布局。

综合搬迁群众经济条件等因素，引导搬迁对象立足长远，一步搬迁到位，重点向县城、工业园区和乡镇梯度转移。实在不具备条件的，向中心村搬迁安置。对需要搬迁的贫困人口做到应搬尽搬，稳定脱贫。三年计划整合资金8亿元，推进移民进城进园项目，通过实施易地搬迁扶贫工程，易地搬迁16302人以上，其中贫困户4040人以上。2016年帮助527户贫困户2110人以上实现易地搬迁，2017年帮助369户贫困户1478人以上实现易地搬迁，2018年帮助209户贫困户

838 人以上实现易地搬迁。安置进城进园 686 户 2500 人以上、中心镇 412 户 1500 人以上、中心村 275 户 1000 人以上。

3. 创新搬迁安置方式

坚持群众自愿、积极稳妥的原则，因地制宜、因户而异选择搬迁安置方式，合理确定住房建设标准。结合搬迁对象实际，采取政府统建、购买商品房、购置二手房、自建房、集中供养等方式进行安置。对特别困难的搬迁户，可采取乡村或理事会统建小户型房、“交钥匙”工程等办法安置。对搬迁的“五保”对象可纳入敬老院集中供养安置。按照国家政策，为符合条件的搬迁对象办理具有完全产权的房屋产权证。

4. 强化安置点基础设施建设

科学优化集中安置点建设发展规划，在资金和项目的安排上向移民搬迁集中点、危旧土坯房改造集中建设点倾斜，着力解决交通、安全饮水、电网改造和就医、入学、就业等相关公共服务配套，以及农村垃圾无害化处理等突出问题，扶持发展农业产业、乡村旅游业、光伏产业等扶贫产业，安置在城镇、工业园区的，同等享受就业、就学、医疗、社保等市民待遇。确保贫困群众“整体搬得出、长期稳得住、逐步能致富”。

5. 配套安置地产业基地建设

坚持产业规划与集中点规划同步，结合各个村庄地域条件、产业基础等，同步编制产业规划，把产业规划落实到村、到点、到户。通过政府扶持引导，龙头企业示范带动，采取“合作社 + 基地 + 农户”的形式，按照“一村一品”的要求，在安置地建立符合当地实际、适应市场需求的产业基地。

2018 年扎实推进易地扶贫搬迁，坚决守住易地扶贫搬迁“四道防线”。抓好乡镇安置房回购工作。加快未完工回购房建设进度，于 2018 年 3 月底完成回购工作。抓好搬迁入住工作。加快 2017 年项目建设，抢抓工程进度，动员农户尽快入住，确保 2018 年 3 月底系统标注的受益户全部搬迁入住，剩余户 5 月底前搬迁入住到位。

抓好后续帮扶工作。按照“搬得出、稳得住、逐步能致富”的要求，通过“扶贫车间”务工、产业基地分红等方式，确保户户都有后续帮扶，并在银行流水、一卡通上予以体现。

第三节　安远县

一、主要政策措施

根据省扶贫和移民办及省发改委《关于抓紧做好2016年度易地扶贫搬迁问题整改工作的通知》要求，为做好安远县2016年易地扶贫搬迁问题的整改工作，安远县对易地扶贫搬政策进行了若干调整。

（一）建房标准

建档立卡贫困户安置住房建设面积严格控制人均不超过25平方米，是硬杠杆，是最高限制的红线标准，必须严守政策红线不动摇。以“搬迁对象、建设用地、项目规划设计”三落实为前提，按照“计划跟着对象走，项目跟着计划走，资金跟着项目走”的基本路径，严盯搬迁对象、严把规定面积、严控大额负债、严管项目实施。既要防止出现因搬迁建房致贫返贫，又不要搞政府大包大揽。必须合理控制搬迁贫困户的经济负担，采取有效途径，多渠道多形式帮助解决搬迁后稳定增收，确保稳定脱贫。

（二）搬迁对象的识别

认真准确做好搬迁对象的实地调查、审核把关工作，在群众自愿的基础上，以居住点、自然村或行政村为整体搬迁单元，努力做到应搬尽搬。对做不到整体搬迁的，优先搬迁符合规定范围内的建档立卡贫困人口。开展搬迁对象信息系统标识的排查工作，按照乡镇先录入标识，县级扶贫和移民办逐户逐人审核把关的程序，认真做好搬迁对象的审核标识工作，做到核实对象精准、系统标识精准，搬迁对象与系统标识一致。对不符合搬迁条件的，坚决予以清退。

（三）部分建档立卡搬迁户住房建设面积超标和负债问题

第一，对集中安置住房已超标的，能调换的一律调换到符合国家规定标准的住房。无法调换的，在脱贫前只允许简单装修，防止加重贫困户经济负担。

第二，对于举债超标建房的分散建房户，要认真查清其建房款项来源及还款途径，搬迁贫困户超出合理范围的负债部分，不作其致贫依据。凡不符合建档立卡贫困户条件的，要坚决取消其建档立卡贫困户资格。

第三，对于建房面积合规且建设成本合理，但因补助标准偏低，造成负债过高的，要在确保稳定前提下，在人均补助不少于2万元基础上，适当加大补助力度，把户均自筹控制在合理范围，确保其能够脱贫。

第四，对比较困难的搬迁贫困户，在享受政策补助后，仍然没有经济能力建（购）房的，一律实行政府兜底方式安置。兜底安置要控制建（购）房成本和建房面积，做到“保障基本、安全适用”。

第五，进一步加大集中安置的力度。采取统规统建的集中安置点住房，要按搬迁贫困户家庭人口和控制面积标准，规划设计多种面积的安置房户型；统规分建的集中安置点住房，要确保安置住房面积不超标。

第六，对确需分散自主安置建房的，加强前置审核和验收确认，落实乡村建房监督责任人，并充分发挥帮扶干部、驻村工作队和第一书记的监管作用，跟踪建房进度，严格控制好建房面积和负债。

第七，建档立卡贫困户在搬迁安置实施前，乡村要与搬迁户签订面积控制及旧房拆除协议，承诺在脱贫前不超标建房，入住后拆除原旧房。对不履行协议的，取消其建档立卡搬迁户资格，不得享受建房补助。同步搬迁户也应签订面积控制及旧房拆除协议，作出相应承诺。

（四）资金拨付不及时和滞留问题

加快项目建设进度。对已经实施但未验收的项目，集中力量限时验收报账；对已验收但整改事项未落实的，集中力量督促整改再重新验收（张宗兴，2017）；对进度缓慢的项目，及时分析原因、分类处理，采取有力措施加快推进。按全县脱贫攻坚资金整改要求，加快资金拨付进度。

对新建的项目要加快资金拨付速度，对浇好地脚梁的按60%预拨，项目完工验收后再拨付40%。

（五）项目建设管理不规范问题

对已实施的建设项目存在管理不规范、程序不到位的问题，要按照有关规定补齐程序，完善管理措施，确保符合项目管理要求。同时，严格把好新建项目的规范管理关。

第一，强化项目实施的前置审核把关，确保新建项目管理符合要求。在实施计划项目前，县级扶贫、发改部门要组织力量编制项目实施方案。主要内容包括：搬迁范围及对象、安置方式、建设地点、建设面积、建设期限、建设内容、投资规模及来源、承贷规模、贫困户户均自筹资金数额、保障措施等主要内容，并附搬迁人员名册及相关附件。实施方案由设区市扶贫和移民办、发展改革委审核，报送省扶贫和移民办、发展改革委备案同意后，再由县级政府审批并组织实施。实施方案作为项目立项、实施和稽查、考核的主要依据。

第二，强化项目规范管理。县级政府要切实履行主体责任，明确项目建设法人。要认真落实先勘察、后设计、再施工的管理程序，按要求履行相关报批、验收手续。实行统规统建的，项目建设原则上由县级城投等政府控股公司实施，按照项目法人制、工程招投标制、工程监理制等要求推进项目建设，并进行公告公示，主动接受社会监督；统规分户建房的，成立搬迁安置建房理事会，确保搬迁群众的知情权、参与权和监督权。同时，切实按照“一户一本、一点一档、一乡一册、一年一卷”的要求，完善县（市、区）、乡（镇）扶贫搬迁项目档案，做到资料齐备、规范。

二、实施情况

（一）安远县历年安居工程实施情况

与前述信丰县、兴国县一样，本书根据安远县政府工作报告，将安远县自2011年以来在安居工程方面所做的工作列表如下，从表3－3中可以看出其实施的大致过程。需要指出的是，该表不仅涵盖了扶贫工程，也包括棚户区改造及公租房、廉租房的保障性住房安置情况。

表3－3　安远县安居扶贫情况（2011～2017年）

年份	危旧土坯房改造	易地搬迁安置	公租房、廉租房	棚户区改造
2011	完成了包括“两红”人员及其遗属在内的1258户农村贫困群众的危旧房改造	1. 搬迁安置深山区、地质灾害区群众2336人 2. 建立集中安置点16个	新建廉租房、公租房和改造国有林场危旧房1040套	—
2012	大力推进农村危旧土坯房改造，改造了6244户农村危旧土坯房	1. 规划20户以上的集中建设点47个 2. 启动了“两红”人员及革命烈士遗孀遗属县城集中安置点建设，在全市率先建设“感恩苑”，探索了农村特困群体住房保障的新路子 3. 搬迁安置深山区、地质灾害区群众2738人	新建廉租房、公租房555套	—

续表

年份	危旧土坯房改造	易地搬迁安置	公租房、廉租房	棚户区改造
2013	全面完成农村危旧土坯房改造年度任务，新建、维修5923户，拆除空心房5408户	规划建设20户以上集中建设点39个	开工建设廉租房、公租房516套，城西永丰苑522套保障房完成摇号分配	—
2014	—	建设移民安置点8个，搬迁移民904人	1. 开工建设保障房340套，完成摇号分配217套 2. 出台“租售并举”政策，满足住房保障家庭的不同需求	—
2015	改造农村危旧土坯房1378户	创新实施“5332”农房改造和移民搬迁叠加补助政策，为768户贫困户发放补助资金1767万元	在全市率先实行公租房“以购代建”模式，100户承租对象享受政策红利，户均补助8万元	改造棚户区521户
2016	通过易地搬迁扶贫、原址改建、农村保障房安置等方式，基本解决了一家两代、一家三代居住在危旧土坯房贫困户的安全住房问题	—	—	筹集8亿元启动棚改工作
2017	危房原址改建竣工852户	易地扶贫搬迁入住7252人	新建保障房80套	—

注：“—”表示不详。

资料来源：安远县政府工作报告。

（二）易地扶贫搬迁的推进

安远县2016~2017年需完成易地扶贫搬迁任务调减为10011人（其中建档立卡贫困人口5000人），各乡镇任务相应调减，具体如表3-4所示。

表 3-4　安远县 2016~2017 年易地扶贫搬迁任务安排　　单位：人

乡镇	总任务	其中建档立卡贫困人口	2016 年		2017 年	
			任务数	其中建档立卡贫困人口	任务数	其中建档立卡贫困人口
鹤子	1143	245	560	168	583	77
孔田	434	276	305	180	129	96
三百山	233	116	141	94	92	22
镇岗	294	130	194	69	100	61
凤山	214	179	174	147	40	32
高云山	626	316	276	76	350	240
欣山	1577	484	965	165	612	319
车头	306	286	99	95	207	191
新龙	850	512	301	159	549	353
蔡坊	317	205	70	50	247	155
版石	534	330	255	137	279	193
重石	522	251	191	92	331	159
天心	1002	662	185	98	817	564
长沙	150	144	51	48	99	96
龙布	660	299	176	124	484	175
浮槎	288	156	83	81	205	75
双芫	540	243	360	163	180	80
塘村	321	166	125	54	196	112
全县	10011	5000	4511	2000	5500	3000

注：总任务是根据各乡（镇）上报的易地扶贫搬迁对象需求数及保障房集中安置对象人数安排。

资料来源：安远县镇岗乡政府。

2017 年，安远县的易地扶贫搬迁工作按照以下几个要求展开：

第一，确保精准搬迁。各乡（镇）严格按照搬迁对象的认定条件和任务数落实确定建档立卡贫困搬迁对象和同步搬迁对象，并在全国扶贫开发建档立卡信息系统中录入易地搬迁建档立卡贫困人口名单，同时要把搬迁入住的建档立卡受益贫困户在系统中进行标识。

第二，做好移民搬迁对象公示工作。为确保公平、公正、公开，享受易地扶贫搬迁政策补助对象的身份由乡（镇）组织乡（镇）、村干部负责审核把关，审核通过的搬迁对象要在村、乡（镇）两级进行公示，拍好公示照片，并上报一份给县扶贫和移民办，乡镇留存一份。

第三，加快工程进度。各乡（镇）应按照2017年12月中旬全部搬迁入住的要求安排工程进度，倒排工期，责任到人，切实加快安置点建设及移民搬迁入住的工作进度，确保任务按时保质保量完成。

第四，加快移民建房请款进度。①已打好地脚梁的集中安置对象可按人均6000元请款；建好一层以上的集中安置对象可全额请款；进城或圩镇分散安置，如其符合搬迁条件且各项手续齐全，可全额拨款。②抓紧完善已搬迁入住保障房安置对象（含分散安置保障房对象）档案资料，签订协议书。③县城城北工业园及版石工业园安置点申购方案已经出台，各乡镇落实好进园安置对象，并按要求做好移民档案等相关资料请款。④达到拨款进度要求的，各乡镇一是要组织乡（镇）、村干部进行自查自验，验收对象名单经乡（镇）党政联席会讨论、审核通过后，做好会议记录，会议记录必须经乡（镇）班子成员签字且要盖好政府公章；二是各乡（镇）应从国办系统中导出享受易地扶贫搬迁政策补助建档立卡贫困人口名单，经乡（镇）扶贫办主任、分管领导、主要领导签字盖好政府公章，连同会议记录复印件及其他请款手续一起上报至县扶贫和移民办审验复核后，报县财政请款。

第五，严控建房面积。各乡（镇）应严格控制搬迁户建房面积，特别是建档立卡贫困户人均住房建设面积不要超过人均25平方米，要广泛宣传好搬迁对象进行购买商品房安置的政策，动员搬迁对象进城购房；要通过宣传让贫困搬迁对象严格按照人均建筑面积不超过25平方米的要求选房购房，超过标准的不予补助。对超面积建房的建档立卡贫困户不能享受人均2万~2.5万元的建房补助，但可据其本人意愿，提交申请书，申请享受同步搬迁人口建房补助（即人均0.8万~1万元）。

第六，控制搬迁成本。严格控制搬迁户特别是建档立卡贫困户建房或购房成本，确保搬迁户不因建房负债而返贫。严控建档立卡贫困户超面积建房及因建房负债问题，建房前，应与其签订承诺书，确保建房面积不超标，建房负债不超过1万元。

第七，合理选择安置。各乡（镇）采取集中及分散安置方式，尊重群众意愿，合理安置搬迁对象，不允许搬迁对象原地改建新建房屋。选择城北工业园、版石工业园两个集中安置点安置的搬迁对象遵照《安远县易地扶贫搬迁进园安置工作方案》（安办字〔2016〕79号）、《安远县易地扶贫搬迁脱贫工作实施方案》

（安办字〔2016〕80号）、《安远县易地扶贫搬迁实施细则》（安办字〔2016〕81号）及《安远县城北工业园、版石工业园移民集中安置点申购方案》等文件执行。

第八，落实帮扶措施。要按照“搬得出、留得住、能致富”的要求，努力落实好搬迁对象的后扶工作，特别是对搬迁的建档立卡贫困人口，要结合精准扶贫结对帮扶工作的开展，要因户施策，精准到户进行重点帮扶，通过产业扶持、就业解困、信贷支持、教育激励等帮扶措施，帮助其实现脱贫致富。

截至2017年6月，已落实搬迁对象6979人，已搬迁入住1093人，已请款1975人，已拨付建房补助资金2495.6万元。就地改建任务数为743户，已动工70户，已竣工12户，累计动工518户，累计完成竣工127户。2017年，保障房任务数为90套，6个安置点，目前已选址73套，未选址12套，已动工2套，已建成0套。

第四章　教育扶贫情况

对于贫困的危害，社会各界早已有共识。一些学者在前人研究基础上，继续深入研究。如美国哥伦比亚大学神经科学家 Kimberly Nobel 等 2015 年开始关注贫穷对儿童大脑发育的影响。他们先是通过观察和认知测试，发现来自低收入家庭的儿童，在语言的发展和执行功能两个方面都显著低于中等阶层的孩子。接下来，她和知名神经科学家 Martha Farah 开始利用磁共振成像（MRI）扫描来自不同社会经济阶层的儿童的大脑。结果令人震惊。在一次研究中，Farah 发现，来自贫穷、受教育程度较低的家庭的孩子，其前额皮质的子区域厚度相对较薄，这块大脑功能与执行认知密切相关，部分可以解释为什么穷孩子学习成绩较差，甚至智商也较低。

2015 年，她和其他人用 MRI 扫描了超过千名儿童和青少年的大脑，发现那些家庭收入较高、父母受教育程度较高的孩子，其大脑表面积比贫穷、受教育程度低的家庭出生的孩子要大。几个月后，威斯康星大学麦迪逊分校的儿童心理学家 Seth Pollak 主持的另一项大型研究发现，家庭收入和大脑额叶、颞叶以及海马体的灰质数量有紧密关联。

上述学者的研究再次证明：教育扶贫是斩断贫穷代际传承的根本之策。

第一节　信丰县

一、教育扶贫政策

总体看，信丰县教育扶贫政策在保持相对稳定的基础上，根据每年脱贫攻坚的实际情况进行适当调整。

（一）学前教育

1. 2016 年的政策

对符合入园年龄，在经县级教育行政部门审批设立的公办幼儿园及普惠性民办幼儿园就读的贫困家庭儿童、烈士子女、孤儿和残疾儿童予以资助，对建档立卡的贫困家庭在园幼儿优先予以资助，资助标准为每人每年 1000 元。

2. 2017 年的政策

对在普惠性幼儿园入园的建档立卡家庭幼儿资助 1500 元/生·年。资助金按学年发放，在每学年的第一个学期完成发放。

（二）义务教育

1. 2016 年的政策

对就读义务教育阶段贫困家庭寄宿生给予生活补助，优先补助建档立卡的贫困家庭寄宿生，补助标准为小学每人每年 1500 元、初中每人每年 1750 元（陈小兵，2016）。

2. 2017 年的政策

在全部实行“两免”（是指对义务教育阶段所有学生免收学杂费、免费提供教科书）的基础上，对贫困家庭寄宿生，按以下 3 种情况处理：

第一，一般贫困家庭寄宿生：小学 1000 元/生·年，初中 1250 元/生·年；

第二，特殊教育学校和随班就读的残疾学生中的寄宿生：小学 1200 元/生·年，初中 1450 元/生·年。

第三，建档立卡贫困学生增加 500 元/生·年。

补助金按学期发放，每年分别在 6 月底、12 月底前完成发放。

3. 2018 年的政策

继续上述“两免”“一补”政策，进一步明确在民办学校就读的学生享受与公办学校学生同等的待遇。

（三）普通高中教育

1. 2016 年的政策

对就读普通高中的贫困家庭在校学生发放国家助学金，资助标准为平均每生每年 2000 元。

2. 2017 年的政策

具体资助政策有 2 项：①免学杂费，普通高中建档立卡家庭经济困难学生、低保家庭学生、特困救助供养学生和残疾学生都可享受。②向家庭经济困难学生提供国家助学金，每个学生每年平均资助标准为 2000 元，视贫困程度可分为 1500 元、2000 元、2500 元三档，建档立卡贫困学生必须纳入最高档次的资助范围内；资助金按学期发放，每年分别在 6 月底、12 月底前完成发放。

3. 2018 年的政策

继续执行 2017 年的政策，但是进一步明确了免学杂费政策含义，规定：普通高中建档立卡家庭经济困难学生、低保家庭学生、特困救助供养学生和残疾学生都可享受。其标准是重点高中 400 元/生·学期，普通高中 180 元/生·学期。

（四）中等职业教育

1. 2016 年的政策

落实中等职业教育免学费和国家助学金政策。一是对中等职业教育学生免学费；二是为贫困家庭中职学生发放国家助学金，资助标准为平均每生每年 2000 元。

2. 2017 年的政策

延续 2016 年的两项资助政策，但规定更为详细。

（1）免学费。

全日制正式学籍一、二、三年级在校生中农村（含县镇）学生、城市家庭经济困难学生和涉农专业学生（艺术类相关表演专业学生除外）可免学费。其中：普通中专学生按物价部门批准的分专业学费标准免学费（农林师范类 1600 元/生·年、经管类 2000 元/生·年、工科类 2500 元/生·年）；职业高中（中专）学生按 850 元/生·年的标准免学费。按学期免学费。

（2）国家助学金。

全日制正式学籍一二年级在校生中涉农专业学生和非涉农专业家庭经济困难学生可享受国家助学金，每生每年资助标准为 2000 元。资助金按学期发放，每年分别在 6 月底、12 月底前完成发放。

2018 年继续执行上述政策。

（五）高等教育

1. 2016 年的政策

发放资助金。对当年考取全日制普通高等学校（含独立学院和民办高校）的贫困家庭学生，每人一次性给予高考入学政府资助金 6000 元。

助学贷款。对当年录取和在校就读全日制大专以上院校（含独立学院和民办高校）的贫困家庭大学生办理国家生源地信用助学贷款，贷款额度为每生每学年不超 8000 元，实现应贷尽贷。

2. 2017 年的政策

2017 年在继续此前政策的基础上，进一步加大了资助力度、扩大了资助范围，将研究生纳入其中，具体如下：

第一，发放资助金。①对当年考取全日制普通高等院校（含独立学院、民办高校和高职院校）的江西籍家庭经济困难考生（包括社会考生）给予每人一次性 6000 元的政府资助，在 10 月底前发放到位；②对当年考取全日制普通高等院校（含独立学院、民办高校和高职院校）的家庭经济困难应届普通高中毕业生给予新生入学资助，标准是：录取省内院校的每人一次性资助 500 元，录取省外院校的每人一次性资助 1000 元，在 10 月底前发放到位。

第二，学生贷款。当年考取大学和已在大学就读的家庭经济困难学生，可以向当地县级学生资助管理部门申请生源地信用助学贷款，解决大学期间的学费和住宿费。本专科生每人每年最高可贷 8000 元，研究生每人每年最高可贷 12000 元。在校期间的助学贷款利息都由国家负担。

2018 年继续执行 2017 年的扶持政策。

（六）关于学生资助工作中几种特殊情况的处理意见

根据赣州市教育局 2017 年文件精神，如学生资助工作中出现几种特殊情况执行以下政策：

1. 关于跨县（市、区）就读学生由哪里资助的问题

跨县（市、区）就读的学生，在就读学校申请资助、由就读学校负责评审、学籍所在县（市、区）资助中心负责资金发放，并且做到建档立卡学生资助全覆盖。这样，可以方便学生申请；便于学籍所在地教育部门掌握贫困学生情况，及时准确与当地财政部门协调落实资助配套资金；可以按“在籍在校”原则，由学籍所在地资助中心顺利地将受助学生名单录入全国和省学生资助系统。

跨县（市、区）就读学生的贫困证明，由学生向户籍所在地有关部门开具。

2. 关于春季分流到中职学校的初三学生的资助问题

春季分流到中职学校的初三学生，如在原初中学校是符合资助条件的寄宿生，则按照“学年评定、学期发放”的原则，由原就读的初中学校发放春季学期寄宿生生活补助，建档立卡学生必须执行提标政策。

3. 关于普通高中借读生的资助问题

普通高中贫困学生在录取学校办理了报到手续、录取学校为其办理了学籍后又借读到其他学校的，由学籍所在学校为其建立贫困学生档案库并开展资助工作，要确保建档立卡学生全覆盖。

4. 关于未办理学籍的普通高中贫困学生的资助问题

对于部分普通高中学校（含民办高中）违规招收的低于市、县（区）划定的普通高中录取最低控制分数线的考生，市教育局已发文明确，一律不予办理学籍。因此，其中的贫困学生不能按现行政策给予资助，对其扶持和帮助，应由就读学校或就读学校争取社会力量实施。

二、信丰人民革命精神

2016 年，中共信丰县委提出了信丰人民革命精神，县委书记刘勇阐述了信丰人民革命精神的主要内涵传承，要求全县上下凝聚力量，打好“六大攻坚战”，再创信丰发展新辉煌。

（一）信丰人民革命精神的主要内涵

信丰革命精神是信丰无数革命先烈、先辈用鲜血和生命铸就的精神丰碑，既蕴含了中国共产党人革命精神的共性，又彰显了信丰革命斗争的特色和个性，其主要内涵可以概括为：“敢突破、善坚守、整纲纪、求胜利。”“敢突破”蕴含和彰显了信丰革命精神的英雄气概，“善坚守”蕴含和彰显了信丰革命精神的钢铁意志，“整纲纪”蕴含和彰显了信丰革命精神的优秀品质，“求胜利”蕴含和彰显了信丰革命精神的伟大理想（刘勇，2016）。

“敢突破”蕴含和彰显了信丰人民革命精神的英雄气概。这可以从中央红军长征的历史中得到佐证。面对前有堵截、后有追兵的困境，如果当时红军在思想上畏首畏尾、犹豫不决，在军事行动上不敢主动出击、不敢突破，后果将不堪设想。历史和实践证明，“敢突破”蕴含和彰显了信丰人民革命精神的英雄气概（刘勇，2016）。

“善坚守”蕴含和彰显了信丰人民革命精神的钢铁意志。这可以从艰苦卓绝的南方三年游击战争历史中得到佐证。三年游击战争能够坚持下来并取得胜利，最重要的就是红军和游击队始终抱有革命必胜的理想信念和钢铁般的革命意志，以强大的恒久耐力浴血奋战。历史和实践证明，“善坚守”蕴含和彰显了信丰人民革命精神的钢铁意志（刘勇，2016）。

“整纲纪”蕴含和彰显了信丰人民革命精神的制胜法宝。这可以从著名的“赣南四整”（安远整队、信丰整纪、大余整编、崇义整训）之一——“信丰整纪”中得到佐证。通过“信丰整纪”，南昌起义部队逐渐走向团结统一，军事、政治素质大大提高，组织纪律进一步增强，逐步完成了从旧式军队向新型人民军队的转变。“信丰整纪”在建军史上具有重要地位。历史和实践证明，“整纲纪”

蕴含和彰显了信丰人民革命精神的制胜法宝（刘勇，2016）。

“求胜利”蕴含和彰显了信丰人民革命精神的伟大理想。信丰作为中央苏区重要组成部分所进行的艰难斗争历史，以及南方三年游击战争时期所进行的可贵探索，就是“求胜利”革命精神的有力佐证。从第一任信丰县委书记肖凤鸣身上，无不体现出中国共产党人不怕牺牲、追求胜利的伟大理想。历史和实践证明，“求胜利”蕴含和彰显了信丰人民革命精神的伟大理想（刘勇，2016）。

（二）信丰人民革命精神的传承

信丰革命精神是中国革命精神的重要基因，是苏区精神、长征精神乃至延安精神链条中不可或缺的重要环节，具有新民主主义革命时期的鲜明时代特色。在长期的革命斗争中，信丰人民为中国革命的胜利做出了重要贡献和重大牺牲，孕育形成了信丰人民革命精神。传承和弘扬信丰人民革命精神，对于凝聚广大党员干部群众的智慧和力量，决胜同步全面小康，为实现中华民族伟大复兴中国梦不断做出新贡献，具有十分重大的现实意义。在新常态下，必须激活红色基因，传承和弘扬革命精神，解放思想、改革创新、坚定信念、保持定力、从严治党、艰苦奋斗、实干担当、勇争一流，为决胜同步全面小康提供强大精神动力（刘勇，2016）。

1. 解放思想

传承和弘扬“敢突破”革命精神，就是要解放思想，改革创新。解放思想是发展的永恒主题，思想一旦落伍，行动必然迟疑。不破除思维定式，就无法实现思想解放；不打破路径依赖，就无法实现行动突围。传承弘扬“敢突破”革命精神，就是在新常态下，要以更大的勇气和智慧，不犹豫、不折腾，突破思想藩篱，敢闯新路子，以思想的解放，促进行动的突围，实现发展的跨越。要把遵规守纪作为解放思想的底气，以解放思想来彰显遵规守纪的价值。要付诸行动，坚持问题导向，聚焦问题，革除障碍，冲破束缚，涵养正风气，形成正势能，开创事业新境界，再创发展新辉煌（刘勇，2016）。

改革是新思想对老观念的挑战，唯改革者进，唯创新者强，唯改革创新者胜。改革创新、头脑先行，要掀起头脑风暴，以“敢为天下先”的勇气，唯新唯实、求变求破，锐意改革、激励创新，为走出一条不畏艰险、敢为天下先的开拓之路提供思想先导与行动力量（刘勇，2016）。

2. 坚定信念

传承和弘扬“善坚守”革命精神，就是要坚定信念，保持定力。传承弘扬“善坚守”革命精神，就是在新常态下不怀疑、不徘徊、不动摇，以恒久的耐力和钢铁般的意志力，在政治上坚定信念，坚持在群众实践中砥砺意志和品质，把坚定理想信念与扎实推进经济社会各项事业发展紧密结合起来，全身心投入到全面决胜小康和实现伟大梦想的奋斗中（刘勇，2016）。

要适应和把握经济发展进入新常态的趋势性特征，在经济发展上坚定信心。要深入学习贯彻习近平总书记系列重要讲话精神，进一步保持战略定力，增强发展自信，坚持变中求新、变中求进、变中突破，深处着力，精准发力，永不放弃、志在必胜，以“功成不必在我”的宽阔胸襟和思想境界，一任接着一任干，一张蓝图绘到底，创造无愧于时代、无愧于人民的业绩（刘勇，2016）。

3. 牢记宗旨

传承和弘扬“整纲纪”革命精神，就是要牢记宗旨，艰苦奋斗。宗旨问题，说到底就是对百姓利益的态度问题。与民争利抢利，必然水火不容；始终维护民利，必然鱼水情深。传承弘扬“整纲纪”革命精神，就是要引领广大党员干部自觉做弘扬优良作风的表率，把党的宗旨牢记于心、付之于行，聚焦解决群众反映强烈的突出问题，想群众之所想、急群众之所急、为群众之所需，始终实现好、维护好、发展好最广大人民的根本利益（刘勇，2016）。

发扬艰苦奋斗精神，必须坚持从严治党、改进作风，始终保持党同人民群众的血肉联系。要强化党要管党、从严治党的高度自觉，坚持把纪律挺在前面，纵深推进党风廉政建设，营造风清气正政治生态，密切党群干群关系。要始终把责任举过头顶、把百姓装在心中、把名利踩在脚下，坚持一心为公、一心为民、艰苦奋斗，以实际行动取信于民、服务于民（刘勇，2016）。

4. 实干担当

传承和弘扬“求胜利”革命精神，就是要实干担当，勇争一流。要始终胸怀追求胜利的伟大理想，甘于奉献、勇于牺牲、实干担当、勇争一流，承前启后，继往开来，在新常态下不断取得新的更大的胜利。

一个时代有一个时代的使命，一代人有一代人的责任。要担当起该担当的责任，忠于事业、信守承诺、矢志不渝、艰苦奋斗、甘于奉献、不怕牺牲，把心思放在研究问题、推动工作、谋划发展上。担当是一种责任、一种自觉、一种境界、一种修养。担当大小，体现着干部的胸怀、勇气、格调，有多大担当才能干多大事业。敢担当，民族才有希望；敢担当，生命才会闪光；敢担当，人格才最高贵。空谈误国、实干兴邦。要勇于担当，能够担当、敢于担当，以实干精神直面矛盾问题，主动接受挑战，大胆开拓创新，努力创造经得住实践、人民和历史检验的“第一等工作”（刘勇，2016）。

三、教育扶贫的实施情况

（一）改善办学条件

1. 完善农村学校基础设施

推进学前教育项目。通过加快实施第二期学前教育三年行动计划，满足贫困家庭适龄幼儿入园需求。实施全面“改薄”项目。2017 年投入资金 1.83 亿元，改善贫困地区农村义务教育学校基本办公条件。实施农村中小学校舍维修改造项目。全年统筹落实资金 3278 万元，进一步改善农村中小学办学条件。

实施教育信息化项目。实施农村中小学以上学校“宽带网络校校通”接入率 100%，多媒体教学设备“班班通”覆盖率 65% 以上。

2. 加强农村中小学师资队伍建设

2017 年全年统筹安排一定资金，为农村中小学培训培养教师 1000 名以上。为 1600 名农村中小学在编在岗教职工发放边远地区中小学教师特殊津贴。提升中等职业教育办学水平，扩大贫困家庭学生就学机会。努力办好特殊教育，进一步完善特殊教育学校基础设施建设，探索建立送教上门、随班就读、医教结合的新模式。

2017 年，信丰县投资 2 亿元推进了 14 个城区校建项目，建成信丰思源实验学校，信丰一中已开工；投资 1.5 亿元完成了 46 个农村薄弱学校改造项目，顺利通过省级义务教育基本均衡发展跟踪督查及“全面改薄”专项督导。

（二）多措聚力教育精准扶贫全覆盖

近年来，信丰县教育局多措并举，创新方式，合力实干，基本实现了教育扶贫全覆盖。

1. 紧抓政策落实

为了做到精准扶贫，该县教育局组织全县各级各类学校对全县 146213 名学生进行了逐户上门“地毯式”的摸底排查。据统计，全县现有各类贫困生 8996 人，其中建档立卡贫困生 8273 人。按照“应助尽助、应贷尽贷”的原则，打出“奖、贷、助、补、免”政策资助“组合拳”，全面落实各项学生资助政策。仅 2017 年下半年，全县落实义务教育“两免一补”经费 4630.55 万元，中职助学金 58.9 万元，普高助学金 283.325 万元，建档立卡普高学生免学费 23.32 万元，中职学生免学费 93.33 万元，大学生生源地信用助学贷款 2942 余万元。2017 年全年为 7746 名贫困家庭学生发放困难补助 807.48 万元。

2. 社会助学

在自我加压、自我发力的同时，信丰注重用好社会力量助推教育扶贫工作。

一是多方筹资改善办学条件。2012～2015年，该县通过企业、个人捐助引进社会资金1702.48万元，其中，南昌银行捐资450.5万元新建了大塘埠镇六星小学和虎山乡龙州小学；省盐业集团公司捐资160万元援建了铁石口镇长远小学、大塘埠镇新仓小学；江铃汽车集团捐资381.98万元助建了嘉定镇中心小学等省委结对帮扶“四位一体”项目；东莞LP爱心团队捐资330万元捐建了嘉定镇黄蜂小学、铁石口镇高桥小学。

二是加大投入完善资助体系。该县建立了覆盖学前教育至大学教育完整的学生资助体系，实施“春蕾计划”项目，设立助学专项资金，建立了社会助教体系。2012～2015年已落实政府资助政策及争取社会各界扶贫助学资金计4896.3万元，资助困难师生7.3万人次。在全市率先设立“奖教助学”基金，募集资金已达2690多万元。

三是全面浓厚尊师重教氛围。通过筹措社会资金，设立救助基金，奖励优秀师生，并救助困难教职工，2012～2015年接受助学捐赠的款项达1110.25万元。

四是大力发展职业教育。通过“订单式培养”，不仅服务县内企业用工需求，还与浙江、福建、深圳等许多知名企业建立了稳定的合作关系。同时，积极开展农村劳动力转移培训、城镇职业培训、未升学的初中和高中毕业生技术培训等，促进劳动力素质提高和农民脱贫乃至增收致富。

五是积极发展特殊教育。该县做到政府出资和募集社会资金双管齐下，建成了占地12亩、建筑面积2646平方米、办学条件达到了省定的特殊教育办学标准的特殊教育学校，使适龄残疾少年儿童入学率高达96.9%。该县也被评为教育部确定的全国37个市（州）、县（区）国家特殊教育改革实验区之一。

2016年以来，除了落实政策性资助外，该县教育局还联合县慈善总会、扶贫办、教育基金会、长三角赣南商会联盟等社会团体以及社会爱心人士，坚持助学做加法，对困难学生资助拾遗补阙，积极开展“滋惠计划”“育才行动”“雨露计划”等扶贫助学活动，营造了一种浓厚的扶贫助学氛围。2017年，全县整合教育基金、保育保教费、高中学费共计4690.63余万元，扩大贫困幼儿和高中生12%的资助面；在全面摸底排查的基础上，对未能享受到国家政策资助的一般贫困学生723人，由县教育基金“兜底”扶助；对在县外就读的学前和义务教育阶段近209名贫困学生，教育扶贫领导小组织各乡镇给学生就读学校或教育主管部门去函争取发放补助。近3年来，募集资金逾80.2万元，资助贫困学生416人次，援建薄弱学校1700万元。如曾学英，是信丰县偏远山村的一个贫困生，现就读于信丰二中。2018年1月，他获得了国家彩票公益金“滋惠计划”资助金2000元。据了解，这次像他一样获得资助的建档立卡户贫困学子共有230人，资助金共计46万元。

3. 点线面结合打赢教育扶贫“夏季整改”攻坚战

信丰县着力改变教育环境和教育观念，“点、线、面”推进教育扶贫工作，依靠政府支持、社会力量的鼎力相助，不让一个孩子因贫辍学。

“点”上精准识别因学致贫家庭。2018年脱贫攻坚“夏季整改”行动开展后，信丰县教育局组织全县6000多名教师再次开展教育扶贫摸底调查，将全县贫困家庭中正在接受教育的学生逐一全面进行登记造册，建立详细档案，全程跟踪扶贫对象享受资助情况，确保其获得有效资助，完成学业。对建档立卡贫困户学生实行动态管理，建立动态管理、有序退出、精准识别机制。

“线”上厘清教育扶贫工作思路。信丰县在充分调研、摸底调查基础上，再次厘清了精准扶贫工作思路，即以教育民生为本，从解决群众最关心、最直接、最现实的利益问题着手，把教育扶贫工作重点放在完善贫困生资助体系等方面，根据全省2018年脱贫攻坚“夏季整改”行动方案，制定了《信丰县教育局2018年脱贫攻坚“夏季整改”行动计划》，明确了教育扶贫“夏季整改”的目标任务和工作措施。

“面”上拓展教育扶贫资助面。针对困难学生群体，信丰县教育局再次完善了从幼儿到大学的多层次、全覆盖和集免、奖、助、贷、补于一体的贫困学生资助政策体系。据统计，“夏季整改”前后，全县共资助贫困幼儿、义务教育贫困寄宿生、普高贫困生、中职贫困生13447人，资助金额达1014.50万元，确保了贫困生进得来、留得住、学得好，一个都不能少。

（三）信丰历年来教育扶贫情况

1. 历年来教育扶贫情况

为了进行纵向比较，本书从历年来信丰县政府工作报告中收集了教育事业发展的相关数据，并制作成表4－1。为便于比较，将2011年作为参照年份，从中可以看出苏区振兴政策、脱贫攻坚政策实施以来信丰教育扶贫方面发生的变化。

表 4－1　信丰县教育扶贫情况（2011～2017 年）

年份	软硬件建设	政府资助	社会资助	成效
2011	1. 现代宜学示范区建设步伐加快 2. 教育园区建设加速推进 3. 新信丰二中开工建设 4. 五小、九小、公办示范幼儿园和教师进修学校完成规划选址即将开工	1. 资助家庭经济困难学生 2793 人 2. 落实义务教育“两免一补”政策资金 6719.19 万元	—	—
2012	1. 改造 D 级危房 2 万平方米；新信丰二中完成校舍建设 2 万平方米 2. 信丰五小、九小、教师进修学校、县公办幼儿园建设全面启动 3. 招聘新教师 133 人	9.8 万名学生享受“两免一补”政策	—	—
2013	1. 新建校舍 3.32 万平方米，消除 D 级危房 1.8 万平方米 2. 信丰一中、特殊教育学校已招生开学 3. 16 所乡镇公办幼儿园开工建设 4. 新招聘调入教师 229 名	落实“两免一补”资金 7500 多万元，惠及学生 10 万多名	—	高考录取率达 90.3%
2014	1. 教育支出 6.55 亿元，较上年增加 2 亿元，占民生支出的 37.64% 2. 新建校舍 6.77 万平方米，消除 D 级危房 6.04 万平方米 3. 信丰二中完成整体搬迁 4. 信丰五中“民改公”顺利完成 5. 新开办信丰七中 6. 五小、九小、教师进修学校以及白石学校项目加快推进	—	—	1. 结束了城区 16 年来无新学校和长达十几年无公办幼儿园的历史 2. 是全市第一个乡镇公办幼儿园实现全覆盖的县

续表

年份	软硬件建设	政府资助	社会资助	成效
2014	7. 县公办幼儿园以及 16 所乡镇公办幼儿园正式开学 8. 实施农村义务教育学校标准化建设、校舍维修改造等项目 204 个 9. 完成教师周转房建设 182 套 10. 累计完成投资 2.5 亿元	—	—	
2015	1. 教育事业投入 6.81 亿元，县五小、九小开学招生 2. 收回信丰六中，创办了县七小 3. 把信丰五中初中部剥离，新设了信丰八中 4. 思源实验学校、教师进修学校、信丰中学扩建及四中、五中和七中运动场、陈毅希望学校南大门等城区教育建设项目快速推进 5. 153 所校舍维修改造等农村学校项目建设进展迅速 6. 新招聘教师 284 名 7. 评选了首批名师名校长	—	—	顺利通过了省政府教育督导评估
2016	1. 铁石口中学等 13 所学校 216 套教师周转宿舍、115 所农村学校标准化建设项目全部完工，完成投资 1.9 亿元 2. 水东幼儿园新建项目，城区中学改扩建，信丰五小、九小及教师进修学校校舍续建项目正在抓紧实施	—	—	—

续表

年份	软硬件建设	政府资助	社会资助	成效
2017	1. 投资2亿元推进了14个城区校建项目，建成信丰思源实验学校，信丰一中已开工 2. 投资1.5亿元完成了46个农村薄弱学校改造项目	7746名贫困家庭学生发放困难补助807.48万元	率先设立“奖教助学”基金，募集资金已达2690多万元	1. 顺利通过省级义务教育基本均衡发展跟踪督查及“全面改薄”专项督导 2. 教育教学质量稳步提升，二本以上上线人数达1692人，同比增长6.82%，高于全市4个百分点 3. 全市高考理科状元花落信丰

注：“—”表示不详。

资料来源：安远县政府工作报告。

2. 案例

信丰二中开展教育扶贫教师家访帮扶贫困生活动。为扎实推进教育扶贫工作，确保贫困家庭学生“一个不少”享受教育扶贫政策，确保不让任何一个学生因家庭贫困而失学，2017年年初，信丰二中启动了学校教育扶贫教师家访帮扶贫困学生活动。活动的主要内容是落实“三个一”：一是发放一张教育扶贫宣传单。对家长进行资助政策的讲解，告知资助条件和办理办法。二是填写一张教育扶贫政策告知书。告知贫困户家庭已享受的资助政策并归档于精准扶贫户的资料盒内。三是和家长谈一次心。通报孩子在学校的学习情况，深入了解贫困学生家庭生产和生活状况，探究致贫原因，商议脱贫解困途径，鼓励他们克服当前困难、树立脱贫致富的信心。活动的开展，极大地提高了贫困户对教育扶贫政策的知晓度，加强了教师和家长的沟通联系，让贫困户家庭深刻感受到党和政府惠民政策的温暖。

教育扶贫托起山区孩子的求学梦。信丰县大桥镇中心小学是一所边远山区小学，作为基层教育单位，该校积极响应各级党委政府有关教育扶贫工作部署，扎实开展教育扶贫工作，不落下一户，不漏掉一人，切实托起贫困家庭孩子的求学梦想。学校成立了教育扶贫工作领导小组，由中心小学校长赖晓兵为组长，全体班子成员和村小校长为成员。班子成员包校包村，教师包班包人。学校通过校园广播、教育云平台、班级微信群、集队集会、张贴宣传册、发放致家长的一封信等途径向全校师生及家长广泛宣传教育扶贫政策，并向每一位学生及家长发放教育精准扶贫学生资助政策宣传手册，力争宣传到位，政策落实。在教师中成立家访工作小组，各小组深入新塘、竹村、中墩、大桥、青光和新圩、矿区居委会等全镇所有村居，向广大家长宣传教育扶贫相关政策，细心填好建档立卡花名册，准确录入信息，确保建档立卡家庭全覆盖。与此同时，学校认真做好控辍保学工作，确保不让一个学生因贫失学，解除家长后顾之忧。由于工作做得扎实有效，学校已连续三年无一人辍学。

该校虽是普通农村义务教育学校，但也发挥着特殊教育学校的作用，针对有残障的学生安排"随班就读"，让残疾儿童与普通学生一起活动、交往和学习。该校还有一种特殊的教学方式是"送教上门"，主要针对有重度残疾的学生。该校安排教师上门给孩子进行单独教学，送教的时间也相对灵活，由送教老师自行安排，一般一个月送教一次。通过这种方式，孩子们增长了知识，感受到了学习的快乐和老师的关怀。

教育扶贫，一个都不能少。近年来，信丰县大桥中学不断强化"一个都不能少"意识，重点围绕贫困生家庭情况摸底，做好贫困生生活补助发放、贫困学生心理辅导，将教育扶贫工作落到了实处。每学年初，该校都组织教师，逐户、逐人入户核查，专项对教育扶贫建档立卡户分布状况、就业情况、参加社会保障情况，以及目前已采取的帮扶措施等情况进行全面摸底调查，并指定工作责任心强、业务熟悉的同志实行一户一表，负责统计，建立校内教育贫困户档案，确保基本数据真实、准确、全面，为全面掌握该校贫困家庭、贫困人口的基本情况，进一步加大帮扶力度，切实解决实际困难，制定有针对性的帮扶措施提供依据。在贯彻落实贫困生资助政策方面，该校按照"扶持贫困、公正客观、保证效益"的原则，确保贫困生补助及时足额发放。

第二节　兴国县

一、教育扶贫政策

总体看，兴国教育扶贫政策几年来一直保持持续性，无论在资助金额、资助范围上均没有出现大的调整。从兴国县政府官网上看，其 2018 年的资助政策如下：

学前教育。根据上级下达指标数，资助在经县以上教育行政主管部门审批设立的普惠性公办、民办幼儿园就读的贫困儿童、烈士子女、孤儿、残疾儿童每人每年 1000 元，建档立卡贫困儿童每人每年增加 500 元。

义务教育。义务教育阶段实行“两免一补”政策，根据上级下达指标数优先资助建档立卡贫困寄宿生，每人每年在原基础上增加 500 元生活补助。

普高教育。根据上级下达指标数，优先资助在籍、在校的全日制普通高中学校的建档立卡贫困在校生，平均每生每年 2000 元。对建档立卡家庭经济困难学生、农村低保家庭学生、农村特困救助供养学生和残疾学生免除学费。

中职教育。就读中职全日制在籍、在校一、二、三年级学生享受补助、免学费政策。对在校贫困生进行学费补助，每人每年 850 元（艺术表演专业生除外）。对就读中职全日制正式学籍一、二年级贫困学生给予中职国家助学金每人每年 2000 元。

高等教育。根据上级下达指标数，对当年考入全日制普通本、专科（含独立学院和民办高校）高等学校学生且已入省资助系统贫困生档案库的贫困学生每人一次性资助 6000 元。同时还可以申请办理生源地信用助学贷款，每人每年贷款额度不超过 8000 元，在校就读期间的贷款利息由财政全额贴息。

二、教育扶贫实施情况

（一）教育投入

教育扶贫是整个脱贫攻坚工作中的先导和基础，2014 ~ 2016 年教育经费的投入情况较好，义务教育经费全额纳入财政预算并单独列项，2014 ~ 2016 年公共财政教育经费拨款均达到了“三个增长”。

第一，2014 ~ 2016 年公共财政教育经费拨款的增长高于财政经常性收入的增长。2014 ~ 2016 年公共财政教育经费拨款为 86871 万元、94580 万元、109133 万元，分别比上年增长 9.0% 、8.9% 和 15.4% ；2014 ~ 2016 年财政经常性收入为 48102.1 万元、50930.5 万元、53986.3 万元，分别比上年增长 5.0% 、5.9% 和 6.0% ；2014 ~ 2016 年公共财政教育经费拨款增长幅度均高于财政经常性收入的增长幅度，分别高于 4.0% 、3.0% 和 9.4% 。

第二，2014 ~ 2016 年生均公共财政预算教育事业费达到了逐年增长。2014 ~ 2016 年小学生均教育事业费支出为 5012.67 元、5575.11 元、6553.7 元，分别比上年增长33.8%、11.2%和17.6%；2014～2016年初中生均教育事业费支出为6902.37元、7648.25元、8061.73元，分别比上年增长52.4%、10.8%和5.4%。

第三，2014～2016年生均公共财政预算公用经费支出及教师工资达到了逐年增长。2014～2016年小学生均公用经费支出为2227.18元、2381.33元、2528.68元，分别比上年增长64.5%、6.9%、6.2%；2014～2016年初中生均公用经费支出为3578.81元、3624.32元、3715.48元，分别比上年增长124.9%、1.3%和2.5%。教师工资均纳入财政统发，按国家统一规定的工资项目、标准均执行到位。2014～2016年教师年人均工资为40918元、54481元、58661元，分别比上年增长20.5%、33.1%和7.7%。

第四，2014～2016年财政性教育经费支出占国内生产总值比例达到国家规定要求。2014～2016年财政性教育经费支出为99154.6万元、106825.6万元、117572.3万元，国内生产总值为1218243万元、1289100万元、1415600万元，分别占当年国内生产总值的8.14%、8.29%和8.31%，超过4%的规定比例。

第五，预算内教育经费占财政总支出的比例达到规定要求。2014～2016年预算内教育经费为86871万元、94580万元、109133万元，县财政总支出为313000元、367397万元、404705万元，分别占当年财政总支出的27.75%、25.74%和26.97%，超过15%的规定比例。

（二）教育经费主要用处

1. 改善基本办学条件

合理布局贫困村乡村中小学校，改善基本办学条件，加快标准化建设。加强寄宿制学校建设。加大对贫困乡村老师队伍建设的支持力度，特岗计划、国培计划向贫困乡村倾斜。制定符合基层实际的教师招聘引进办法，推动城乡教师合理流动和对口支援。落实乡村教师生活补助政策，优先支持贫困村学校建设教师周转宿舍。加强贫困村学校规划，优先支持建设贫困村义务教育学校，同步实现标准化和现代远程教育，让贫困村群众子女能就近享受公平优质教育资源，减轻贫困家庭子女乘车、寄宿等经济负担。加快建设农村义务教育学校食堂，实施好营养改善计划。支持贫困村利用闲置校舍改建公办幼儿园、村小增设附属幼儿班、学前教育巡回支教点项目，使每个贫困村都建有一所普惠性、低收费幼儿园（刘善庆、张明林，2017）。

2. 健全教育资助制度

落实学前教育资助制度。逐步实施对建档立卡贫困家庭学生普通高中、中等职业教育免除学杂费。落实好现有国家济困助学政策，逐步提高贫困生资助标准。将学前教育贫困生资助标准提高到每人每年 1000 元，并酌情减免学杂费。落实好义务教育阶段“两免一补”政策，将义务教育阶段建档立卡的贫困家庭寄宿生生活补助标准，在上级规定的基础上每人每年调增 500 元。加大对贫困家庭大学生的救助力度。对考取全日制普通高等学校的贫困生政府资助金，提高到每人一次性补助 6000 元；为当年被全日制大专以上院校录取的贫困家庭大学生办理国家生源地信用助学贷款。争取国家倾斜支持，引导社会各界捐资，多渠道筹集贫困生资助资金，积极推动社会力量开展“一对一”帮扶贫困学生（刘善庆、张明林，2017），全面落实贫困家庭子女从学前教育到高等教育的资助补助政策，减少贫困家庭教育支出，保证贫困家庭的孩子都能接受教育，阻断贫困代际传递。

3. 开展贫困生职业学历教育

通过定向委培特困生等方式，帮助贫困生完成中专以上职业学历教育，实现就业脱贫。落实好农村贫困家庭子女职业学历教育财政补贴政策，从 2016 年起，实施贫困家庭子女中、高等职业学历教育财政补贴每人每年 1500 元（刘善庆、张明林，2017）。

面向农村贫困家庭子女定向培养乡（镇）农技人员。根据上级有关政策及乡镇农技人员编制状况，抓好农村贫困家庭子女定向培养乡镇农技人员工作（刘善庆、张明林，2017），按照上级人事部门招聘考试，考试合格者充实到乡镇农技推广机构工作。

（三）教育经费向农村薄弱学校倾斜的情况

根据省财政厅、省教育厅《进一步加强义务教育经费管理的通知》（赣财教〔2012〕59 号）的文件要求，兴国县每年依据学校的年报学生数进行分配，同时适当向规模小的学校倾斜，对不足 100 人的农村小学教学点按 100 人计算下拨公用经费。2014～2016 年分别向不足 100 人的村小、教学点补拨公用经费 698. 58 万元、759. 3 万元、817. 62 万元，共计 2275. 5 万元。

2014～2016 年先后实施了义务教育学校标准化建设工程、义务教育薄弱学校改造工程，共投入资金 11333 万元，改善农村薄弱学校的基础办学条件，取得了明显成效。

县政府出台政策，切实提高农村教师待遇。农村中小学教师享受乡镇工作补贴、乡村学校教师生活补助、农村艰苦边远地区教师特殊津贴等津补贴，2014～2016 年累计发放金额 8285 万元，极大改善了农村边远薄弱学校教师待遇。

（四）主要成效

1. 教育扶贫的主要特点

兴国县创新教育扶贫模式，最大限度地保障了全县学生有学上并上好学。

一是办学条件明显改善，确保每一个孩子上好学。“十二五”以来，共投入校建资金 14.58 亿元，实施校建项目 1062 个，新改扩建校舍面积 68.66 万平方米，新建学校 34 所，整体迁建学校 20 所。尤其是教育部特别关注贫困地区薄弱学校建设，从 2014 年起在全国实施了“全面改薄”工程，每年给予该县 5800 万元的专项资金，加上原有的项目安排，兴国县每年大约有 1 亿元的校建项目资金，2014～2018 年连续五年极大地改善了该县的办学条件，有力确保了兴国县 2016 年 5 月顺利通过义务教育均衡发展省级督导评估。同时，该县创新的贫困村校建项目精细化管理模式，在 2014 年 6 月全国“全面改薄”工作推进会上作了经验交流发言，相关工作经验代表江西省在教育部官方网站展播并得到好评。

二是资助学生政策全覆盖，确保不让一个孩子因贫失学。兴国县按照精准扶贫定点、定向相结合的原则，对全县贫困家庭子女完成了构建到户、到人的教育精准资助扶贫脱困体系，按奖、贷、助、补、免等资助政策，对符合资助政策的贫困户子女做到从学前教育到高等教育的两大类 5 个阶段 10 个项目全程精准资助。仅 2016 年，资助困难学生达 41418 人次，发放资助金 4984 余万元。2012 年，兴国县在赣州市首创了“红军后代贫困学子”关爱工程，每年有 800 多名红军后代贫困学子实现学习、生活全免费。2017 年上半年资助“两红”学生 833 人，发放资助金共计 156.1194 万元。同时，还建立了全县领导干部结对帮扶机制，给予学子们全方位、全程式关爱，社会反响热烈。对分散就读的小学 1～3 年级学生给予每人每年 2000 元的生活补助；对 4～9 年级集中就读的给予每人每年 4000 元的生活补助（含寄宿生补助）；高中阶段学生给予每人每年 4500 元的生活补助（含高中助学金）。

三是创新学生营养餐供餐模式，有效对接精准扶贫，确保有效改善农村学生营养状况。2015 年，兴国县创新探索实行了营养餐食材统一招标、统一采购、统一加工、统一配送的“四统模式”。从 2016 年秋季学期开始，全县 25 个乡镇 424 所农村义务教育学校约 10 万学生，全部享受学校食堂供餐及“四统”企业配送服务（按照配送约 10 万名学生营养餐食材来计算，每天约需 6000 公斤肉类，每学年约需 120 万公斤猪肉、禽肉类；每天约需 2.4 万公斤蔬菜，每学年约需 480 万公斤蔬菜）。兴国县首创的营养餐“四统”模式助推脱贫攻坚做法，在全省乃至全国得到了高度评价，树立了典范。2016 年，在北京召开农村义务教育学生营养改善国家扶贫开发重点县覆盖省、部签字仪式上，兴国县营养改善计划对接精准扶贫模式带动农民增收的做法，被教育部誉为“兴国经验”“兴国模式”；江西省及赣州市营养餐推进现场会分别在兴国召开，中央电视台 CCTV -2《经济新闻联播》给予报道，教育部多次在网站、简报、现场会上表扬推荐兴国县营养餐管理模式，省教育厅在全省组织推广“兴国经验”；2015 年 11 月，兴国县作为江西省唯一代表，参加了国家疾控中心及联合国粮食计划署在北京召开的第三届全国学生供餐交流会，并作了发言。

四是发挥农村职业与成人教育优势，确保贫困户创业有门路。建立了以兴国职业中专为龙头、以中等职业学校和乡镇成人学校为两翼、以村农民文化技术学校为依托的县、乡、村三级办学网络。县职业中专开设了学前教育、电子、数控、旅游、汽车维修、建筑、服装、畜牧、计算机、农机、园艺、客户信息、社区管理、酒店管理等 20 个专业，同时通过打造培训品牌助推贫困户就业、产业培训助推贫困户创业、培植龙头企业传帮带贫困户脱贫的思路，积极将职成教育对接精准扶贫工作，使贫困户脱贫致富实现大飞跃。兴国县于 2016 年接受了教育部对该县创建国家级农村职业教育和成人教育示范县的复核，同时该县还于 2016 年 5 月 19 日，被教育部、水利部、农业部等六部委评为第二批国家级农村职业教育和成人教育示范县。

从 2016 年起，兴国教育扶贫三年计划整合资金 4 亿元，大力支持贫困村义务教育学校校舍、基础设施项目建设，加大贫困生资助力度，通过实施教育扶贫工程，2016 年扶持 1580 户 2370 人以上，2017 年扶持 1600 户 2400 人以上，2018 年扶持 1087 户 1631 人以上。按照县精准扶贫脱贫攻坚“百日行动”总体部署，2017 年教育扶贫各项工作正在紧锣密鼓地进行。

第一，进一步提高教育扶贫政策的知晓度。兴国县教育局成立了以局长为组长的教育扶贫专项工作领导小组，全面贯彻落实各项教育扶贫政策，确保精准扶贫工作落到实处。为了让全社会熟悉并了解相关政策，全县各级各类学校通过致家长的一封信、宣传专栏、学校微信公众号等形式，实现精准扶贫政策妇孺皆知、人人知晓。与此同时，各级各类学校以“万师访万家”为载体，组织教师分组深入家庭，了解学生生活和成长环境，宣传党和国家教育精准扶贫好政策。

第二，继续推进农村学校校建工程。2017 年整合校建资金 17900 万元，实施薄弱学校改造、农村义务教育学校、农村中小学校舍维修改造、义务教育学校办学条件提升工程，新建校舍面积 106571 平方米、新建运动场 96010 平方米，安排项目73个，其中受益贫困村29个。实现了把最漂亮的房子建在学校的目标。以2017年为例，兴国县共投资6542万元，实施项目30个，新建面积60000平方米，新建围墙4796米，建设护坎890立方米。电教装备投入加大，教育信息化步入“快车道”，2017年，统筹资金6503万元，实施了计算机、图书、实验仪器等28个项目。新增计算机3833台，图书121.2万册，信息化设备431套，实验仪器及成套设备119297件，音体美卫设备55019件。全县中小学装备条件明显提升：每校有1套实验教学仪器及成套设备，有1套音体美卫教学仪器，实现1生1桌椅、1生1床等要求，图书、计算机的生均指标均已达标。无论是城区学校还是边远山区学校，校容校貌焕然一新。梅窖中学、均村中学整体搬迁建设与特殊教育学校列入县民生事业PPP项目，总投资1.54亿元，现3个项目均已正式开工。

第三，在全省首创中心学校专业教师“走教”模式。2017年通过全省统考，公开招聘新教师290人，其中特岗教师164人，三支一扶教师14人，其他编内教师113人（其中生源地定向教师5人，定向培养教师104人）；继续实施“定向培养”与“定向招聘”并举，有效破解边远村小、教学点师资难题。2017年共录用农村边远村小、教学点“定向培养”优秀初中毕业生33人，共招聘农村边远村小、教学点生源地定向教师5人；新招聘教师全部充实到农村教育，给农村小学注入了新鲜血液。在全省创造性地建立农村中心学校音乐、体育、美术、计算机等专业教师“走教”制度，让最偏远的农村小学孩子也能享受教育扶贫政策的温暖阳光。

第四，落实学生资助政策，仅2017年，兴国县义务教育寄宿生资助7996人次，其中建档立卡3998人次，发放资助金566.15万元。标准为小学1000元/学年，初中1250元/学年。建档立卡贫困户子女在原基础上每人每年增加500元；特殊教育资助41人次，其中建档立卡41人次，发放资助金3.56万元。标准为小学1200元/学年，初中1450元/学年，建档立卡贫困户子女在原基础上每人增加500元/学年。精准扶贫政策实现了政策全覆盖，做到应助尽助。

2. 兴国县历年来教育扶贫的成效

为了进行纵向比较，本书从历年来兴国县政府工作报告中收集了教育事业发展的相关数据，并制作成下表。为便于比较，将2011年作为参照年份，从中可以看出苏区振兴政策、脱贫攻坚政策实施以来兴国县教育扶贫方面发生的变化及其成效。

表 4-2　兴国县教育扶贫情况（2011~2017 年）

年份	软硬件建设	政府资助	成效
2011	1. 投入 3240.6 万元 2. 新建改建校舍 2.43 万平方米	1. 免除义务教育阶段学生教科书费 1292 万元 2. 发放各类教育补助金 1570 万元	全县高考二本以上首次划线上线人数突破千人大关，达 1061 人
2012	1. 兴国中学新建、实验小学和兴国五中改造、公立幼儿园建设、中小学校舍 D 级危房改造等工程有序推进 2. 农村中小学校学生营养改善计划全面实施	实施了“苏区贫困学子关爱工程”，让 675 名“两红”人员直系后代及孤儿特困生免费就读	—
2013	1. 第二公办幼儿园建成并开园招生 2. 兴国中学、红军子弟小学、城区学校扩容改造稳步推进 3. 新建、扩建中小学校舍 11.9 万平方米 4. 改造农村中小学 D 级危房 2.1 万平方米	深入实施“红军后代贫困学子关爱工程”，850 名红军后代及孤儿贫困生实现免费就读并享受政府生活补助	—
2014	1. 启动建设首批农村中小学教师和园区企业务工人员限价房 258 套 2. 纳入教育部新一轮“全面改薄”实施计划，薄弱学校改造工作经验在全国推广 3. “圆梦蒲公英——农村学生看县城”活动在全国率先启动 4. 兴国中学、思源实验学校等项目稳步推进 5. 良村中小学、高兴中小学顺利搬迁并投入使用 6. 累计建设学校食堂 407 个，全面解决学生喝生水、吃冷饭、睡通铺及租民房上课等问题	881 名红军后代及孤儿贫困生享受免费就读和生活补助	1. 县教育局被评为全国未成年人思想道德建设工作先进单位 2. 县实验小学被评为全国教育系统先进集体

续表

年份	软硬件建设	政府资助	成效
2015	五年来累计： 1. 投入资金 10.9 亿元 2. 实施校建项目 950 多个 3. 新（改）建中小学校舍面积 58 万平方米 4. 迁建学校 20 所 5. 兴国中学、17 所乡镇公办幼儿园顺利开学	五年来，3232 人次红军后代及孤儿特困生享受免费就读和生活补助	义务教育“全面改薄”工作得到教育部肯定
2016	1. 兴国中学如期开学 2. 25 所乡镇公办幼儿园全部完工 3. 61 所薄弱学校改造项目全面建成	—	—
2017	思源实验学校、职工周转房如期完工	—	义务教育均衡发展工作顺利通过国检

注：“—”表示不详。

资料来源：兴国县政府工作报告。

三、义务教育均衡发展自评报告

根据江西省人民政府办公厅《关于印发〈江西省县域义务教育均衡发展督导评估实施办法〉的通知》（赣府厅字〔2013〕101 号）和江西省教育厅《关于印发江西省县域义务教育均衡发展督导评估实施细则的通知》（赣教发〔2013〕14 号）要求，兴国县严格对照评估内容、指标要求，对全县义务教育均衡发展工作进行了自评。现将该县义务教育均衡发展自评情况报告摘要如下。

（一）基本情况

兴国 2016 年全年实现生产总值 141.56 亿元，同比增长 9.3%；财政总收入 15.04 亿元，同比增长 5%，其中地方财政收入 7.6 亿元；城镇居民人均可支配收入和农民人均纯收入分别达到 23872 元和 8794 元。目前，全县有小学 255 所（另有小学教学点 150 个），初中 27 所，九年一贯制学校 1 所，小学在校生 90784 人，初中在校生 38268 人。全县义务教育阶段学校 284 所，即初中 29 所，小学 254 所，特殊教育学校 1 所。义务教育阶段学生 125007 人（初中 37490 人、小学 87467 人、特教 50 人），留守儿童 45585 人（初中 14629 人、小学 30956 人）；专任教师 6543 人（初中 2143 人、小学 4391 人、特教 9 人）。

（二）主要指标完成情况

义务教育学校办学基本标准达标情况。兴国县义务教育阶段公办完小以上学校共283所，特殊教育学校1所，均达到省定基本办学条件。

县域内义务教育学校校际差异情况。小学差异系数为0.3395，初中为0.3139，实现了均衡发展目标。

推进义务教育均衡发展工作情况。对照《江西省县域义务教育均衡发展工作推进状况评分细则》，自评分为98分。主要指标情况如下：

A1. 入学机会（分值20分，自评19.5分）。

B1. 随迁子女就读（分值6分，自评6分）。

C1. 进城务工人员随迁子女就学纳入当地教育发展规划和财政保障体系，与当地学生享受同等政策（分值2分，自评2分）。

近年来，兴国县将进城务工人员随迁子女入学纳入兴国县“十二五”“十三五”教育事业发展规划，将进城务工人员随迁子女生均公用经费纳入了财政保障体系，进城务工人员随迁子女平等享受优质义务教育的权益得到了保障。

C2. 以全日制公办中小学为主接收进城务工人员随迁子女入学；建立进城务工人员随迁子女就学教育档案（分值2分，自评2分）。

坚持以流入地政府为主，以公办义务教育学校为主接收进城务工人员随迁子女入学。印发了《关于做好进城务工人员随迁子女接受义务教育工作的通知》（兴府办〔2014〕45号）、《兴国县外来人员随迁子女接受义务教育实施办法》（兴教基字〔2016〕25号），明确了进城务工人员随迁子女入学升学。2016年，全县进城务工人员随迁子女总数1030人，在公办义务教育学校就读1030人，占比100%。各中小学均建立了全国统一电子学籍和就学档案。

C3. 有进城务工人员随迁子女在就学地参加中考和中招录取办法并得到有效落实（分值2分，自评2分）。

印发了《关于做好2016年中招几项工作的通知》（兴教招字〔2016〕2号），明确了进城务工人员随迁子女在就学地参加中考和中招录取办法，简化报考程序，确保进城务工人员子女在中招录取方面享有与当地生源同等政策待遇。

按照兴国县高中阶段招生政策，在该县就读初三的进城务工人员子女均可正常参加全省统一组织的中考。

B2. 留守儿童学习（分值4分，自评4分）。

C4. 建立以政府为主导、社会各方面参与的留守儿童关爱体系；组织开展关爱留守儿童活动且成效明显（分值2分，自评2分）。

重视留守儿童教育、引导和管理，下发了《关于在全县组织实施“留守孩关爱工程”实施方案》（兴府办字〔2013〕3号），形成了以县教育局牵头，县妇联、县综治办、县人社局、县团委、县关工委共同参与的关爱群体。

各中小学以德育导师制、心理帮扶制为载体，通过定期开展“六个一”活动（举办一场文艺晚会、观看一场电影、阅读一本著作、组织一次“致爸妈一封信”活动、开设一堂感恩教育课、开展一次家访）等，充实学生生活，使他们找到家的感觉，增强学习、生活的信心，体会到学习和成长的快乐。确保关爱留守儿童工作有章可循，关爱到位。

C5. 建立留守儿童档案和联系卡制度；建立结对帮扶、家校联系和心理疏导机制；配备心理健康室和心理辅导老师（分值2分，自评2分）。

建立了留守儿童档案和联系卡制度。

建立了结对帮扶，加强家校联系制度，班主任和任课老师能及时了解班级里的“留守儿童”在学习中存在的问题和困难，加强与家长和监护人的联系沟通，定期向家长汇报学生在校情况，形成学校教育与家庭教育的合力。

建立了心理疏导机制，全县中心小学以上的小学、初中、高中均配备了心理咨询室，并配有专（兼）职心理辅导老师，开设了心理健康教育课程，针对性地开展心理咨询和心理矫正，关注留守儿童心理健康，积极预防心理疾患，为留守儿童打开心结。

进一步完善了留守儿童管护机制，组建了以学校教师为主的教育管护队伍、以德育工作者为主的工作研究队伍、以“五老”等社会力量为主体的关爱帮扶队伍，开展了情感教育、家庭教育、法制教育、挫折教育等，让留守儿童在欢乐、和睦、关爱、幸福、向上的环境中学习、成长。

B3. 特殊儿童教育（分值4分，自评3.5分）。

C6. 有具体的残疾儿童少年确认、登记和组织入学制度（分值1分，自评1分）。

下发了《转发〈省教育厅关于进一步加强我县残疾儿童少年随班就读工作的意见〉》（兴府办字〔2016〕4号），建立完善残疾儿童少年确认、登记和组织入学制度，保障残疾儿童少年受教育的权利。各乡镇建立了比较完善的残疾儿童少年确定、登记和组织入学制度，县教育行政部门确立了“随班就读为主、特教学校为辅”的工作思路，切实保障残疾儿童受教育的权利。

落实了残疾学生招生、转学优惠政策，基本形成了以随班就读为主体，特教学校为补充的支持保障体系，以人力、物力、财力合理配置为内容的资源保障体系，确保各类残疾学生进得来、留得住、学得好。

C7. 按要求建有特教学校且办学条件达到办学标准（分值 1 分，自评 0.5 分）。

建有一所特殊学校，现正在新建一所九年一贯制公办综合性特殊教育学校。校园占地约 30 亩，按照 21 个教学班（其中聋哑 9 个班、智障 9 个班、康复 3 个班），新建校舍 8340 平方米，完善附属配套设施，办学条件基本达到标准，投资约 2000 万元，预计 2018 年投入使用。

C8. 三类残疾儿童少年入学率达到 85% 以上（分值 1 分，自评 1 分）。

全县现有三类残疾儿童少年 214 人，在特殊教育学校就读的有 50 人，在小学随班就读的 133 人，在初中随班就读的 31 人，三类残疾儿童少年入学率 100%。

B4. 学校招生（分值 6 分，自评 5 分）。

C9. 优质普通高中招生名额分配到县域内各初中的比例；比例近 3 年逐年提高（分值 2 分，自评 2 分）。

兴国县积极配合赣州市中招办严格按照市教育局有关文件，将优质普通高中招生名额分配到区域内初中，并逐年提高比例。2014 年以来，将优质普通高中的统招计划划出 70% 以上的均衡名额分配到了区域内各初中，在保证一定生源质量的前提下，最大限度地完成均衡招生计划的原则，确定均衡生录取最低控制线，按考生均衡招生志愿从高分到低分择优录取均衡生。

C10. 义务教育阶段就近入学和划片招生；班额符合规定（分值 2 分，自评 1 分）。

制定了《兴国县义务教育学校招生入学实施细则的通知》《关于兴国县县直初中录取原则及范围的通知》《兴国县 2016 年秋季城区小学一年级新生招生公告》，各中小学严格按照文件精神执行义务教育阶段就近入学和划片招生政策，科学调整义务教育阶段学校学区，确保学生就近入学。义务教育阶段学校班额基本符合规定，但部分人口密集学区尚存在大班额现象。

C11. 未举办与升学和招生挂钩的各种考试（分值 2 分，自评 2 分）。

各中小学认真贯彻《江西省规范义务教育办学行为若干规定》以及省市有关招生工作精神，每年组织贯彻落实情况开展督查，全县义务教育学校未举办与升学和招生挂钩的各种考试。

A2. 保障机制（分值 25 分，自评 25 分）。

B5. 责任制度（分值 5 分，自评 5 分）。

C12. 有县政府出台的“十二五”教育规划、学校网点布局规划（2010～2020）和义务教育学校标准化建设规划（2010～2020）；下达批复的学校建设用地得到落实（分值2分，自评2分）。

坚持把教育摆在优先发展的战略地位，坚定不移地实施“科教兴县”和“人才强县”战略，先后制定出台了《关于印发〈兴国县教育事业发展第十二个五年规划〉的通知》（兴府办发〔2010〕92号）、《关于印发〈兴国县教育事业发展第十三个五年规划〉的通知》（兴府办字〔2017〕4号）、《关于印发〈兴国县中长期教育改革和发展规划纲要（2010～2020年）〉的通知》（兴府发〔2011〕7号）、《关于印发〈兴国县义务教育学校布局专项规划〉的通知》（兴府办字〔2013〕10号）、《关于印发〈兴国县义务教育学校标准化建设规划（2011～2020年）〉的通知》（兴府办字〔2011〕12号）等战略性文件。近年来，兴国县学校建设用地全部为政府无偿划拨供地。

C13. 人大开展教育专题执法检查，政协开展教育专题调研；有教育督导工作方案、总结和督导报告（分值2分，自评2分）。

县人大、政协积极开展教育专题执法检查和专题调研活动。教育督导部门每年及时制定教育督导工作方案、计划或思路，并依计划开展教育督导工作，做到及时做好情况总结、及时发布督导报告。

近年来，县人大开展了“中小学队伍建设情况”“学生营养餐改善”专题调研和检查。县政协开展了“兴国县青少年校外教育现状调查与发展建议”“兴国县中小学教育网点设置情况”的专题调研。

C14. 督导机构健全，人员配备到位；建立督导责任区并按要求配备督学（分值1分，自评1分）。

按要求设立了县政府教育督导室，设有督导室主任1名，副主任2名，下发了《关于聘任学校挂牌督导责任督学及督学责任区建设的通知》，聘请了专职和兼职督学36名。建立了7个督学责任区，每个责任区配备了专职和兼职督学5名，定期对全县教育工作进行督导评估。

B6. 学校标准化（分值4分，自评4分）。

C15. 科学制定学校规划布局，按计划完成学校标准化建设任务（分值2分，自评2分）。

出台了《兴国县2013～2015年农村义务教育学校标准化建设工程规划》《兴国县2011～2020年义务教育学校标准化建设规划》，扎实推进义务教育学校标准化建设。

C16. 按计划完成农村义务教育薄弱学校改造工作（分值2分，自评2分）。

制定了《关于印发兴国县2014～2018年全面改善贫困地区义务教育薄弱学校基本办学条件项目规划》（兴府办字〔2015〕2号），按计划如期完成薄改任务，兴国县"全面改薄"工作经验2014年在全国推进会上作典型经验介绍，2016年代表江西省在教育部官方网站展播，得到国家、省、市教育部门的高度认可。

B7. 经费保障（分值10分，自评10分）。

C17. 将义务教育经费全额纳入财政预算并单独列项；近三年（2014～2016年）教育经费达到"三个增长"；地方财政教育支出占一般预算支出的比例达到规定要求（分值3分，自评3分）。

全面落实"以县为主"教育经费管理体制，义务教育经费全额纳入财政预算并单独列项，教育经费达到"三个增长"。

①2014～2016年公共财政教育经费拨款为86871万元、94580万元、109133万元，分别高于财政经常性收入增长的5%、5.9%、15.4%。②预算内义务教育学校年生均教育事业费逐年增长；2014～2016年小学生均公共财政预算教育事业费支出分别为5012.7元、5575.1元、6553.7元，分别比上年增长33.8%、11.2%、17.6%；2014～2016年初中生均公共财政预算教育事业费支出分别为6902.4元、7648.3元、8061.7元，分别化上年增长52.4%、10.8%、5.4%。③预算内义务教育学校年生均公用经费达到省定标准；2014～2016年小学教育拨付年生均公用经费2227.18元、2381.33元、2528.68元，分别比上年增长64.5%、6.9%、6.2%；2014～2015年初中教育拨付年生均公用经费3578.81元、3624.32元、3715.48元，分别比上年增长124%、1.3%、2.5%。④地方财政教育经费支出占一般预算支出的比例达到规定要求。2014年教育经费支出为86871万元，一般公共财政预算支出为313000万元，教育经费支出占公共预算支出的27.75%。2015年教育经费支出为94580万元，一般公共财政预算支出为367397万元，教育经费支出占公共预算支出的25.74%。2016年教育经费支出为109133万元，一般公共财政预算支出为404705万元，教育经费支出占公共预算支出的26.97%。

C18. 教育费附加按增值税、营业税、消费税的3%，地方教育附加按增值税、营业税、消费税的2%足额征收；城市建设维护税按10%～15%划拨；以上征收税款按规定全部用于教育（分值3分，自评3分）。

①教育费附加做到了足额征收并全部用于教育。2014～2016年城市教育费

附加分别为1918万元、2332万元、2600万元，全部用于教育。②地方教育费附加做到了全部用于教育。2014～2016年省返地方教育费附加1025万元、923万元、1441万元，全部用于教育。③城市建设维护税按10%计提用于教育资金，2014～2016年城市建设维护税为299.1万元、400.8万元、451万元，全部用于教育。

C19. 农村税费改革转移支付资金用于义务教育的比例达到省定要求；土地出让净收益中按10%比例足额计提教育资金并全部用于教育（分值2分，自评2分）。

①农村税费改革转移支付资金用于义务教育的比例达到了省定要求。县级财政统筹安排资金及时拨付了农村税费改革转移支付资金用于义务教育的校舍建设和教师调资政策；②土地出让金净收益的10%计提用于教育资金，2014年为4406万元，2015年、2016年无土地出让金净收益，全部用于教育。

C20. 教育主管部门根据财政年初教育经费预算总量安排使用计划并细化到校；不足100人的农村小学及教学点按100人核拨公用经费（分值2分，自评2分）。

义务教育学校自2005年起开始编制部门预算，部门预算细化到校。

不足100人的农村小学及教学点按100人核拨生均公用经费，2014～2016年累计划拨100人以下农村小学、教学点生均公用经费补差2277.5万元。

B8. 规范经费管理（分值6分，自评6分）。

C21. 教育经费管理和使用规范，不存在虚报学生人数套取教育专项资金情况；有向农村地区薄弱学校倾斜的财政投入政策或专项资金（分值2分，自评2分）。

认真落实义务教育“以县为主”管理体制要求，教育经费实行县统筹。将各项教育经费全部纳入县级集中核算。为加强中小学财务管理，近几年先后出台了《兴国县中小学财务管理办法》《兴国县中小学食堂财务管理办法》《兴国县中小学公用经费管理使用办法》等文件，进一步规范了中小学财务行为，兴国县不存在虚报学生人数套取教育专项资金情况，做到了义务教育经费向薄弱农村学校倾斜。

C22. 国家和省下拨助学资金及时拨付到位，做到专款专用，无截留挪用（分值1分，自评1分）。

全面落实家庭经济困难学生资助政策，国家和省下拨的经费及时拨付到位，并做到专款专用，按时足额发放到位，无截留挪用。2014～2016年分别补助义务教育家庭经济困难寄宿生 7967 人次、8059 人次、8082 人次，补助资金 953.78 万元、1078.2 万元、1096.28 万元。

C23. 义务教育学校无新债务（分值 1 分，自评 1 分）。

所有中小学校全部纳入国库集中支付管理，实现了“校财县管”，全县义务教育学校不存在新增债务。

C24. 义务教育学校无违规收费现象（分值 1 分，自评 1 分）。

全面落实了教育收费责任制和公示制。每年及时印发有关收费政策文件，明确收费项目、收费范围和收费标准；层层签订了治理教育收费工作责任书。不存在违规收费现象。

C25. 教育督导经费列入财政预算；教育督导经费在财政预算中单列（分值 1 分，自评 1 分）。

兴国县专门成立教育督导室，配备人员，将教育督导经费列入财政预算并单列，每年拨付 20 万元。

A3. 教师队伍（分值 35 分，自评 34.5 分）。

B9. 教师待遇（分值 8 分，自评 8 分）。

C26. 全面实施义务教育绩效工资制度；教师平均工资水平不低于当地公务员的平均工资水平并逐步提高（分值 2 分，自评 2 分）。

①兴国县实施了义务教育绩效工资制度，出台了《兴国县义务教育学校绩效工资发放办法》，并每年根据工资调整情况进行适当调整。②兴国县教师年平均工资：2014 年为 40918 元，2015 年为 54481 元，2016 年为 58861 元，均略高于本地公务员年均基本工资。

C27. 教师“三保一金”和其他的福利待遇得到落实（分值 3 分，自评 3 分）。

兴国县建立健全了教师的社会保障体系，教师“三保一金”（养老保险、医疗保险、失业保险和住房公积金）均按规定足额及时落实到位。2014 年县财政拨付了医保 1655.3 万元，公积金县配套 1267.7 万元；2015 年县财政拨付了医保 1780.9 万元，公积金县配套 1918.3 万元；2016 年县财政拨付了医保 2153.2 万元，公积金县配套 3456.6 万元。

C28. 农村学校教师和特殊教育学校教师津补贴政策得到落实（分值 3 分，自评 3 分）。

全面落实农村学校教师补贴政策。①省农村艰苦边远地区教师特殊津贴。兴国县严格按上级下拨的金额及时足额下发，2014 年受益人数 2760 人，发放总金额491.4万元；2015年受益人数2765人，发放金额687.6万元；2016年受益人数2862人，发放金额688.7万元。②乡村学校教师生活补助。从2014年1月起，对在该县乡村学校工作的教师发放生活补助，发放标准为每人每月200元，发放对象调离（含借调）乡镇学校后不再享受生活补助。2014年月平均发放人数4668人，发放资金总额为1172.66万元；2015年月平均发放人数为4907人，发放资金总额为1177.64万元，2016年月平均发放人数4966人，发放资金总额为1191.62万元。③乡镇工作补贴。县政府出台政策，切实提高农村教师待遇。2012年起，兴国县农村中小学教师享受乡镇工作补贴，根据乡镇的边远程度，分为每人每月80元、100元、120元3个档次，由县财政负担。2015年，提高了乡镇补贴标准，即按乡镇工作年限10年以下的200元/月、10~20年的300元/月、20年以上的400元/月，在此基础上按乡镇边远程度，次边远乡镇和最边远乡镇分别提高50元/月、100元/月发放。近3年来，全县农村中小学教师乡镇工作补贴发放总资金2877.262万元，其中：2014年594.104万元；2015年392.528万元；2016年1890.63万元。

落实特殊教育学校津补贴政策。严格执行上级文件精神，及时随每月工资发放特殊教育学校津贴。2014~2016年累计发放特殊教育学校教师特殊津贴34.8997万元。

C29. 农村学校教师周转房能满足异地任教和支教教师住宿需要（分值1分，自评1分）。

兴国县农村学校教师周转房能满足教师异地任教和支教教师的住宿需求。兴国县农村共有705名异地任教和支教教师，现有教师周转房共1140间，建筑面积31850平方米，基本配套了公共卫生间、浴室和食堂，能满足使用要求。为进一步改善农村教师住宿条件，兴国县加大了农村中小学“教师周转房”的建设力度。2014年启动的农村义务教育标准化建设项目中安排资金1680万元，建设教师宿舍面积13800平方米（约552间）。2015年在校舍维修项目中安排资金796万元，计划建设教师宿舍5800平方米（约232间），项目已完成。2016年，获得教师周转宿舍专项资金360万元，安排新建周转宿舍60套，建筑面积2100平方米。

B10. 师资配备（分值8分，自评7.5分）。

C30. 教师配备符合省定标准（分值2分，自评1.5分）。

教职工编制配备整体上符合省定标准。2008年省编办核定兴国县中小学校教职工编制6046人，现有中小学校教职工7572人。现义务教育学校师生比如下：

城区小学教职工 954 人，学生 22457 人，师生比 1∶23.5；

农村小学教职工 3569 人，学生 68094 人，师生比 1∶19.1；

城区初中教职工 599 人，学生 11581 人，师生比 1∶19.3；

农村初中教职工 1590 人，学生 27465 人，师生比 1∶17.2。

C31. 学科、班级教师配备合理；近 3 年招聘教师优先补充到农村、偏远地区学校（分值 3 分，自评 3 分）。

学科、班级教师配备日趋合理。每年招聘新教师 400 多名补充到农村、偏远学校任教，教师队伍年龄、学科、职称结构更加优化，已基本实现县域内教师配置均衡。

C32. 近三年新补充教师数不少于自然减员数，无“有编不补”现象；无聘用代课人员现象；将教师招聘纳入全省统一招聘（分值 3 分，自评 3 分）。

①近三年来，兴国县教师自然减员数共 362 名（其中：2014 年 117 名，2015 年 131 名，2016 年 114 名），补充新教师共 1362 名（其中：2014 年 381 名，2015 年 494 名，2016 年 487 名），新教师补充数远大于自然减员数。②兴国县正式教师数量基本满足教学需要，无“有编不补”现象，无聘用代课人员现象。③兴国县自 2010 年以来，将教师招聘纳入全省统一招聘，是最早纳入省统招的县市之一。为保障教育教学基本师资需求，该县充分利用国家“特岗计划”和招聘“定向预备教师”（1 年以后列编，定向分配到农村边远学校，服务期不少于 5 年），有效补充教师缺额。

B11. 校长教师交流（分值 6 分，自评 6 分）。

C33. 有义务教育学校校长、教师队伍定期交流制度；每年教师交流人数达到教师总数的 10%（分值 4 分，自评 4 分）。

兴国县有效推行义务教育阶段校长、教师交流轮岗，促进城乡教育均衡发展。一是建立了名师、骨干教师、学科带头人“送教下乡”活动常规制度；二是以“三区”人才支持计划支教活动为推手，实施义务教育阶段学校校长教师交流轮岗制度。2013 年以来，已有 365 名骨干教师参加“三区”人才支持计划支教活动。2015 年制定了《兴国县义务教育校长教师交流轮岗实施方案》（兴府办字〔2015〕71 号）。2016 年，从县直小学选派若干名副校长到乡（镇）小学交流轮岗。两年来，共有 464 名教师参加交流轮岗，其中：2015 年参加义务教育阶段交流教师 231 人，占应交流轮岗人数的 12.6%，其中参加交流轮岗的骨干教师 50 人，占交流轮岗人数的 21.6%。2016 年，全县中小学参加交流轮岗教师

233 人，占应交流轮岗人数的 14.5%，其中参加交流轮岗的骨干教师 65 人，占交流轮岗人数的 27.9%。

C34. 做到城镇中小学教师晋升高级职称和城镇新任教师，均到薄弱学校或农村中小学任教一年（分值 2 分，自评 2 分）。

出台了《关于切实做好城区中小学教师定期到农村服务工作的意见》，实行城镇中小学教师晋升高级职称和城镇新任教师均必须到薄弱学校或农村中小学任教一年。

B12. 师资培训（分值 7 分，自评 7 分）。

C35. 有在职教师培训制度和教师培训规划（分值 1 分，自评 1 分）。

兴国县制定了《兴国县中小学教师继续教育管理办法》，制定了 2014～2016 年教师培训工作规划和每年的教师培训工作计划，每年自主培训 8～10 期，有序、有效、按需开展教师培训。

C36. 有教师进修学校并与电教、教研资源整合，正常开展县域内校长、教师培训工作；组织全员远程培训参训率、合格率均达到 90% 以上（分值 2 分，自评 2 分）。

①兴国县有教师进修学校 1 所，系全国示范性县级教师培训机构，学校按照“优势互补、共享资源”的原则，与电教、教研整合资源开展校长、教师培训工作、开展现代教育技术培训和竞赛，聘请教研员上课、讲座等。②积极认真组织全员远程培训，组织全员远程培训参训率、合格率均达到 90% 以上，其中 2014 年参训率 99.8%，合格率 99.97%；2015 年参训率 100%，合格率 98.6%；2016 年参训率 99.96%，合格率 97.63%。

C37. 积极组织中小学教师参加“国培计划”，教师参训率、合格率达到 95% 以上（分值 2 分，自评 2 分）。

重视“国培计划”项目实施，系省“国培计划”项目实施县。“国培计划”教师参训率、合格率均达到 95% 以上，其中：2014 年参训教师 1759 人，参训率 99.27%，合格率 100%；2015 年参训教师 3793 人，参训率 99.87%，合格率 99.13%；2016 年参训教师 2523 人，参训率 99.37%，合格率 97.82%。

C38. 中小学教师培训经费列入财政预算；按年度公用经费预算总额的 5% 足额用于教师培训；无挪用、套取培训专项经费行为（分值 2 分，自评 2 分）。

①兴国县中小学教师培训经费列入财政预算。②全县中小学预算内公用经费累计开支师资培训费 1450 万元，占预算内公用经费总额的 5.0%。③兴国县无挪用、套取培训专项经费行为。

B13. 师德建设（分值 3 分，自评 3 分）。

C39. 有师德考核制度，将师德师风建设作为教师年度考核、职务评聘、评先评优的重要内容（分值 1 分，自评 1 分）。

兴国县基本完善了师德考核机制，建立了教师师德档案，实行过程性考评与年终考核相结合的师德考核办法。2016 年，出台了《兴国县中小学、幼儿园教师师德考核工作实施意见》（兴教发〔2016〕3 号），全面推行学生（家长）民主评议教师、教师互评互议制度；进一步规范了师德年度考核制度，突出师德考核结果的运用，将师德考核结果记入个人人事档案，并作为学校综合评估、绩效考核、职称评审、评优评先、教师资格定期注册的首要内容，实行师德问题"一票否决"。

C40. 每年开展师德师风主题活动、优秀教师表彰及走访慰问教师活动（分值 1 分，自评 1 分）。

兴国县坚持师德师风教育"三个结合"，即与正行风、促服务、树形象相结合；与教师培养培训相结合，与学校日常管理相结合，多措并举，切实开展师德师风主题教育活动。近年来，该县各级各类学校开展了形式多样、丰富多彩的师德师风教育活动，通过树典型、办讲座、搞演讲、研讨交流、"师德践诺""青蓝结对"等多种形式，创新活动载体，丰富活动内涵，推动教师内化师德要求，实现自我提高。各级各类学校深入开展了"干部下基层、教师访万家""立德树人，做龚全珍式的好教师""万师访万家"等主题教育活动，通过开展一系列的师德师风实践活动，进一步提高了教师队伍"为民务实清廉"的服务意识，努力打造一支忠诚于教育事业，为人师表、关爱学生、群众满意的教师队伍。2016 年 5 月，经学校申报、专家评审、公开公示，该县兴国六中、平川中学、实验小学、第二幼儿园、枫边中学、高兴小学、特殊学校 7 所学校申报全省第二批中小学师德师风示范学校。

每年教师节，县四套班子领导都要到学校走访、慰问教职员工，关心他们的工作与生活，并现场解决教育工作存在的问题。并每年召开全县教育工作总结表彰大会，对评选出的"优秀教师""优秀教育工作者""优秀班主任""师德标兵""最美乡村教师"等优秀教师以及取得突出成绩的学校进行表彰。近 3 年来，县教育局被评为"全国未成年人思想道德建设工作先进单位"，实验小学被评为"全国教育系统先进集体"，兴国六中、平川中学、高兴小学等学校被评为"省级文明单位""市级文明单位"，陈秀东、梁振腾、周岚峰等先后被评为"全省师德先进个人""全市师德标兵"；王根生、王振平等被评为"全省最美乡村教师”；余振亮、李文卿2人被评为“全市最美乡村教师”；陈明等被评为“全省优秀班主任”“全省模范教师”；先后有近20人被评为全市“优秀教育工作者”“优秀教师”等，60人被评为“兴国县第一届名校长名班主任名学科教师”，有600余人被评为县“师德标兵”“优秀教师”“优秀班主任”等。

C41. 无有偿补课、有偿家教和违规征订教辅资料等行为（分值1分，自评1分）。

兴国县广大中小学教师认真贯彻《江西省中小学教师职业道德“八不准”》和《赣州市教师职业道德“七项严禁”》，全县中小学教师无有偿补课、有偿家教和违规征订教辅资料等行为。

B14. 管理体制（分值2分，自评2分）。

C42. 全面落实“以县为主”管理体制；人事关系归口教育行政部门（分值2分，自评2分）。

全面落实教育“以县为主”管理体制区域内教师人事关系归口教育行政部门，由县教育局统一管理，统筹配置教师资源。

A4. 质量与管理（分值20分，自评20分）。

B15. 课程建设（分值3分，自评3分）。

C43. 所有学校开足开齐课程，认真执行课程标准和课时计划（分值3分，自评3分）。

制定印发了《义务教育课程计划》等文件，全县中小学校认真贯彻执行课程标准和课时计划，开足开齐课程。

B16. 巩固率（分值5分，自评5分）。

C44. 推行“双线控辍”工作目标责任制（分值1分，自评1分）。

认真落实推行“双线控辍”工作目标责任制，并纳入年度工作目标考核内容；县教育局和各乡镇、街道都成立“控流保学”领导小组，把“控流保学”工作纳入工作日程，专人负责；各校、各年级、各班层层签订“控流保学”责任状，把动员入学和控制辍学落实到实处，责任到人。

C45. 九年义务教育巩固率达93%以上（分值2分，自评2分）。

2016年，全县初中三年级在校学生数为11467人；2008年，全县小学一年级在校学生数为11695人；九年义务教育巩固率为98.05%。

C46. 小学在校学生年辍学率控制在0.5%以内（分值1分，自评1分）。

2016学年小学在校学生90784人，小学学生辍学136人，辍学率为0.15%。

C47. 初中在校学生年辍学率控制在1%以内（分值1分，自评1分）。

2016 学年初中在校学生 38286 人，年初中学生辍学 83 人，辍学率为0.22%。

B17. 规范办学（分值5分，自评5分）。

C48. 建立科学合理的评价体系，不以升学率和考试成绩作为唯一评价依据（分值1分，自评1分）。

积极探索教育评价体系改革，修订完善了《兴国县中小学教学质量综合评价方案》，积极发挥中小学教学质量综合评价方案的引导作用。在方案中逐年增加学生素质教育权重，注重学校发展的全面性与特色性，通过纵向与横向的比较，速度与效率的比较，公正、公平地评价每所学校，调动了学校的积极性，激发了教师的潜能。

C49. 未设重点校，不以学生成绩分快慢班、重点班；无公办义务教育择校现象（分值1分，自评1分）。

该县义务教育阶段学校无设重点班，无择校现象。

C50. 有减轻学生课业负担的措施，学生课业负担控制在合理范围内（分值1分，自评1分）。

各中小学认真贯彻《江西省规范义务教育办学行为若干规定》《赣州市义务教育阶段学生减负十项规定（试行）》，制定印发了《关于规范初中小学作业布置与批改的指导意见》，每年开展专项督查，学生课业负担得到有效减轻。

C51. 无利用节假日、公休日组织学生补课现象（分值1分，自评1分）。

严格执行《江西省规范义务教育办学行为若干规定》，兴国县义务教育阶段学校无利用节假日、公休日组织学生补课现象。

B18. 体质健康（分值4分，自评4分）。

C52. 全面实施《国家学生健康标准》，建立学生体质健康档案，开展学生体质标准检测；学生体质健康及格率达85%以上（分值2分，自评2分）。

全面实施《国家学生健康标准》，举办了《学生体质健康标准》培训班，拟定了《国家学生体质健康标准》的测试计划，建立了学生体质健康档案，按要求开展了学生体质健康标准测试，学生体质健康及格率小学达85.1%，初中达85.3%。

C53. 开展“阳光体育”活动，保证学生每天一小时的校园体育活动时间；学校每年举办一次校运会（分值2分，自评2分）。

贯彻省教育厅《关于做好2013年至2014年全省百万学生阳光体育冬季长跑活动的通知》的要求，印发了《兴国县“体育、艺术2+1项目”实施方案》和

《兴国县中小学生每天1小时校园体育活动实施方案》，坚持每两年召开一届全县中小学运动会和单项体育竞赛活动。全县中小学自觉执行课程计划，体育“两课”“三操”“两活动”规范操作，举办一次校运会，大课间活动扎实开展，确保所有学生每天锻炼1小时。

B19. 学校安全（分值3分，自评3分）。

C54. 学校安全制度、机构、人员、设施健全；校园及周边环境安全有序，学校周边200米范围内无网吧、电子游戏室等经营性场所，无非法经营报刊点和饮食摊点（分值1分，自评1分）。

兴国县高度重视学校安全工作，成立了由县长为组长，教育、公安、市场监管、文广、交通、卫生、城管等部门（单位）主要负责人为成员的领导小组；成立了县综治委校园及周边治安综合治理专项组。制定了《综治工作职责》《综治工作制度》《兴国县学校安全管理责任追究办法》《兴国县教育系统突发公共事件应急预案》《兴国县学校安全隐患基础台账》《兴国县学校综治安全工作考核评估方案》等，完善了社会安全、事故灾难、公共卫生、自然灾害等各类突发事件应急预案；教育局与学校、学校与教师、学校与家长均签订了安全责任状。明确了各校校长为综治安全工作第一责任人，各校加强人防、物防、技防、心防建设，安全制度、机构、人员、设施健全，做到了人员、责任、装备三落实，形成了党政工团齐抓共管的局面。

县综治委校园及周边治安综合治理专项组成员单位认真履职，每年春秋两季都开展了校园及周边环境专项整治活动，加强了学校周边经营单位和场所、食品卫生、环境卫生的管理，清查了学校周边的中小旅店、出租房屋、洗浴按摩等特种行业，确保了校园及周边环境安全有序。全县各学校周边200米范围内无网吧、电子游戏室等经营性场所，无非法经营报刊点和饮食摊点。

C55. 学校未发生重大安全责任事故（分值2分，自评2分）。

目前，兴国县学校综治安全工作态势良好，教师爱岗敬业，学生健康向上，学校秩序良好，校园周边环境和谐稳定，学校未发生重大安全责任事故。

（三）小结

从上述自评报告看，兴国均衡教育确实取得了不俗的成绩，其原因主要是两个方面。

一方面是国家政策的大力支持。近年来，国家先后出台了振兴赣南等原中央苏区的政策和精准扶贫、精准脱贫的政策，两项政策叠加，政策效应明显，中央财政资金加上国家烟草专卖局的对口支援、省市县政府的资金，共计投入了十几亿元，极大地改善了兴国全县教育基础设施、设备情况，有力改善了师资供给情况，提升了师资质量，从而从根本上改善了兴国县教育长期亟待解决而没有解决的一项关键性问题，均衡教育发展取得了巨大成绩，为从根本上改变兴国贫困落后的面貌打下了坚实基础，脱贫攻坚路上的最大拦路虎基本上得到了解决。

另一方面是兴国县党委政府的高度重视。兴国县委县政府高度重视教育扶贫，高位推进教育均衡发展，不仅严格执行上级各项政策，而且发扬革命传统，开展创造性工作，既在资金上给予大力支持，也在机制上不断完善，而且党委政府主要领导高度重视，频繁到教育系统调研，现场办公，解决教育扶贫、均衡发展的实际问题，不断完善教育发展的基础设施、设备，不断完善教师队伍的数量和质量，近年来招聘教师3000多人，并且培训了大批教师。不断提升教师待遇，不断改善教师生活工作环境；不断改善学生学习、生活环境，创新学生营养餐。随着兴国教育基础设施、教学环境的不断完善，兴国教育脱贫的步伐不断加快。

第三节　安远县

一、教育扶贫政策

2013年，安远县提出了“发展大教育”的战略构想，使教育居于全县“一个统领，五大战略”的重要位置，将教育提升到新的高度，从更广的领域、更高的高度谋划教育发展，提出打造优秀基础人才培养基地、技能型人才输出基地和优质继续教育培训基地的教育发展目标，坚持把最好的房子建在校园，把最美的环境留给师生，努力克服县域财政困难，用最实在的措施支持教育发展、改善教育环境。2014年出台《关于发展安远大教育的实施意见》，提出了深化教育综合改革、加强教育基础设施建设、加强教师队伍建设和人才保障工作、扎实推进基础教育、加大力度做强职业教育、积极完善提升继续教育、用好各类资源服务教育发展七大举措；之后，先后下发《安远县2014～2016年义务教育学校标准化建设计划》《安远县教育改革发展试验区工作方案》《关于发展现代职业教育的实施意见》《安远县教育精准扶贫工作实施方案》《安远县中职学校贫困生帮扶资助办法》《安远县2017年教育精准扶贫攻坚工作方案》《安远县高、中考奖励办法（试行）》等一系列文件，指导全县教育全面、协调、健康发展。安远教育扶贫政策主要体现在加大学生资助力度、倾斜支持农村教育发展两大方面。

（一）学生资助政策

与赣州其他县（市、区）一样，安远县的贫困家庭学生资助政策同样优先保障建档立卡贫困对象。

学前教育。对符合入园年龄条件，在经县级教育行政部门审批设立的公办幼儿园及普惠性民办幼儿园就读的贫困家庭儿童、烈士子女、孤儿和残疾儿童予以每人每年1500元资助。

义务教育。对就读义务教育阶段贫困家庭寄宿生分别按照小学生每人每年1500元、初中生每人每年1750元的标准予以生活补助。同时，实施义务教育阶段孤儿免费集中就读，集中就读“阳光少年”免除全部学杂费，并给予每生每月700元生活费补助。

普通高中教育。按平均每人每年2000元标准，对就读普通高中的贫困家庭在校学生发放国家助学金。按安远一中每人每年800元、安远二中每人每年360元标准，对普通高中贫困家庭在校学生实行免学杂费。同时，由县财政统筹资金，对建档立卡的普通高中学校贫困生按每人每年2000元标准进行资助。

中等专业教育。落实中等专业教育免学费、国家助学金政策以及建档立卡贫困生帮扶资助。包括按每人每年850元标准，对中等专业教育学生实行免学费；按每人每年2000元标准，为贫困家庭中职学生发放国家助学金；按照《关于印发安远县中职学校贫困生帮扶资助办法的通知》（安府办字〔2015〕55号）文件要求，按住校生每人每年3530元、走读生每人每年3130元标准，继续对贫困家庭学生进行职业学历教育资助。

高等教育。对当年考取全日制普通高等学校（含独立学院和民办高校）的贫困家庭学生，每人一次性给予高考入学政府资助金6000元，对当年考取全日制普通高等学校（含独立学院和民办高校）的贫困家庭学生，每人一次性给予新生入学资助金省内500元、省外1000元。同时，按照每生每学年不超过8000元的标准和应贷尽贷的要求，为当年录取和在校就读全日制大专以上院校（含独立学院和民办高校）的贫困家庭大学生办理国家生源地信用助学贷款。

（二）农村教育支持政策

充实师资。培养农村中小学教师，全年定向培养农村小学教师20名，招聘“特岗教师”50名，进一步优化农村学校教师队伍结构。

改善待遇。全面落实贫困乡村教师生活补助政策，落实艰苦边远地区农村中小学教师特殊津贴政策，边远地区每人每月300元，最边远地区每人每月

500 元。

完善教育设施。改善贫困村教育教学设施，加强贫困村学校管理和校园文化建设，实现硬件、软件同步提升。

稳步推进农村义务教育学生营养改善计划。2017 年按照每生每天 4 元的标准（不含双休日和节假日），全年按在校时间 200 天计算，为全县 161 所农村义务教育学校学生提供营养供餐服务。同时，加快推动供餐模式由课间餐向食堂供餐转变，并将营养餐食材供应与贫困户发展产业扶贫有机结合，探索建立产业扶贫新路子。

创造性地实施全县孤儿免费集中县城就读，孤儿就读所需经费全部由县财政兜底，县财政设立专项资金，按每人每月 700 元的标准给予免费集中就读孤儿补助生活费。

二、教育扶贫的实施情况

（一）总体情况

1. 高度谋划教育发展工作

安远把教育扶贫提升到新的高度，从更广的领域、更高的高度谋划教育发展，深入推进教育领域综合改革，进一步提升教育发展内涵，推动教育全面、协调、均衡、可持续发展，努力办成群众共享、人民满意的教育，着力建设优秀基础人才培养基地、加快打造优秀技能型人才输出基地、努力建设优质继续教育提升基地，下发了《关于发展安远大教育的实施意见》《安远县推进教育改革发展试验区建设工作方案》等一系列发展大教育的文件，明确了发展安远大教育的任务书、路线图、时间表。全县教育布局逐步完善，学前教育、义务教育、高中阶段教育和特殊教育、青少年校外教育、教师教育等门类比较齐全，各类教育快速发展，育人水平稳步提高，初步构建了人人有学上、个个上好学的局面。

2. 全力改善办学条件

安远县积极申报、争取省、市教育校建项目，共筹措资金 19363.6 万元，实施了全面改薄资金、校舍维修改造、农村初中寄宿制工程、省级农村义务教育学校标准化建设、义务教育均衡发展项目等一大批项目工程，通过项目的实施，办学条件得到了极大改善。2014 年，安远县在扎实推进上级批复项目的基础上，实施了义务教育学校标准化建设“三年推进计划”，县乡两级筹措资金 1.2 亿元，建设学校 168 所，实现了全县义务教育学校标准化建设全覆盖；同时积极推动学前教育发展，投入近 1 亿元建设全县 18 个乡镇公办中心幼儿园；优化、整合全县优质教育资源，投资6.1亿元在新城区规划建设占地799亩的教育园区，新建安远一中、思源实验学校和继续教育培训基地。2017年安远县积极筹措资金3520万元，实施全县中小学“运动校园”建设；同时，启动智慧校园建设工程，计划用3年时间打造以移动终端、智慧教学、智慧教育云等为主要标志的智慧校园环境。

安远县还积极推进农村义务教育薄弱学校改造计划装备项目建设，2010～2013年教学装备类项目总投资2076万元，其中中央资金1768万元、省级资金308万元，主要用于购置音体美器材、中小学实验室成套设备、实验仪器、班班通多媒体设备、图书、课桌凳等，通过近几年薄弱学校改造项目的实施，安远县教学装备水平有了显著提高，城乡差距正在逐渐缩小。

通过各类项目的实施，努力为办成大教育、办好大教育筑牢基础。安远教育基础条件尤其是农村校园环境发生了翻天覆地的变化，过去矮小昏暗、破破烂烂的木瓦房不见了，取而代之的是充满现代气息、富有文化内涵的标准化学校。如今，安远县各中小学校面貌焕然一新，安远老百姓纷纷点赞，真正实现了安远最漂亮的房子在学校，最优美的环境在校园。学校办学条件的全面改善，为深入推进教育领域综合改革，提升教育发展内涵，推动教育全面、协调、均衡、可持续发展，促进教育公平，努力办成群众共享、人民满意的教育奠定坚实的基础。

3. 加强师资队伍建设

安远县积极探索开辟补充农村紧缺师资的绿色通道，建立“县管校用”义务教育教师管理制度，推进城乡义务教育资源均衡配置。

一是拓宽教师引进渠道。采取自主招聘、全省招聘、特岗计划、定向委培等途径，拓宽教师引进渠道。

二是加强教师培训工作。县财政多方面统筹教师培训资金，保证教师培训工作正常开展；同时按照“招录一批、培训一批、交流一批”的办法，实施“一村一师工程”和“名师培养工程”，充实和优化城乡师资队伍。

三是积极改善教师待遇。县委政府深入基层调研，制定了科学合理、切实可行的绩效工资实施意见和教师绩效考核制度。近年来，全县教师工资大幅上涨；为改善教师待遇，在全市乃至全省率先实施教师职称全员聘任制和按时晋档制度，对现有的中级和高级职称教师实行全体聘任，有效解决了教师职称聘任和工资晋档问题。

四是加大奖励教师力度。加大教育激励力度，县财政每年投入100万元设立奖学奖教基金，各乡（镇）相应设立奖学奖教基金，鼓励基层学校筹措资金对教育教学业绩优异的教师进行奖励。开展好每年教师节庆祝表彰活动。建立名优教师奖励激励机制，实施名优教师引领示范工程，构建“教坛新秀→骨干教师→学科带头人→特级教师”教师专业化成长路径，努力打造了一支乐教、能教、善教的教师队伍。

五是实现县域内校长教师资源均衡配置。为解决边远学校教师紧缺和教师资源配置问题，县委、县政府多次与县直有关部门负责人商讨，决定在核定编制与补充教师上向边远山区学校倾斜，增加边远山区中小学教师编制，通过“特设岗位”等途径，吸引和选拔大批的大专院校毕业生到乡村从教，并在工资待遇、评先评优、进修培训、职称评定等方面向农村教师进行倾斜。出台《安远县义务教育阶段校长教师交流轮岗工作实施方案》，规范有序组织校长教师交流轮岗，推进县域内优质校长教师资源共享，实现县域内校长教师资源均衡配置；开辟绿色通道，吸引更多的人才投身安远教育事业，2013～2016 年，全县共招录教师 931 名。

目前，安远县营造了良好的尊师重教氛围，全县尊师重教蔚然成风，教师爱岗敬业，拥有全国“五一劳动奖章”获得者、全国教育系统优秀工作者、全省“最美乡村教师”等 300 多位名师。

4. 扎实推进教育扶贫

安远县全面落实了教育扶贫学生资助有关政策，全力促进各类教育公平，实现了政府助学项目从学前教育到高等教育各个阶段教育的全覆盖。同时，县政府还通过增设资助项目或追加资助资金，确保了建档立卡贫困家庭学生充分得到资助。

一是落实学前教育资助提标政策，实现建档立卡贫困户幼儿全覆盖。全面落实建档立卡贫困户幼儿资助新标准，每生每年资助 1500 元。2016 年，为实现所有建档立卡贫困户幼儿获得资助全覆盖，在上级下拨资金 100. 3 万元的基础上，县财政追加资金 197. 15 万元，让 1983 名建档立卡贫困户幼儿全部享受学前教育资助（黄俊，2017）。

二是实施义务教育阶段孤儿免费集中就读。从 2012 年起，实施孤儿学生在县城免费集中就读政策。孤儿统一集中安排到思源实验学校随班就读，目前在校孤儿学生 23 人，其中小学 10 人，初中 13 人。县政府下拨专项资金保证孤儿免费就读，所有在思源实验学校就读的“阳光少年”其床上用品、伙食费、生活补助等费用，按每人每月 700 元的标准给予补助（黄俊，2017）。

三是加大普通高中建档立卡贫困户子女资助力度。县财政增设普通高中建档立卡贫困户子女资助项目。从2016年开始，安远县对建档立卡普通高中贫困生按每生每年2000元的标准再进行资助。

四是实行中职学校建档立卡贫困户子女就读特惠政策。从2015年开始，由县级财政拨款，率先在全市实施了建档立卡贫困户子女在中职学校就读享受“一免六补”的特惠政策（即“免学费，补书费、服装费、杂费、住宿费、伙食费和助学金”），住校生每人每年补助3530元，走读生每人每年补助3130元（黄俊，2017）。

五是保障建档立卡贫困家庭考入大学学生全部获得高考入学政府资助。从2015年起，县财政追加资金，按每人6000元标准，让所有建档立卡贫困户子女全部享受高考入学政府资助（黄俊，2017）。

六是搭建社会助学平台，积极争取社会扶贫助学。安远县设立了专门的教育扶贫办公场所，搭建了社会助学信息平台，激发社会各界捐资助学热情（黄俊，2017）。2013～2017年，社会各界资助安远县在校学生达5967人次，捐赠资金465.06万元。

2013～2017年共发放各类政府助学金115068人次，发放各类助学资金8564.6665万元。安远县贫困家庭在教育方面基本达到“义务教育不负担、中职教育不花钱、普通高中不发愁、考上大学不担心”的目标。同时，该县也十分关心残疾儿童、留守儿童，关注农民工子女、高三学生，投资460万元建成特殊教育学校，全县210名残疾儿童少年圆了读书梦。

5. 拓展延伸职业教育

近年来，安远县积极推进职业教育发展，加快推进安远中专基础设施建设，解决建设用地，完成实训大楼二期工程，扩大校园规模，加快打造安远中专特色专业品牌，努力形成电子、数控、计算机、工艺美术、旅游等精品专业特色。积极实施“工学结合、校企合作、顶岗实习”人才培养模式，深入推进校企合作、校校合作。继续与大中专院校开展多层次、多类型联合办学，与知名企业组建校企合作班，建立长期用人合作关系。通过鼓励、引导，使中专专业与企业对接、课程与岗位对接，安远职业中专被列为全省首批达标中等职业学校，成为国家发展与改革示范性职业学校。同时，加大民办职业教育资金扶持力度和公派干部教师支教力度，将安远应用职业技术学校等民办职校纳入城区教育园区建设规划，制订优惠政策扶持民办职业教育发展。安远县还拓展延伸职业教育，着力培养高素质劳动者和技能型人才，促进职业教育特色发展。形成以精品专业带动多个特色专业共同发展的良好局面，并探索形成与“打造大旅游”“提升大产业”需求相适应的特色专业群。完善生源保障制度，扩大县职校办学规模。健全质量监控体系，提高人才培养质量，提高学生就业率，提高职校毕业生对安远经济发展的贡献率，实现安远职业教育的跨越发展。拓展精品专业定向招生培养，深化校企合作。

6. 全力推进农村信息化扶贫

第一，完善贫困地区信息基础设施。实施“宽带乡村”工程，加快有线和无线宽带网络入乡进村，加快农村4G项目建设，力争2017年实现行政村宽带覆盖率100%，全县60个贫困村光宽带覆盖率达到80%，实现无线通信信号、广播电视全覆盖，确保全县100%农户能通过广电网络或卫星接收设施收看电视节目，消除25户以上自然村、交通沿线和旅游景区通信盲区，形成服务较为健全的网络信息安全和应急通信保障体系。

第二，推进贫困地区教育信息化建设。继续推进农村现代远程教育工程，加快“教育云”项目建设，推动教育信息服务向贫困地区覆盖。重点扩大宽带网络在农村中小学、职业学校等村镇公共服务区域的覆盖面，全面解决义务教育学校和普通高中、职业学校的宽带接入问题。加强对贫困地区中小学校信息化设施的支持，加快校内网络教学环境建设，逐步实现宽带网络“校校通”、优质资源“班班通”、网络学习空间“人人通”，推动城镇名优学校与贫困地区中小学、职业学校共享优质教学资源，缩小城乡教学差距。

7. 健全教育奖励机制

制定了《关于印发安远县高、中考奖励办法（试行）的通知》，设立政府奖学基金。

第一，对学生的奖励。①高考：考取北京大学、清华大学奖5万元，若考取北京大学、清华大学的学生同时获得当年市状元或省状元，再分别增加奖金3万元、5万元；文化类考生考取全国“985”大学奖5000元，艺体特长生考取北京体育大学、中央美术学院、中国美术学院、中央音乐学院、中国音乐学院奖1万元。②中考：以县教育局公布的中考总成绩（含优惠加分）为依据进行排名，对已就读安远一中的考生，第1～10名奖1万元、第11～20名奖3000元、第21～50名奖1000元。

第二，对学校的奖励。①安远一中：每考取1名北京大学、清华大学奖10万元，高考成绩获全市第一或全省第一各增加奖金10万元、20万元；每考取1名北京体育大学、中央美术学院、中国美术学院、中央音乐学院、中国音乐学院，奖5万元；文化类一本、二本上线，按每生1500元、700元进行奖励；艺体类每1名考生考取本科，奖1000元。②安远二中：每考取1名北京体育大学、中央美术学院、中国美术学院、中央音乐学院、中国音乐学院，奖励5万元；文化类考生一本、二本上线，按每生10000元、3000元进行奖励；艺体类每1名考生考取本科，奖1000元。③安远职校：三校生本科上线按每生5000元进行奖励。④初中：按照县教育局学年教学质量评价结果，一类初中教学质量第1、第2、第3、第4、第5名分别奖5万元、4万元、3万元、2万元、1万元，二类初中教学质量第1、第2名分别奖3万元、2万元。

目前，安远县重学奖学蔚然成风，2014年该县高、中考所需奖励金达270余万元，2015年该县高、中考所需奖励金达260余万元，2016年该县高、中考所需奖励金达300余万元。

在县委、县政府的高度重视下，安远县成为了2010年以来连续7年全市唯一一所北大、清华不断线的县份，安远一中成为培养高素质优秀人才的教育名校；安远中专被列为全省首批达标中等职业学校，成为各类专业技术人才的培养基地；安远二中成为赣南打造艺体特长的教育品牌；县委党校连续十年被评为清华大学继续教育优秀教学站。安远整体教育布局日益完善，各类教育发展迅速，教育教学质量位居全市前茅、全省前列。2016年，县委书记严水石入选江西省“首届感动江西十大教育年度人物”。

8. 教育扶贫成效初显

安远县委政府高度重视教育扶贫，把“发展大教育”提升到战略层面，按照“小财政办大教育”的思路，加大教育投入，每年教育发展投入资金超过当年财政总收入的1/3。县城区建成了1所教师进修学校、2所高中、2所职业学校、2所初中、4所小学、1所九年一贯制义务教育学校、21所公民办幼儿园、1个继续教育基地，初步形成了新老城区相结合、各类教育齐全、功能完善的教育格局；农村各中小学义务教育进一步得到均衡发展，校园面貌焕然一新，办学条件发生翻天覆地的变化，真正做到了“最漂亮的房子在学校、最优美的环境在校园”。

目前，安远县有各级各类学校174所，其中教师进修学校1所、中等职业技术学校2所（其中安远中专为公办，安远应用职业技术学校为民办职校）、普通高中2所（安远一中为省重点高中、安远二中为省重点建设高中）、义务教育学校169所（特教学校1所，纯初中14所，九年一贯制学校7所，小学61所，教学点86所）；幼儿园177所（其中公办19所）。全县教职工3947人。全县在校学生63752人，其中小学37776人（含特教学校171人）、初中15052人、普通高中7519人、职校3405人（其中应用技术学校547人）；全县在园幼儿（含学前班）16630人。

为了进行纵向比较，本书从历年来安远县政府工作报告中收集了教育事业发展的相关数据，并制作成表4-3。为便于比较，将2011年作为参照年份，从中可以看出苏区振兴政策、脱贫攻坚政策实施以来安远教育扶贫方面发生的巨大变化。

表4-3 安远县教育扶贫情况（2011~2017年）

年份	软硬件建设	政府资助	成效
2011	1. 争取了城区教育园区建设项目 2. 完成了濂江中学和特教学校主体工程，继续推进了校安工程 3. 统筹解决了1600多名包括代课教师在内的“三类”人员社保问题	—	1. 二本以上录取率达39.1% 2. 1名考生获全市理科状元并被清华大学录取
2012	1. 濂江中学和特殊教育学校建成启用，校安工程三年改造项目全面完成 2. 安远职校被批准为国家中等职业教育改革发展示范学校 3. 筹资1088万元解决了1995年1月以来的736名代课教师社保问题	1. 在全市率先推行了城乡孤儿免费集中就读机制 2. 4.3万多名农村义务教育学生纳入了营养改善计划	高考实现了北大保送生和全省理科状元的历史性突破
2013	1. 通过公开招聘，173名代课教师转为公办教师 2. 实行乡镇工作补贴，提高了艰苦边远山区农村中小学教师工资待遇 3. 乡镇公办中心幼儿园、教师周转房项目加快推进	—	1. 高考成绩继续保持全市前列，二本以上录取率比全市高出4.6个百分点 2. 成为全市唯一一个连续五年考取清华、北大不断线的县份
2014	1. 全面启动义务教育学校标准化建设“三年推进计划”，实施了52所学校提升改造工程 2. 实行教师职称全员聘任制 3. 实施“招才引智”计划，招聘教师196名	1. 提高了代课教师津补贴 2. 安排高、中考奖励资金221万元，比上年度增加100万元	1. 高考取得重大突破，一本、二本上线率居全市前列 2. 4名学生考取清华大学 3. 职业教育发展步伐加快，县职校被评为全国职业教育先进单位

续表

年份	软硬件建设	政府资助	成效
2015	1. 79所义务教育学校面貌一新 2. 13所乡镇中心幼儿园全面竣工并投入使用 3. 高标准建成思源实验学校 4. 回购安远职校社会化学生公寓 5. 化解安远一中历史遗留债务700万元	出台“一免六补”政策，为266名中职贫困学生发放资助金92.4万元	1. 二本上线率为22.48% 2. 成为2010年以来全市唯一一个连续6年考取清华、北大不断线的县份
2016	全面完成义务教育学校标准化建设和乡镇公办中心幼儿园建设	—	中、高考成绩保持全市前列
2017	1. 加快推进城乡教育一体化进程 2. 学前教育、职业教育、继续教育进一步加强	资助各学段贫困学生32991人次，发放资助金2995.7万元	1. 义务教育均衡发展工作通过国家和省督导组的评估验收 2. 中、高考成绩继续保持全市领先，二本以上院校录取率达53.7%

注：“—”表示不详。

资料来源：安远县政府工作报告。

（二）校园文化建设情况

近年来，安远县按照“整体规划，分步实施，逐步完善，提升品位”的思路，深入推进校园文化建设，进一步优化、美化校园环境，建立、完善各项规章制度，培育优良的校风、教风、学风和班风，努力形成能体现时代特征和学校特色的催人上进、励人志气、怡人性情的校园文化氛围，全面提升学校办学品质。

1. 科学规划设计

物质文化是推进学校文化建设的必要前提，是校园文化建设的重要组成部分。2014年以来，安远县在实施全面改薄及省级学校标准化建设基础上全覆盖实施了安远县县级义务教育学校标准化建设，并将校园文化建设作为县级义务教育学校标准化建设的一项重要内容，在规划设计时充分结合现有办学条件、办学特色、文化底蕴以及新农村建设情况，广泛征求意见建议，聘请专业人员进行科学规划设计，力求做到设施完善、布局合理、品位高雅。同时，按照“校要有绿意、园要有文化、班要有栏目、级要有评比”的思路，结合学校办学条件、办学理念、学校传统文化以及区域特色文化等情况，科学规划校园环境和文化建设，着力提升校园文化品位，力求“一校一品”，凸显特色。比如，同是在镇岗乡，赖塘小学则根据办学规模小的特点，通过精心设计，使学校各项设施齐全而又显得小巧精致；罗山小学将标准化建设规划与村庄规划相结合，学校与秀美乡村建设融为一体，体现了罗山小学地方建设特色。车头镇龙头小学也是与美丽乡村相结合，紧扣本地特点，把学校标准化建设融入到新农村建设的轨道上来，让学校成为新农村建设的一个亮点。

2. 培植县域教育特色

安远县从珍视民族文化的传统和地域文化的传统出发，不断寻求二者的最佳结合点，精准定位全县学校文化建设的核心价值与目标追求，最终形成“一个核心、两种精神、三种文化”县域教育特色。全县各学校以“培育和形成社会主义核心价值观”为核心，全力树立苏区精神和“崇文尚德、开明开放、务实创新、团结奋进”的新时期安远人精神，全面开展以保护东江源头为主的“生态文化”、以弘扬赣南采茶戏、全面保护全国最大的客家方形围屋东生围为主的“客家文化”和以全国第五、江西首个中国楹联之乡为主的“楹联文化”的特色文化教育。如今，“加快安远振兴发展”成为安远莘莘学子的学习动力，“做环境小卫士，保护东江源”是每一个安远学子竭诚努力的目标，“唱采茶歌、跳采茶舞、举手投足彰显客家文化礼节”成为全县各校一道亮丽的风景线。

3. 形成“一校一品”特色

在打造县域教育共同特色的同时，为避免学校文化建设千校一面的现象，安远县从多方面进行审视、把脉和规划，着力探索有效促进学校发展的方式、方法与途径，选准契合点、培育灵动点，鼓励学校在遵循教育规律、实现依法治校的基础上，形成“一校一品”特色，打造品牌。如今，该县逐步涌现出了一批办学规范扎实、管理井然有序、地域文化鲜明的文化传承校、信息技术应用校、科技特色校、体育传统校、艺术教育特色校、平安文明校。如以“让每位师生享受成功”为办学理念的安远三中，走出了一条师生共成长的办学路子；九龙小学紧紧围绕“为学生一生幸福奠基，为教职工的幸福生活加分”的办学理念，以“五会四好一争优”为育人目标，走出了一条颇具内涵和教育影响性的特色办学之路；以东江源头为特色、突出饮水思源的三百山中心小学，全力推进农村学生素质教育和特长教育，连续四年获得全省“乡村少年宫”优秀学校。

4. 提炼独具特色“三风”

校园精神文化是校园文化的核心，是学校的灵魂，校园精神文化集中体现在校风、教风和学风建设上。安远县各校对本校的校风、教风、学风予以最精练的归纳，彰显在醒目位置，并不断向学生解读其内涵。同时通过领导示范、典型引导、制度规范、培训养成、氛围熏陶等多种途径和方法，不断强化校风、教风、学风的实践要求，逐步形成体现师生共同理想追求和价值取向的学校精神。安远二中以“晓理、崇文、尚艺、笃行”为校训，发扬“吃苦耐劳、自信进取、团结务实、力求高效”的二中精神，弘扬艺体特色，突破文化教学，扎实苦干、开拓创新，走出了一条特色明显的改革之路。安远县濂江中学办学4年来一直以“团结、文明、求实、奋进”为校风；以“敬业、爱生、善教、奉献”为教风；以“勤思、善问、乐学、友爱”为学风，有效引领学校的教育教学工作一步步走向成功。

5. 建立校本特色制度文化

学校制度文化建设是校园文化建设的重要组成部分。安远县各校结合新形势，进一步完善规章制度，形成依法办事、民主治校的运行机制，建立一个具有校本特色的规范、高效、完整的组织管理系统和学校特色制度文化。安远县濂江中学创办一开始就从实际出发，建立健全科学的行之有效的管理制度，制订了学校发展规划、整体目标和办事章程，建立健全学校教职工人事管理制度、教师绩效工资考核发放办法、学生管理制度，教学管理制度、财务管理制度、后勤保障管理制度、安全卫生管理制度、校产管理制度、档案管理条例、实验室管理条例、图书馆管理条例、阅览室管理条例、食堂管理制度、学生宿舍管理条例、班主任工作管理条例等，涉及学校的方方面面，逐步形成内化于心、外化于形的学生文化、教师文化和管理文化体系。

砥砺前行创新篇，春风润物结硕果。在安远的校园里，拾金不昧、尊老爱幼、助人为乐等好人好事层出不穷，涌现出最美孝心少年濂江中学廖惠淑、拾金不昧暖全城的九龙小学唐凌峰，还有在广东东莞火场勇救人的“冲锋哥”原安远一中学生钟旭东。在上级部门组织的征文比赛、演讲比赛等各项赛事活动中也屡创佳绩、频频获奖，九龙小学林志同学获全国“老师你好，我的好老师”主题教育演讲比赛小学组三等奖；安远三中何越文韬同学荣获教育部首届全国“学宪法讲宪法”活动江西赛区初中组一等奖。如今，安远学校催人上进、励人志气、怡人性情的校园文化氛围正在形成，学校品质得到极大的提升。

三、典型案例

近年来，安远教育事业获得了巨大进步，这固然是各级政府的高度重视、大力支持的结果，但是，也与安远各个学校自身的努力分不开。为了展示各校抢抓机遇、发奋图强的风采，本书选择了几个典型学校予以介绍。与本节第二部分一样，相关材料均来自安远县教育局。

（一）安远一中

1. 简要的发展历程

安远一中自1940年建校，已经走过了70多年的风雨历程，已经培养了4万多名优秀学子。1980年成为安远县唯一一所赣州地区重点中学和江西省重点中学。20世纪90年代，学校进入改革和快速发展的时期，校长责任制，教师聘任制，结构工资制，学校、年级两级管理体制等一系列制度相继确立。2002年，学校以“全面提高教学质量，培养高素质优秀人才，打造名校”“办人民满意、政府放心、学生向往、社会赞誉的学校”为目标，以“惟诚求实、博学创新”为校训，对学校的教育教学进行大胆改革创新。学校探索出了以“劳动育人，服务育人，管理育人”为内容的“三育人”实践型德育模式，至今已成为学校德育品牌。期间，学校先后与赣州市重点中学和闽粤赣学校开展制度性的交流协作，至今已经发展成享誉赣南、享誉闽粤赣的赣州市13县（市）重点中学交流协作体、闽粤赣3省10校交流协作体。2008年，学校提出“人人成功，各得其所”的新理念，采取多项切实有效的措施，使学校的教学质量得到大幅提高。

在县委县政府一直以来的大力支持下，在广大校友、社会各界的热情关心下，在学校领导班子的锐意改革下，学校的发展跨上了新的台阶。2010年以来，高考一本、二本上线万人比连续多年进入全市前三名，有13人考取清华或北大，有多人考取中国音乐学院、北京体育大学、中国美术学院等专业院校。其中1人获2011年赣州市高考理科状元，1人获2012年江西省高考理科状元——这是恢复高考以来赣州市首位省理科状元，1人获2015年赣州市高考文科状元，1人获2017年赣州市文科状元。学校成为全国足球示范校、红色文化教育基地、江西省第二批特色发展试验学校，获得“全国优质品牌学校”“人民群众满意学校”“全国优秀楹联教育基地”“江西省文明单位”“赣州市校园文化建设示范校”等无数荣誉。2016年江西省普通高中评估中，学校获得优秀等次。罗招荣校长被评为“全国教育系统先进工作者”“全省首届优秀中学校长”，获得“江西省五一劳动奖章”，曾在北京大学教育大讲堂做代表发言，传授办学经验。

近年来，在县委县政府“发展大教育”的正确战略部署下，学校迎来了新的历史机遇。为做强做特安远一中，2014年，安远县委、县政府审时度势，在广泛征求县人大代表、政协委员及其他干部群众意见及建议的基础上，决定投资4.5亿元建设新安远一中。此项目被列为2014年省重点民生建设工程。新一中位于九龙山下，占地420亩（约21万平方米），于2014年10月28日破土动工，建筑面积达12万平方米，新一中工程在2017年初基本竣工，2017年暑期学校完成整体搬迁，秋季全面开学。

新一中校区由清华大学建筑设计院按“绿色校园、山水校园、人文校园”的设计理念设计，是一座以山水等自然资源为平台，以环境生态、建筑生态、人文生态为内核，以教育为载体构建起的教育、环境、人三者协调发展的“山水校园”。

新一中按功能齐全、设施完善、设备先进的高标准建设，学校分为教学区、运动区、办公区和生活区，建设有综合楼、教学楼、图书馆、科技楼、实验楼、报告厅、学生活动中心、体育馆、标准体育场、文化广场、学生宿舍、教师公寓、食堂等场地设施，理化生实验室、录播教室、心理咨询室，以及各类体育场所一应俱全，馆藏图书约28万册，不仅教学设备、实验器材、体艺器材等现代化教学技术设备一律采用全新装备，而且投入了1050万元建设智慧校园，新校区硬件设施建设和管理水平均达到国家示范性高中标准。

为打造绿色校园、山水校园、人文校园，学校投入了1750万元进行校园绿化建设，栽种榕树、樟树、桂花树等几十种树木。同时，凝聚社会各界和全校师生的力量，着力打造了以传统文化和红色文化为主线，以孔子文化广场、客家文化轴、红色印记浮雕墙为载体的校园文化，营造了良好的育人氛围。

自由浪漫的山水环境与整体理性的教育理念完美结合，极大地满足了受教育者的求知欲望和优质高中教育发展的需求。新校区的建设充分体现县委县政府“发展大教育”的决心，也将进一步提升安远一中的办学层次，促进安远一中实现新的飞跃。

2. 办学特色

安远一中的主要特色可以概括成16个字：“贴近实际，打造特色，德智体美，全面发展。”为培养德智体美全面发展的高素质优秀人才，该校始终坚持“人人成功，各得其所”的办学理念，狠抓德育和素质教育。在德育工作上，创造性地探索出了富有一中特色的育人模式——“三育人”模式和全员育人导师制，以丰富多彩、寓教于乐、贴近生活、贴近实际的系列德育实践活动影响教育学生。在素质教育上，鼓励学生参加各类竞赛，大力发展学生社团活动和文体活动。

以强身健体为目的，积极贯彻“健康第一”现代健康理念，每两年举办一次全校田径运动会，每年举办一次体育节，每周两节体育课，每周一次社团活动，每天一次大课间活动、一次课外运动，等等。丰富多彩的体育活动，不仅锻炼了学生的体魄，而且磨砺了学生的意志；以学校特色、全面发展为宗旨，成立了学生会、广播站、书法社、采茶戏团、榕韵文学社、B－box 社、摄影社、英语角、汉文化社、新闻社、鬼步舞社、民谣社、乐器社、植物研究社、羽毛球协会、科技创新社等 30 多个大大小小的全校性学生社团，培养学生兴趣、锻炼学生才干；以展示风采和才艺、提升内涵为目标，开展内容丰富、形式多样的校园文化活动，每学年举办一次“思源之旅”大型文艺活动，每学期举办一届“艺术节”“楹联周”“科技节”，推进高雅艺术进校园，每年组织校采茶舞蹈队参加县采茶文化艺术节，每年组织一次大型社团招新活动，每年举办一次校园电视小记者选拔大型文艺晚会，承办了多国篮球赛，校园电视节目参加全国中小学影视评选获得金奖 9 个，银奖和铜奖近 40 个。独具特色的校园文化活动，成为学生喜爱的第二课堂。

近 3 年，学科竞赛成绩突出，每年有众多学生获国家、省、市等级奖，2013 年至今参加各类竞赛获奖 1028 人次，其中国家级 193 人次，省级 531 人次，参加奥赛获奖共 426 人次，其中获省级以上奖励 254 人次。2012 年安远一中学子陈松涛获全国数学联赛（江西赛区）一等奖，保送北京大学；2014 年，竞赛成绩喜获丰收，有 4 位学生被清华大学录取，其中欧阳扬同学获第 29 届全国数学奥林匹克金牌，入选国家集训队并保送清华大学，郭晨同学获全国物理奥赛铜牌，并成为赣州市首位在物理类奥赛中获全国奖牌的学生，陈滢珺获全国中学生作文大赛特等奖，成为全国十大文学之星。

2017 年，安远一中高考再次全面丰收，文化类一本、二本上线人数再创新高：一本上线 287 人，同比增长 10%；二本以上上线 1082 人，上线率 60%。文科考生赖健欣以总分 644 分（英语、数学均为 149 分）获赣州市文科状元，被北京大学文科试验班（元培学院）录取，这是安远一中自 2010 年以来的第 4 位省、市状元，该校成为赣州市唯一一所自 2010 年以来连续 8 年考取清华、北大不断线的中学。在全省 600 分以上人数与上年相比减半情况下，该校 600 分以上达 17 人，有 42 人在“985”院校录取。艺术考生赖薪伊以专业全国第二的优异成绩被中国音乐学院录取。艺体类高考取得大丰收，专业、文化双过线 57 人，同比增长 21.3%。

（二）安远二中艺体特色办学情况

安远二中是江西省重点建设中学，为了拓宽普通高中特色办学新路子，二中人围绕“打造全省知名艺体特色中学”办学目标，树立“以人为本、科学管理、特色兴校、和谐发展”办学思想，弘扬艺体特色，突破文化教学，以质量求生存，以特色求发展，走出了一条特色明显的改革之路，学校近十年来高考二本以上录取率和录取人数连续保持赣州市同类学校前列。

1. 明确办学目标，以特色立校

第一，找准学校定位，发展特色教育。从2001年起，校领导班子审时度势，就如何让更多的学生考上大学，为所有学生寻找人生出路等问题，进行了深入研究和探索，最终在全校教职工中树立了特色办学的理念，确定了二中的办学思路：发展艺体特色教育，让学生张扬个性，发挥特长、人人成才。学校根据学生的个性特点和就业需求开办艺体特长教学班，并响亮地提出了“打造全省知名艺体特色中学”办学目标。在特色教育办学理念的指引下，学校全体教职工用他们的实际行动感召、教育被认为是“二流”的学生，在学生中大力开展励志教育、成功教育，让学生从一进二中校门起，就彻底抛弃“进二中读书没出息”的悲观思想，树立起“天生我材必有用”的积极信念，鼓励学生奋发学习、立志成才。

第二，打破教学常规，教改服务特色。发展特色教育必须有特殊的方法，必须打破教学常规，走自己的路。学校组织音体美三个教研组教师全身心投入到教研教改当中，多方面进行深入细致的探讨研究，总结出一整套高中阶段的艺体训练方案，组织专门人员编写音乐、体育、美术自编训练教材；同时，音体美教研组依据教育教学的需要不断进行相应的教学改革，如音乐教研组正在进行的“包干到户、责任到人’的教学改革，明确了责任，提高了课堂效率，调动了教师工作积极性。在专业训练中，注重规范训练，实行反思型训练和目标训练等科学训练方法，以提高学生的综合素质和专业素质；在对专业生的文化教学中，实行分层教学，坚持“低起点、严要求、抓落实、步步高”的教学思路，确保学生一步一个脚印，成绩稳步提高。训练方案和自编教材在二中的特色教育教学中产生了较好效果，周边县市的十多所兄弟学校也纷纷前来交流音体美特色办学经验，产生了较大的反响。

第三，搭建展示平台，促进个性发展。为了检验学生专业学习成果，展示艺体类学生的风采，该校积极为学生创建展示平台。一方面，通过在校内开展丰富多彩艺体活动来培养、锻炼和展示学生才艺，例如，每个年级每学年均会组织体育专业学生举行一次小型的体育运动会；每个年级每学年均会利用元旦、五一等节假日组织音乐专业学生举行1~2次文艺汇演，并且邀请学生家长前来观看，争取家长对子女学习专业的理解与支持；每个年级每学期均会组织美术专业学生至少举办2次以上大型的学生优秀作品展。同时，在学生教室、教师办公室和行政办公室前布置了100多幅学生作品展框，展框里面的作品做到每两周一换，通过这些途径，为每一个专业学生都提供了展示才华的平台。另一方面，创造条件，鼓励专业学生走出校园，积极参加省、市、县组织的艺体类活动，例如，组织体育专业学生参加省、市中小学生田径运动会和赣州市“英东杯”田径运动会以及县中小学生田径运动会，让体育专业成绩好的学生通过大赛得到锻炼，从而为他们考取北京体育大学、上海体育学院等体院奠定了基础，美术和音乐专业的学生也通过积极参与市、县组织的各类艺术活动锻炼了自己、展示了才艺、坚定了信心。鉴于该校在艺术类教育教学中取得的优异成绩，2011年，安远二中美术、音乐学科同时被赣州市教育局评为“赣州市名学科”。

2. 彰显艺体特色，靠管理兴校

第一，多方努力，增加艺体教师编制。针对学校师资力量较弱、各学科教师配备比例失衡等问题，通过向县委、县政府及教育主管部门主要领导汇报、邀请人大代表、政协委员来校视察等途径，争取有关部门在教师编制配备方面的理解和支持，近年来在全县教师编制较为紧张的情况下，县委、县政府及教育主管部门在按省重点建设中学的师生比核定二中教职工编制的基础上，根据该校实际办学需要，另外单独给安远二中增加音乐、体育、美术专业教师编制，现共有62个音体美专业教师，有力地保证了音乐、体育、美术专业教育教学工作的顺利、高效开展。

第二，成立音体美工作管理处，加强对专业教师的考核与管理。经上级主管部门批准，2006年学校成立了安远二中音体美工作管理处，全面负责音体美教师与特长生的教育管理，加大艺体工作管理力度，实行精细化管理，落实高中艺体特长生三年培训方案，逐渐形成了校长亲自抓、分管校长和音体美工作管理处具体抓的管理体系，提高了管理的针对性和有效性。为使专业教育教学各项工作制度化、常规化、规范化，提高专业教师工作效率和工作水平，促进艺体办学工作水平和教学质量稳步提高，学校制定了《专业教育教学管理工作制度》和《音、体、美教师工作业绩评估及聘任管理办法》。同时，为充分调动专业教师的工作积极性，学校每年在干部选拔、职称评聘、年度考核、评先评优方面均给予专业教师适当比例并优先考虑，近几年来，该校提拔为中层干部的专业教师达13人之多，充分调动了专业教师投身专业训练、管理的工作积极性。

第三，专业文化教师齐抓共管，加强对专业学生的思想教育和日常训练管理。首先，专业教师均须担任专业班的副班主任，要求副班主任必须每两周参与一次所任教班级的班会课，在班会课通报学生在专业训练课堂中的表现，常规落实情况等，配合班主任对学生的思想、学习、训练情况进行全方位的跟踪，了解、掌握其动态，及时发现问题，及时解决问题。其次，实行分层教学和生生结对的课堂教学训练模式。在专业教学过程中，专业教师根据学生的专业学习情况，按专业基础好、中、待提高等实施分层教学，提高专业训练的针对性和实效，同时，在分层教学的基础上，专业教师按自由组合或指定结对的形式让专业基础好的学生与专业基础待提高的学生开展结对帮扶活动，激发学生学习专业的兴趣，让学生的专业成绩整体得以提升。再次，在专业学生中开展“勤学苦练标兵”和“学习积极分子”评选活动。为调动学生学习专业的积极性，各专业班每两周评选出 2 名专业训练刻苦、成绩进步快的“勤学苦练标兵”和“学习积极分子”，在班会课时进行表彰，各年级组每个月在各班评选的基础上评选出全年级的“勤学苦练标兵”和“学习积极分子”，在升旗仪式上进行全校表彰，从而激发学生的学习动力，让学生学有榜样，赶超有对象。最后，在专业学生中实行德育承包制，每年的专业联考、校考后，高三年级都会在学校的统一安排下开展德育承包工作，要求全体科任教师对任教班级的专业学生开展德育工作，全面关注专业学生文化学习、专业校考和联考、心理变化等情况，及时对自己承包的学生进行跟踪管理，通过与学生谈心等形式让学生安下心思，一心一意投入到文化高考冲刺中，为高考取得满意成绩奠定了坚实基础。

3. 提高教师素质，凭名师强校

第一，创设学习氛围，鼓励教师自学进修。强化教师学习制度，营造良好学习氛围，构建了以校长为中心的行政干部学习系统，以教研组、年级组为单位的教师学习系统，以备课组、学科带头人为核心的骨干教师科研系统，以班主任为组成人员的管理干部学习系统四个学习体系。鼓励教师参加各种形式的学历达标和在职进修，不断提高自身专业素养。

第二，立足校本培训，实施名师工程。为提高教师的业务水平，2001 年学校就实施了校本培训，实施名师工程，努力让每位教师都成为名师，并取得了一定成效。推出了师徒制，让新教师拜经验丰富的老教师为师，充分发挥学科带头人和中青年骨干教师的“传、帮、带”作用，加快青年教师的培养，促进年轻教师专业化成长，优化师资结构，提高师资素养，确保教育教学质量稳步提高；对新分配教师进行专业知识考核、过关课考核，并适时开展青年教师优质课比赛；出台了教师业务素质测试办法，要求 40 周岁以下的教师每学期参加一次，35 岁及以下青年教师每月参加一次，以考试为契机，使教师的教学工作能紧跟高考形势，帮助提高教师的业务水平与业务能力。该校名师工程培养了一批在县内外小有名气的专业骨干教师，其中，潘广谋、汪日辉被评为“安远名师”，杜木生、欧阳晓敏、魏永亮、李小明等均已成为学校音乐、美术专业教学领域的引领者。名师的“传、帮、带”和激励作用，为二中的可持续发展和内涵发展打下了坚实的基础。

第三，抓严抓实过程管理，全面提高教育教学质量。

首先，强化制度管理。为了全面提升学校的教育教学质量，全面调动全体教职工的工作积极性，学校在充分酝酿及广泛征求意见的基础上，陆续制订了《安远二中文化学科教师教学业绩评估和聘任管理办法》《安远二中教学常规管理制度》《安远二中专业技术人员年度考核方案》《安远二中文化教辅后勤人员工作业绩评估和聘任管理办法》等方案办法，实现了真正意义上的科学管理。这些方案办法的正式实施，充分调动了全体教职工的工作积极性，保证了学校各项工作有条不紊地进行。

其次，注重课改教研。开展课改教研活动，是提高教学质量的有效途径。学校非常重视课堂教育教学课改实验及校本教学研究工作的开展，制定了生本课堂教学课改实验方案和校本教研工作计划。主要措施有：一是积极派出学科骨干教师前往深圳、广州、增城、博罗等地学习生本教育先进理念，积极参加省、市、县组织的各级各类业务培训活动，让外出学习的教师回校后通过教师例会宣讲、上汇报课等形式促进全体教师专业化成长；二是主动邀请教研教改专家前来二中对教师进行新课改培训，近年来，分别邀请了生本教育专家胡首双、刘红英、荆志强等及高效课堂教育专家谢春阳前来二中对全体教师开展生本课堂教学模式及高效课堂教学模式培训，有力地推动着二中的新课程改革；三是学校教科室、现代教育技术中心充分利用现代网络资源，组织教师观看全国名优课堂教学录像，各教研组每周开展一次教研活动，全面提高了教师驾驭新课程课堂教学的能力。

最后，发挥集体智慧，抓实集体备课。在备课中充分发挥集体智慧，抓好集体备课，主要实行“七备四定”（七备即备教材、备学生、备教法、备学法、备考试说明和大纲、备作业；“四定”即定时间、定地点、定内容、定中心发言人）和年级组、教研组双线管理制度，以阶段性检查和突击性抽查相结合抓好过程管理，保证了集体备课的质量和效率，为全面提高教育教学质量奠定了坚实的基础。教务处每月对所有任课教师进行教学常规检查评估，对教师的备课、讲课、作业批改、单元检测、试卷分析等进行全面检查。对检查较好的教师给予表扬，对检查较差的教师进行解剖分析，限期进行改正。并进行认真分析与总结，把检查结果在全校进行通报，通过这样的措施，进一步端正了教师的工作作风。

经过多年的探索和努力，安远二中走音体美特色教育之路取得了一定的成绩，同时为了满足部分学生及家长想学习文化的要求，该校又于 2012 年提出“弘扬艺体特色，突破文化高考”的工作方针，全面加强文化高考班教育教学管理，配备优质师资，采取外派教师学习、聘请教师来校指导等切实可行的措施，引进先进教学理念，大力开展生本教育，教育教学工作取得可喜成绩；2017 年高考再创新高：1181 人参加高考，文化类一本上线 1 人（应届考生）、二本上线 22 人，艺体类体育考生录取 39 人（1 人被北京体育大学录取）、美术考生录取 353 人、音乐考生录取 117 人、电视编导录取 1 人。录取率、录取人数均居全市同类学校前列。

（三）安远中等专业学校办学情况

安远中等专业学校地处东江源头三百山脚下，创办于 1958 年，前身为江西共大安远分校，1993 年改为安远县中等职业技术学校。2016 年 1 月被批准为全日制普通中专学校，改现名。于 2009 年 1 月升格为国家级重点中等职业学校，2013 年 4 月被批准为国家中等职业教育改革发展示范学校立项建设单位。学校占地面积 130 亩，拥有教职工 226 人，其中高级职称 68 名、一级教师 140 名、“双师”型教师 82 名、省级专业带头人 16 名、市级专业带头人 30 名。学校现有油画、数控技术、计算机平面设计、电子技术应用等 12 个专业，在校中专学历学生 3892 人，年举办短训班培训学员 5000 人以上，于 2014 年被评为全国职业教育先进单位。近年来该校坚持多层次、外向型、开放式办学思路，在此基础上，经认真调研，坚持把“服务民生事业，服务产业壮大，服务企业用工”作为办好职教服务经济社会发展的重中之重狠抓不懈，并取得明显成效，走出了一条农村贫困山区县发展职业教育的成功之路。

1. 深挖职教潜力，坚持服务民生事业

（1）办好问题青少年教育基地服务民生。

话说“办好一所职校，就少了一所监狱”。中等职业学校的学生一直被公认为是最难管理的学生，其原因错综复杂，归纳起来主要有以下三个方面：

一是绝大多数中职生是普通应试教育的“失败者”，统计显示，安远中等专业学校 2015 年 9 月新招收的 834 名新生中，有 160 名是中考发挥失常者，失败的阴影成为他们心中的一道伤疤。他们身上背负极重的社会压力和家庭压力，普遍存在自卑心理，对学校及老师的管理对立情绪极大。

二是很多中职生来自单亲家庭、贫困家庭，从精准扶贫办中摸底调查，该校在校 3227 名学生中，将近 1/3 的学生是“五保”户或贫困户家庭，有 85 名学生的家庭属单亲家庭，1125 名学生自小学读书开始就是“留守儿童”。因此家庭教育严重缺失，从而导致学生没有明确的学习动机和目标，空想或幻想多于理想，没有正确的价值观与人生观。

三是民众对职业教育的认知程度与国家经济建设发展紧缺劳动者的现状还存在巨大的差距，社会的人才培养观还普遍停留在重普教轻职教上面。

总之，问题学生在该校占很大比例，义务教育中途辍学或已流入社会多年、家长无法管束的青少年每年有 400 多人转入安远中等专业学校就读，该校来者不拒。由于学校大多数班级问题学生占比较大，该校采取各种有效办法教育转化他们。

首先，突出苏区精神抓教育。努力将“坚定信念、求真务实、一心为民、清正廉洁、艰苦奋斗、争创一流、无私奉献”为内涵的苏区精神贯穿到德育教育的全过程，为此，创办了“红色资源陈列室”，组织学生接受赣南革命传统教育。

其次，创办青少年警示教育基地抓教育。警示教育基地分“关怀”篇，“警示”篇，“党的知识进校园”篇，“忠孝”篇，“预防”篇和“展望”篇，共展出正反面教材漫画、图片 182 张，从各个角度用生动形象的、富有教育意义的案例，来教育广大中职生加强修养，远离违纪违法，教育效果显著。

最后，开办阳光班级抓教育。着力探索“阳光班级”学生管理模式，让处于“家长管不了、老师很难管、社会很少管”状态下的学生，在“阳光班级”的关爱下，逐步摆正自己，回归社会。“阳光班级”是在安远县政法委的直接关怀下，在县教育局、团县委的直接指导下，由该校承办，针对学生中患有网瘾、早恋早熟、厌学、懒惰、亲情冷漠、自卑自闭等不良习惯开展的文化教育、行为矫正、心理健康辅导和职业技能指导为一体而组建的特色班级。

对问题学生集中开办德育教育班，通过开设军事训练、心理辅导、法制教育、革命传统教育及现场观看法庭案件审理、参观县看守所等课程，让其得到有效转化。

2017 年，学校被评为“全省阳光班级创办先进单位”。这些问题青少年的入学接受再教育，对安远县社会的稳定以及社会文明起到重要作用，安远中等专业学校连续多年被评为全县社会治安综合治理先进单位。

（2）创办各专业创业服务中心服务民生。

安远中等专业学校利用学校临街实训大楼楼下20间店面先后依托各专业创办了家电维修创业服务中心、计算机广告设计创业服务中心、油画创业服务中心、电子商务创业服务中心、机械加工创业服务中心、园林设计创业服务中心、手机维修创业服务中心等12个创业服务中心作为为社会、为群众服务的窗口。组织全校各专业师生利用自己所学、利用课余时间开展一系列丰富多彩的为群众提供技术技能服务的活动，并取得显著成效。

电子技术应用专业以家电维修创业服务中心为依托，组织师生在中心本部和全县各乡镇村巡回为群众义务维修家电，把学校教学与在服务社会、服务群众实践锻炼中提升技能水平有机结合起来，两年来，家电维修创业服务中心通过常年走村串户共无偿为群众维修家电13874件，计算机广告设计创业服务中心共受理广告、装潢等各类服务业务2103起。机械加工创业服务中心为群众加工各类产品21175个。其他创业服务中心都发挥了很好的社会服务效应。

（3）对精准扶贫家庭学生实行“一免六补四帮”服务民生。

在全免贫困家庭学生学费的同时，由县财政给每个贫困学生补助书费、服装费、杂费、伙食费、住宿费和国家助学金。合计每年补助住校生3530元，走读生3130元。与此同时，全校教工至少结对帮带一名贫困家庭学生，在思想、学习、生活、就业等方面给予帮扶。发动企业结对帮带贫困家庭学生，给予贫困生生活、学习、培训等方面的经济资助，企业每年寒暑假期间优先选用贫困生到企业见习，贫困家庭学生在公司见习期间，在生活、工作、薪酬等方面，要求公司给予更多的关怀；贫困家庭学生在就业实习期间，同等条件下应优先享有顶岗实习；在同一工种上，要求企业在薪酬方面应向贫困家庭学生倾斜。动员优秀校友结对帮带贫困家庭学生，学校积极搭好爱心平台，组建校友基金会，让优秀毕业生参与对学弟学妹的“精准扶贫”，资助该校贫困学生。组织优秀学生结对帮带贫困家庭学生，充分利用同学、同桌的优势，开展“优生带贫困生”帮扶活动，从生活、学习、专业、特长等各个方面进行帮扶。

2. 紧扣地方产业发展思路，坚持服务产业壮大

学校把劳动力转移培训作为服务地方经济社会发展的重头戏和推进职业教育强活力的有效抓手狠抓不懈，坚持校本培训与送培训到乡镇村组及企业相结合，坚持培训与服务产业发展相结合，坚持培训与推动精准扶贫工作相结合。两年多来，开设电子商务、安远名小吃制作、烟叶种植、脐橙栽培技术、手机维修、家电维修、电工、焊工、电车等专业劳动力转移培训312期，培训2.31万人。学校油画专业创办10年，学校积极引导该专业1000多名毕业生回乡创业，创办油

画一条街，以带动安远县油画产业发展；紧跟安远县“做旺旅游”新形势，创办了旅游服务与管理专业，为推动安远县旅游产品开发，学校积极筹备创办竹制品工艺专业和竹制品加工厂。

为推动安远县电子商务产业发展，学校创办了安远县电子商务培训学院，全县干群参与电子商务培训热情异常高涨，2015 年至今共举办电子商务培训班 68 期，培训学员 6512 人，其中培训农村社区劳动力 4280 人，培训县乡村干部职工 969 人，培训大学生村官 81 人，培训国企负责人、私营企业主 282 人，由此带动安远县电子商务产业如雨后春笋般发展起来，全县共创办电子商务企业 1082 家，这些电商企业主及其职工几乎全部参加电商培训。此外，还为赣州电商企业园输送劳动力 892 人。由此，安远县成为全省电商产业发展示范县。

为掀起安远县大众创业、万众创新热潮，打造特色小吃品牌，安远县委县政府出台《安远县推动小吃产业发展工作实施方案》，努力将安远县打造成小吃名县、中国生态美食名县、中国美食之乡、中国米粿之乡，为此，在安远中等专业学校创办了安远小吃产业培训中心，培训内容包括安远三鲜粉、酿粄、薯粄等 13 种安远名小吃的制作流程，创建三鲜粉名小吃标准店，要求做到“统一使用标志和商标、统一店面标准、统一工艺制作标准、统一原材料质量标准、统一规范操作”五个统一以及礼仪服务等。全县上下参与学校培训热情异常高涨，2015 年至今培训人数达 4100 人，从而推动安远三鲜粉小吃店在全国各地，大江南北遍地开花，2016 年仅广东、福建新开三鲜粉小吃店 350 家，在赣州城区新增 618 家。

3. 对接企业需求办学，坚持服务企业用工

第一，紧扣企业岗位需求抓技能。以人才培养对接用人需求，专业对接产业，课程对接岗位，教材对接技能为切入点，以提高教师专业教学能力、实训指导能力为重点，以加强学生职业技能训练为重点。以教师素质提高为切入点，教学改革带动人才培养。两年多来共派出 86 名教师参加德国、清华大学、北京师范大学等国外和国家、省、市有关院校培训，派出 112 名教师到三星集团、志高空调公司等 34 家企业实践锻炼，同时聘请 32 名专家和企业、行业技术人才到校讲学；实施了全校教师参与的教师合格工程、骨干工程、名师工程、学者工程、技术技能型教师培养工程。坚持了教师培养提高“七个一”制度，提高了应用信息化条件抓好教学的能力。学校组织本校教师与行业企业和有关社会组织共同编辑出版 3 个重点专业校本教材 21 种。在专业设置、教学模式、教学内容和方法等方面紧密结合企业的需求。

学校根据不同专业打造“任务驱动，项目导向”，“模块式、工位式、岗位式和分层模块式教学”课程体系，推进“双证制”教学（学历证＋职业资格证书），实现理论教学与技能训练合一，能力培养与工作岗位对接合一，实习实训与顶岗工作学做合一。坚持项目教学、案例教学、场景教学、模拟教学和岗位教学、任务教学，全面实施信息化教学。坚持“2＋4”人才培养模式（见图4－1），将学生学习过程分为校内、校外两个阶段，将学生职业岗位能力培养分为校内基础性训练、校内生产性实训、校外轮岗实习、校外顶岗实习4个层次，引进教学工厂，建立教学车间，企业岗位实习。与此同时，坚持“任务引领，项目驱动”人才培养模式，实行分层模块化教学。

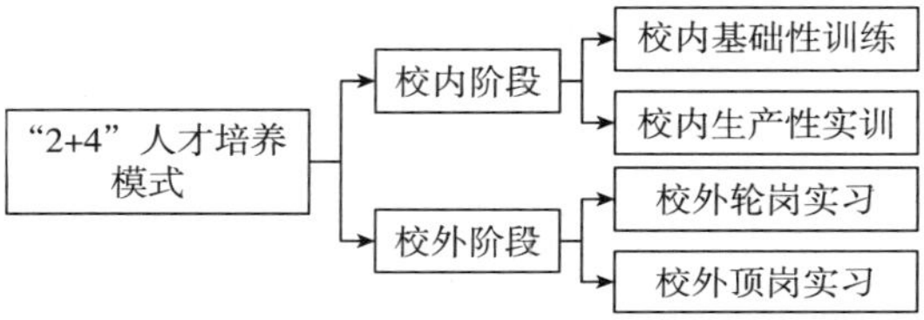

图4－1　“2＋4”人才培养模式

资料来源：安远中等专业学校。

第二，对接企业员工标准抓德育。在学生行为习惯教育、理想信念教育、职业道德教育和心理健康教育上，坚持引入规范化企业用人标准来实施。首先，引入企业制度体系。学校在反复探索基础上，按企业规范制订了完善的制度体系。内容涉及教育教学、师生评价、教辅管理人员管理、师德师风、教风学风、学生实习见习、德育考核、行为规范，校风校纪，综合素质评价等，都渗透进企业管理的方方面面。其次，浓厚的企业文化进校园。学校每一堵墙、每一棵树、每一个空间都会说话，都散发着企业文化的气息。学校修建了校训墙，建设了文化墙，为每一栋楼都取了名，如感恩楼、思恩楼、报恩楼。在学校每一栋楼包括洗手间、浴室、草坪都镶上了紧扣企业特点的富有教育含义的名言、警句、格言。如“要学做事，先学做人；要学创业，学会技能”，“技能是做事之翼，诚信是做人之本”，“今天不努力学技能，明天努力找工作”。等等。学校按企业精神营造了浓厚的班级文化、教室文化、寝室文化。还引入企业竞争激励机制，不断丰富创新活动载体，激发校园文化建设活力，形成“学校统筹宣传主导，各处室、专业部协同、师生积极参与、校内外联动、县内外互动”的企业文化进校园氛围，并以此努力打造校园文化品牌。

第三，对接企业岗位需求办专业。学校明确了安远县招商引资、工业企业发展、农业产业化进程和展望中急需什么人才，学校就培养什么人才的思路。先后开设农产品加工、物流、电子、电工、电车、手机组装维修、服装、焊接、计算机网络管理、油画、数控技术等专业，并以开设一门专业、培养一批人才、带动一个产业发展的理念，服务工业企业和现代农业发展壮大。

第四，与企业联办冠名班输人才。校企合作从单纯的毕业生输送拓展到培养方案制定、师资力量及技术人员互派、场地共建共享及招生就业、专业设置、课程开发、实训基地建设、人事改革等全方位、多领域合作，建立健全了校企师资共建和校企定期研讨交流机制。学校与广东志高空调公司、竞华电子（深圳）有限公司、深圳酷派手机公司、安远电信公司等企业分别开设"志高班"、竞华数控班、酷派班、电信客户服务班等 12 个冠名班。建立了以校为主，企业行业参与共建的校内实训基地 6 个，以相关企业、行业为主，学校参与共建校外实习基地 10 个。学校坚持聘请了 32 名企业行业专家和工程技术人员来校兼课，还派出 86 名教师到企业跟班锻炼，聘请了 18 名校外行业协会和企业专家来校对学生考核评价，组织 1320 名学生采取工学结合的方式到企业顶岗实习，组织三大重点专业学生每年一次到企业实习见习。企业对毕业生评价满意度达 100%，毕业生对岗位评价满意度达 98. 7%。

第五章　脱贫攻坚整改

第一节　脱贫攻坚整改的背景

一、第三方评估及其影响

（一）中央部署脱贫攻坚整改

2016 年，国务院扶贫办对各省脱贫攻坚情况进行了第三方评估。2017 年，中央政治局专门听取了 2016 年省级党委和政府脱贫攻坚工作成效考核情况汇报，习近平总书记在会上发表了重要讲话。2017 年 4 月 1 日，时任国务院副总理、国务院扶贫开发领导小组组长汪洋在京主持召开国务院扶贫开发领导小组第 16 次全体会议。他强调，要认真学习贯彻习近平总书记在中央政治局听取 2016 年省级党委和政府脱贫攻坚工作成效考核情况汇报时的重要指示精神，充分发挥考核指挥棒作用，把从严要求贯穿脱贫攻坚工作全过程、各方面，较真碰硬落实工作责任，推动脱贫攻坚不断提质增效。

汪洋强调，脱贫攻坚要继续坚持精准扶贫精准脱贫方略，强化问题导向，对考核、评估、监督中发现的问题，要不折不扣进行整改，确保脱贫攻坚工作成效经得起实践和历史检验。要加强理论武装，深入领会习近平总书记新时期扶贫开发重要战略思想，增强精准扶贫“绣花”的本领。地方各级政府和国务院各有关部门要把自己摆进去，多从主观上找差距，全面查找工作中的问题和短板，认真学习总结和推广好的经验和做法，不断提高扶贫工作水平和工作成效。

（二）江西省推进脱贫攻坚整改工作

1. 召开脱贫攻坚整改会议

在此次评估中，江西成绩并不理想，被中央约谈。2017 年 4 月 20 日，全省脱贫攻坚整改工作电视电话会议召开。在会上，时任省委副书记、省长刘奇强调，如期实现全面脱贫，是省委、省政府向党中央立下的“军令状”，也是实现全面小康的底线目标，更是与以习近平同志为核心的党中央保持高度一致的具体体现。各地各部门务必站在讲政治的高度，进一步增强“四个意识”，切实把思想和行动统一到习近平总书记系列重要讲话精神上来，统一到中央的决策部署上来，统一到凝心聚力决胜全面小康、建设富裕美丽幸福江西的奋斗目标上来，把整改工作作为当前推进脱贫攻坚的头等大事抓紧抓实，把约谈整改的压力转化为改进工作的强大动力，扎扎实实地做好江西省脱贫攻坚工作。各地各部门要深刻认识脱贫攻坚工作存在的问题，切实增强整改工作的政治责任感和紧迫感，务必主动把自己摆进去，把问题全面找出来。要突出整改重点，以严的要求全面提升脱贫攻坚问题整改的工作质量。要坚持问题导向，建立问题台账，认真研究解决措施，实行销号管理；坚持精准方略，瞄准建档立卡贫困人口，分类施策、对症下药、靶向治疗；坚持较真碰硬，狠抓责任落实，强化监督检查，全面提升脱贫攻坚的精准性和有效性；坚持稳中求进，按照现行标准和 2020 年时限，狠下一番“绣花”功夫，不断加大“进”的力度。要以问题整改为契机和动力，拿出更多、更有针对性的超常规举措，完善脱贫攻坚体制机制，着力解决基层基础工作相对薄弱、扶贫资金项目管理、精准识别精准退出、扶贫政策措施落实不到位等问题，在提升“两率一度”达标的基础上，稳定解决“两不愁、三保障”，确保退出贫困人口全面达到脱贫标准，以整改工作的高质量、高标准、高水平推动江西省脱贫攻坚迈上新台阶。

刘奇强调，要压实整改责任，以铁的纪律确保各项整改措施落地生根。要加强组织领导，成立脱贫攻坚整改工作领导小组，开展常态化督查，逐级传导压力，确保整改各项工作全面落实到位。要落实整改责任，省委、省政府是全省整改工作的责任主体，各级党委、政府和部门是本地本部门整改工作的责任主体，主要负责人是第一责任人；各地各部门主要负责人要坚持以上率下，深入一线，靠前指挥，严格按照时间进度推进，全面把关，全力落实。要严格督查考核，对督查评估中发现整改走过场、打折扣、搞变通，整改不到位的地方，要严肃处理、严肃问责；进一步发挥扶贫开发成效考核的指挥棒作用，细之又细、实之又实推进精准扶贫精准脱贫工作。

省脱贫攻坚整改工作电视电话会议结束后，赣州市委紧接着召开了全市脱贫攻坚整改工作会议。省委常委、市委书记李炳军在会上要求，各级领导干部，各县市区要严格按照中央、省委的要求，统一思想，正视问题，狠下功夫抓好整改。要在精准识别、结对帮扶、政策落地、资金使用、脱贫退出、监督问责上做得更实，高质量完成目标任务。

会后，各地开始了脱贫攻坚的整改工作，标志着脱贫攻坚进入一个新的阶段。

2. 发动2018年脱贫攻坚“春季攻势”

继2017年开展“百日行动”后，2018年初，江西省扶贫开发领导小组出台了《江西省2018年脱贫攻坚“春季攻势”行动方案》，决定2018年1月至4月上旬，在全省范围开展脱贫攻坚“春季攻势”行动。紧紧围绕2018年全省实现40万贫困人口脱贫、1000个贫困村退出、8个贫困县摘帽总目标，全力打好脱贫攻坚“春季攻势”首场战役，谋划全年工作；要求根据2018年国家对江西省考核的要求和省对各地考核的情况，坚持问题导向，找出短板、查准弱项，深入自查自纠工作和作风问题。重点聚焦“两不愁、三保障”扶贫标准，按照既不降低标准，也不吊高胃口的要求，全面查漏补缺、边查边改，为2018年4月上旬国家向江西省反馈考核问题后开展集中整改作好充分准备；按照“核心是精准、关键在落实、确保可持续”的工作要求，坚持目标导向，确保思想不松懈、工作不松劲，强化脱贫攻坚责任落实、政策落实、工作落实的举措，完善巩固脱贫成果、提升脱贫质量的常态化机制。聚焦均衡发展、精准施策和深度贫困，盯紧重点，扫除盲点，全面提升贫困县、贫困村脱贫攻坚水平，全面加强非贫困县、非贫困村脱贫攻坚工作。

“春季攻势”的工作重点有3点，具体如下：

第一，全面推行信息化管理。提升扶贫信息系统数据质量和管理水平，推进精准识别、精准施策、精准退出、精准管理跃上新台阶。具体如下：

一是建立精准扶贫信息管理队伍。2018年春节前，各级扶贫部门、相关部门和乡村要落实专职人员，负责精准扶贫信息数据网上录入和信息报送。其中乡村两级要按照既确保数据及时准确录入，又坚决克服广大基层干部填表报数问题的要求，从乡村扶贫工作站（室）指定专人，每个乡镇扶贫工作站保证1~2人、村级扶贫工作室落实1名专职信息员负责。

二是实现精准扶贫信息网络运行。2018年春节前，完成全省录入全国扶贫信息系统建档立卡数据精准导入江西省精准脱贫大数据平台，3月底前完成大数据 APP 对全省扶贫部门干部和驻村第一书记、驻村工作队员全覆盖。

三是完成精准扶贫信息比对衔接。相关行业部门、金融机构信息系统与扶贫信息系统之间，于 2018 年春节前完成存疑数据的全面核实核准和比对衔接，同步修订关联数据，联动修订县乡村关联档案材料，确保准确反映和掌握各项精准扶贫政策到户到人落实情况。

第二，突出关键领域发起强劲攻势。按照抓重点、补短板、强弱项的要求，在六大关键领域发起春季强劲攻势。具体如下：

一是发起产业和就业扶贫强劲攻势。抓住春耕备耕有利时节，大力推进产业扶贫全覆盖工程，以“村有扶贫产业、户有增收门路”为目标，以优势特色产业为依托，以组建合作组织为渠道，以建立利益联结机制为链条，强化长效脱贫根本之策。通过重点推进高标准农田、农业结构调整九大工程、发展林下经济六个重点等，引导“城归”“雁归”人才留乡创业，推进村干部与能人带头领办和村党员主动参与、村民自愿参与、贫困群众统筹参与的“一领办三参与”模式，发展贫困村集体经济，全面提高贫困农户发展产业的组织化程度。抢抓外出务工人员返乡过年机遇，摸清贫困家庭劳动力状况，掌握就业意愿和需求，帮助返乡人员就近就地就业，扎实开展就业扶贫“春风行动”，采取园区企业承接、龙头企业带动、合作组织链接、扶贫车间吸纳、农村能人引领、公益岗位扶持等多种形式，全方位拓展贫困群众就业门路。

二是发起保障扶贫强劲攻势。结合春节访贫问苦，对照“两不愁、三保障”标准，全面排查贫困户“吃穿住学医”实际困难，推进落实应扶尽扶、应保尽保。按照稳定解决“两不愁”基本生活保障、重点完善“三保障”制度的要求，以深入推进教育扶贫再对接、健康扶贫再提升、住房安全再落实三项工程 2018 年对贫困人口全面覆盖、不漏一人为目标，从制度上强化义务教育扶贫资助政策学校校长与乡镇属地双负责保障，确保不因经济困难失学辍学；强化健康扶贫政策落实保障，确保不再因病导致吃不饱穿不暖；强化易地扶贫搬迁、危房改造等政策实施保障，确保贫困农户不住危房。特别关注贫困老年人、残疾人和重病患者等特定深度贫困群众，落实精准帮扶和救助措施，兜牢基本生存生活保障底线。

三是发起贫困村村庄整治强劲攻势。启动实施乡村振兴战略，把贫困地区作为重点，在乡村振兴当年资金、项目、人才、技术等方面安排上向贫困地区倾斜。安排“整洁美丽、和谐宜居”新农村建设年度计划优先支持贫困村自然村组，为 2018 年全面完成贫困村村庄整治任务提供保证。因地制宜、突出特色、量力而行，加大贫困村整体提升力度，全面改善人居环境，以促进振兴发展为贫困村稳定脱贫退出、巩固脱贫成果提供有力和持久的支撑保障。

四是发起深度贫困村脱贫强劲攻势。按照省委、省政府大力支持深度贫困村脱贫攻坚战略部署，瞄准269个深度贫困村2019年全部脱贫退出的目标，在制订2018年脱贫攻坚工作计划中落实新增资金、新增项目、新增举措向深度贫困村倾斜政策，全面启动深度贫困村脱贫攻坚。分布有269个深度贫困村的县（市、区）专项制订《深度贫困村脱贫攻坚实施方案》，经设区市审定后，于2018年2月底前报省扶贫开发领导小组审定批准实施。

五是发起构建大扶贫格局强劲攻势。统筹政府、市场、社会资源，夯实专项扶贫、行业扶贫、社会扶贫大扶贫格局，谋划好各行各业凝心聚力脱贫攻坚的新机制，加大省直和各级相关部门行业扶贫责任的落实力度。深入营造全社会参与扶贫氛围，重点深化社会扶贫网推广工作，利用春节期间农村家庭团圆过年的时机，全面调查掌握贫困村、贫困户脱贫实际需求，大力提升社会扶贫网统筹整合社会帮扶资源功能，全面提高帮扶资源与脱贫需求的对接质量和成功率。充分搜集整理企业帮扶意愿和资源，深入开展“千企帮千村”行动，加强企业与贫困村、贫困户之间信息沟通，促进帮扶资源和脱贫需求的精准对接。

六是发起精神脱贫强劲攻势。从源头起步和开年之初唱响主旋律，弘扬正能量，加大扶贫与扶志、扶智、扶勤、扶德结合力度。大力宣传正面典型，在春节期间大讲贫困群众的脱贫故事，用扶贫成效和脱贫典型教育贫困户树立勤劳致富、脱贫光荣的思想；强化正向激励机制，在年度帮扶资金安排上正向引导，采用生产奖补、劳务补助、以工代赈等方式，激发贫困户脱贫信心和内生动力，促进自立自强和自主脱贫。实行反向约束措施，对“因懒致贫、因赌致贫、因婚致贫、因子女不赡养老人致贫”等精神贫困问题，强化村民自我教育、管理、监督等自治方式，在帮扶施策上建立反向约束机制，加强教育惩戒，促其精神脱贫，克服“等、靠、要”（胡强，2018）。

第三，推动作风问题专项治理。按照全国、全省扶贫领域作风问题专项治理重大部署，把展开专项治理作为“春季攻势”行动的重要任务。具体表现在如下三个方面：

一是认真落实专项治理工作部署。按照2018年脱贫攻坚“作风建设年”各项要求，同步启动扶贫领域作风问题专项治理与脱贫攻坚“春季攻势”行动。各设区市、县（市、区）和省扶贫开发领导小组成员单位于2018年1月底前，完成制订专项治理《工作方案》并报省扶贫开发领导小组备案。

二是全面排查扶贫领域作风问题。广泛听取意见、深入调查研究，根据国家和省考核上年工作暴露问题、纪检部门监督执纪问责通报问题、审计和财政监督反映问题、省派督察组发现问题、新闻媒体曝光问题、受理群众举报问题等线索，全面排查梳理扶贫领域作风问题，于2018年3月底前列出清单、建立台账、查明原因。

三是严格制订作风问题整改方案。对作风问题实行销号管理，逐个落实整改责任、制订整改措施、明确整改时限、严明整改纪律，特别是对扶贫资金项目问题强化自查自纠和同级审计。重点盯紧严重影响脱贫攻坚工作落实、严重侵害贫困群众利益、严重损害党和政府形象新问题，盯牢扶贫领域“四风”问题新表现，用政治担当抓作风治理，以作风攻坚促脱贫攻坚，确保脱贫攻坚“作风建设年”首战告捷，为全面系统清除扶贫领域作风问题、实现2018年专项治理目标蹚开路子。各设区市、县（市、区）和省扶贫开发领导小组成员单位于2018年4月底形成整改方案，报省扶贫开发领导小组备查。

“春季攻势”的行动措施有6条，具体如下：

第一，加强组织领导。一是落实领导机构。省和各级各部门2017年底成立的“百日行动”指挥部，转换2017年“春季攻势”行动指挥部，领导架构、工作人员、肩负职责、行动要求不变，全面负责各自领域“春季攻势”行动的组织领导和工作落实。二是加强工作培训。树牢打好脱贫攻坚战关键在人的思想，按照分级负责原则，制订年度轮训计划，展开分期轮训工作，着力提升各级领导干部组织开展脱贫攻坚的能力，提高基层干部、驻村干部实施精准扶贫的能耐。

第二，开展三项活动。一是开展扶贫慰问活动。2018年春节前，各级各部门领导干部要带队深入扶贫联系点和定点帮扶村，走访慰问贫困农户和基层扶贫干部、驻村帮扶干部；结对帮扶党员干部要进到贫困农户家中，帮助解决生活困难，确保“过暖冬、过好年”。二是开展政策宣传活动。各级干部尤其是基层党员干部和驻村扶贫干部，要充分利用春节期间农村团圆喜庆气氛和外出务工人员返乡过年时机，采取群众喜闻乐见的各种形式，通过政策宣传单张贴到户、发放到人等方式，大力宣传普及脱贫攻坚政策，深入拓展脱贫攻坚政策的知晓度和覆盖面，全面增强党和政府脱贫攻坚政策的感召力和影响力。三是开展调查研究活动。各级各部门要将开展脱贫攻坚调研作为“春季攻势”行动的重要措施，参照中宣部寻乌调研模式进行“解剖麻雀”式调研，搞清“坚在哪里”“如何攻坚”，为谋划当年和今后三年脱贫攻坚工作提供依据、找准路子（熊楚成，2018）。省扶贫开发领导小组专门组织开展行业扶贫专项调研和脱贫攻坚联合综合调研，省直相关部门于2018年3月底前完成。

第三，强化基层基础。一是加强基层组织建设。抓住村“两委”换届契机，深入推进“党建+”扶贫，选优配强贫困村领导班子，注重发挥农村党员和致富带头人作用，加大乡土人才队伍培养力度，深入打造“不走的扶贫工作队”。二是加强工作落实落地。充分发挥乡村扶贫工作站（室）专职管理职能，坚持专业的人做专业的事，让广大基层干部集中精力开展精准帮扶，提高脱贫攻坚工作效率，提升帮扶贫困群众精准程度，完善精准扶贫服务机制，全面打通脱贫攻坚落实落地“最后一公里”。三是加强驻村帮扶管理。根据对上年部门定点扶贫和驻村帮扶考核情况，对帮扶成效突出和群众公认的激励表彰，在政治、工作和生活上落实关心关爱政策；对帮扶不力的坚决召回，兑现召回干部和派出单位“双问责”。完善驻村帮扶管理机制，强化第一书记队伍，优化驻村工作队配备，确保选得准、下得去、融得进、干得好。加强驻村帮扶干部与基层干部精准扶贫工作统一管理，强化合力攻坚工作机制。

第四，保障攻坚投入。一是加大扶贫资金投入。各级制订年度财政预算，要落实财政扶贫资金稳定增长和财政涉农扶贫资金统筹整合的要求；各级部门制订年度资金项目计划安排，优先确保倾斜支持脱贫攻坚的需求。二是加强金融扶贫支持。完善政策性扶贫融资平台，创新金融扶贫机制，根据年度扶贫项目金融信贷需求，加大扶贫小额信贷、扶贫再贷款、扶贫过桥贷款等支持力度，强化金融扶贫保险举措。三是加快推进项目实施。完善县级脱贫攻坚规划项目库建设，畅通年度扶贫工程项目“绿色通道”，加速扶贫资金拨付使用，加快扶贫项目推进实施进度。

第五，落实扶贫责任。一是筑牢责任体系。按照“省负总责、市县抓落实、乡镇推进和实施”工作机制，进一步落实压紧一把手负总责的责任制，强化各级书记直接抓、部门行业合力扶、扶贫单位倾心帮、驻村干部和基层党员干部结对包的责任体系。二是强化工作督察。充分发挥省派督察组作用，加强“春季攻势”行动的明察暗访和常态化督察，对不实不力的进行约谈。落实督察计划统筹、督察成果共享机制，严禁层层重复检查，减轻基层迎查负担。三是加强情况调度。各级扶贫开发领导小组加强本地区开展行动的情况调度。各设区市、县（市、区）和脱贫攻坚“十大工程”省直牵头部门，每月底向省扶贫开发领导小组报送一次行动进展情况，2018年4月上旬报送行动总结报告。

第六，营造强劲声势。一是全面搞好宣传。及时总结推广“春季攻势”行动的好经验好做法好典型，大力宣传各地各部门的政策举措和行动成效，营造全省“春季攻势”行动的浓厚舆论氛围。二是加强重点宣传。大力推介 2017 年度全省脱贫攻坚奖 20 名表彰对象，集中宣传表彰对象先进事迹。在井冈山市脱贫摘帽一周年之际，以“井冈山建立长效机制，脱贫不止步，致富奔小康”为主题，组织宣传媒体集中采访和深度报道。

二、赣州市脱贫攻坚整改工作的部署

为确保脱贫攻坚的质量，赣州市专门发出《关于明确脱贫攻坚整改有关问题的通知》（赣市扶攻办〔2017〕63 号）（以下简称《通知》），指导赣州各县（市、区）的脱贫攻坚整改工作。

《通知》要求各地对标省级扶贫十大工程进行整改。“十三五”期间，江西省着力实施“十大扶贫工程”，即产业发展扶贫工程、就业扶贫工程、易地搬迁扶贫工程、危旧房改造工程、村庄整治工程、基础设施扶贫工程、生态保护扶贫工程、社会保障扶贫工程、健康扶贫工程和教育扶贫工程。为对标省里要求，将赣州市精准扶贫十大项目调整为：产业扶贫项目（可设农业扶贫、电商扶贫、光伏扶贫、旅游扶贫 4 个子项目），安居扶贫项目（可设易地扶贫搬迁、农村危旧房改造、农村保障房 3 个子项目），就业扶贫项目，整村推进扶贫项目（即村庄整治工程），基础设施扶贫项目（可设水利扶贫、农村信息化扶贫等子项目），健康扶贫，金融扶贫，生态保护扶贫项目（新增，可结合山水林田湖和低质低效林改造两大工程制定方案），社会保障扶贫和教育扶贫十大精准扶贫项目。

《通知》要求各地建立结果导向督查机制，指出：各县（市、区）、行业扶贫牵头部门要紧扣贫困户收入达标及稳定实现“两不愁、三保障”和新修订的贫困村退出指标体系，把督查的重点转向政策落户、精准帮扶、群众满意等方面，采取专项督查、明察暗访、电话抽查和考核评估等方式，加强对脱贫攻坚项目进展、扶贫政策落户和干部履职尽责情况的督查，特别关注深度贫困村组、深度贫困群体，把住政策落户的关键时间和政策享受的重点人群，做到政策宣传到户 100% 和符合政策条件的贫困户 100% 享受政策，提高精准脱贫质量和群众满意度。

《通知》规定，“省级贫困村的退出，以贫困发生率低于 2% 和重度贫困村小组村庄整治建设 100% 完成为主要衡量指标”。

《通知》进一步明确了驻村第一书记的任命程序，即“仍然依据市委组织部、市委农工部、市扶贫和移民办联合印发的《赣州市村党组织第一书记管理办法（试行）》（赣市组字〔2015〕51 号）文件规定”。《赣州市村党组织第一书记管理办法（试行）》规定："县（市、区）委组织部将第一书记人选名单转给乡镇（街道）党（工）委（市直单位人选由市委组织部提供给各县〈市、区〉委组织部），由乡镇（街道）党（工）委行文任命，明确任期、任职村，并报县（市、区）委组织部备案"。

《通知》最后要求规范脱贫攻坚的档案资料，各地要按照"贫困户基本信息准确、扶贫政策落户记录精准、结对帮扶过程登记清晰、扶贫政策宣传全面具体"总要求，"以县为单位，统一设计简洁明了的证、卡、册，统一规范贫困户'一户一档'资料，并组织好相关培训，确保扶贫档案资料齐全、信息准确、填写规范"。

在脱贫攻坚进入冲刺阶段，《通知》的及时出台，为各地提高脱贫攻坚的质量、确保如期脱贫提供了遵循，明确了整改标准。

为确保脱贫攻坚工作取得实效，省、市均启动了督查工作，且频次多、力度大，问责严厉。

第二节　信丰县

一、脱贫攻坚整改动员

2017 年 4 月 20 日，省市脱贫攻坚整改工作电视电话会议召开时，信丰县刘勇、黄蕙、袁炎、夏兴等县领导在信丰分会场参加会议。县委书记刘勇就贯彻落实好此次会议精神进行部署，主要内容有以下三方面：

第一，必须高度重视。县四套班子领导、县直单位主要领导务必把脱贫攻坚工作作为头等大事，各乡镇、各部门要把脱贫攻坚和农业农村工作其他几项主要任务作为当前和今后的首要任务，切实做到重视到位、责任到位。

第二，指出抓手和路径。以脱贫攻坚为抓手，统领乡镇农业农村工作全局，以产业项目推动精准扶贫，以精准扶贫促进社会发展。

第三，建立机制。建立县领导挂点乡镇两个月一调度、精准扶贫政策考试等机制，以"绣花"的功夫更细更实地推动精准扶贫，确保如期实现脱贫目标。

针对工作部署，信丰县召开了系列会议，主要有以下几项。

（一）脱贫攻坚整改三级干部大会

2017 年 5 月 3 日上午，信丰县召开县乡村三级干部大会，贯彻全省、全市脱贫攻坚整改工作电视电话会议精神，布置全县脱贫攻坚整改工作。会议主要内容体现在以下四个方面。

第一，脱贫攻坚工作是首要政治任务。会议强调，打赢打好脱贫攻坚战，是确保如期实现全面小康的前提，是 2017 年和 2018 年两年全县上下最为关键、最为紧要的政治任务。全县上下要突出问题导向，进一步压实责任，强化措施，拿出“绣花”的功夫，把扶贫工作做得更实、更细、更加精准、更有成效。

第二，信丰脱贫攻坚工作存在的主要问题。县长黄蕙认为，信丰县精准扶贫工作大致存在 10 个方面的问题，即：①群众对扶贫政策不了解；②干部对扶贫政策不了解；③扶贫政策落实不到位；④扶贫没有完全对标；⑤扶贫成效一般；⑥扶贫工作浮于表面；⑦扶贫单位“挂名不挂实”；⑧资料台账不健全；⑨扶贫对象识别不精准；⑩问责不到位。

第三，脱贫攻坚整改内容。抓好“四个到位、四个精准、五个强化”。“四个到位”，即联系走访到位、政策宣传到位、政策落实到位、扶贫成效到位。“四个精准”，即扶贫对象识别要精准、资料档案材料要精准、项目资金整合使用要精准、扶贫对象脱贫退出要精准。“五个强化”，即强化领导、强化调度、强化投入、强化检查、强化问责。

第四，脱贫攻坚整改方法。①要倒排农户名单、严格甄选比对、整户建档立卡、补齐识别程序、从严追责问效，着力解决精准识别问题；②要悬挂好公示牌、发放好资料袋、完善好“一本通”、健全村级资料台账，着力解决基础信息资料不完善的问题；③要严格退出标准、列出贫困户负面清单、保障重点人群稳定脱贫，着力解决脱贫质量不高的问题；④要及时兑现政策、简化办事流程、抓实“一本通”填写、稳定扶贫政策，着力解决落实扶贫政策措施不到位的问题；⑤要加快滞留闲置资金拨付、加大统筹整合资金力度、建立健全利益联结机制、强化扶贫资金监管，着力解决扶贫资金项目管理问题；⑥要精准申报项目、加快在建项目实施进度、创建扶贫项目建设“绿色通道”，着力解决扶贫项目推进慢的问题；⑦要强化乡镇党委政府领导、强化驻村帮扶责任落实、强化乡村扶贫队伍建设、强化村级基层组织建设，着力解决基层基础工作相对薄弱的问题。

（二）脱贫攻坚问题整改工作调度会

2017 年 7 月 10 日下午，信丰县召开全县脱贫攻坚问题整改工作调度会，深入贯彻落实中央、省、市脱贫攻坚问题整改工作有关精神，总结分析当前信丰县脱贫攻坚问题整改工作中存在的问题，部署安排下一阶段工作。会议再次强调全县上下要把推进脱贫攻坚作为首要任务和头等大事来抓，认真对照、逐项整改，做实做细做好，全力以赴打好打赢脱贫攻坚战；要以扶贫攻坚为抓手，认真抓好精准扶贫、新农村建设、乡风文明建设、农村环境综合整治、基层党建等工作。

会议部署了下一阶段的工作：①围绕问题抓落实，健全完善脱贫攻坚资料台账，做到信息全面翔实、数据准确、客观真实；②形成整改清单，制定整改方案，细化整改举措，切实把脱贫攻坚问题整改工作抓紧抓实抓好；③统筹兼顾抓落实，加强部门与部门之间、部门与乡镇之间的协调配合，全方位抓好政策落实、教育引导贫困户、满意度调查等工作，顺利迎接国家2017年脱贫攻坚巡查。

2017年9月27日，深入推进全省、全市脱贫攻坚工作电视电话会议召开，号召在全省开展脱贫攻坚“百日行动”，不折不扣完成全年脱贫攻坚目标任务。信丰县在2017年12月12日召开了全县脱贫攻坚“百日行动”调度推进会，研究部署脱贫攻坚迎检各项准备工作。会议主要内容如下：

第一，对标国检要求，查漏补缺。刘勇指出，2018年1月初，国家将对包括江西在内的22个省进行脱贫攻坚工作考核。全县上下要抓住有限时间，对表对标、查漏补缺、立即整改，按照考核评估要求，进一步梳理、进一步规范、进一步核查，认真做好补短板工作，确保各项工作整改落实到位。

第二，整改工作重点。围绕“两不愁、三保障”的目标，瞄准贫困群众的吃、住、穿、医疗、教育、安全饮水、环境卫生等突出问题，集中力量攻关，加快补齐短板；要深刻把握“贫困发生率、脱贫人口错退率、贫困人口漏评率和群众满意度”指标的硬性要求，抓好“三率一度”的改进、完善、提升。扎扎实实推进项目建设，加快推进易地搬迁、产业扶贫、整村推进等项目，确保12月底完工。

第三，加强监督。要落实“1+4”督查问责机制，对履职不到位的严肃执纪问责；扶贫干部和贫困群众要熟悉、熟知、熟记扶贫政策；要严格压责任，落实好“五个同责”，挂点县领导、各帮扶责任单位要靠前指挥、强化调度、以上率下，做到一级抓一级，层层抓落实，确保工作到位；要加大督查力度，发现一个问题，通报一次，坚持问题导向，举一反三，全力抓整改。

（三）“夏季整改”会议

2018年5月2日，信丰县组织收听收看省、市脱贫攻坚“夏季整改”行动电视电话会议后，立即召开全县脱贫攻坚“夏季整改”行动动员会，贯彻落实省、市脱贫攻坚“夏季整改”行动电视电话会议精神，研究部署该县脱贫攻坚

“夏季整改”行动。会议主要包括以下内容：

第一，脱贫攻坚整改存在的主要问题。主要是6个方面：①基础工作不扎实；②政策措施落实不到位；③项目资金管理不规范；④基层攻坚能力不强；⑤干部作风不扎实；⑥贫困户自身的脱贫能力不强。

第二，“夏季整改”的主要内容。①要在整改“基础信息不准”上下功夫。要整改错评、漏评、错退，做好精准识别不漏一人。②要在整改“政策兑现不实”上下功夫。住房保障政策、教育扶贫政策、健康扶贫政策、“产业扶贫信贷通”政策要落实到位。③要在整改“资金项目管理不规范”上下功夫。要解决项目安排不精准的问题，解决项目进展慢、质量差的问题，解决项目效益不高的问题，解决资金拨付效率低的问题。④要在整改“脱贫质量不高”上下功夫。要增加产业性收入，把握“全覆盖”的要求，突出长中短结合，提升已有的种植、养殖基地，发展资源环境可承载、见效好的短平快产业，确保村村有脱贫产业，户户有增收门路。⑤要在整改“村庄综合环境脏乱差”上下功夫。深入开展村容村貌整治，积极倡导文明乡风，鼓励每家每户开展好庭院卫生整治。⑥要在整改“干部作风不实”上下功夫。各单位、各乡镇要加强管理、压实责任，加强结对帮扶干部的管理。要加强督查，压实责任，确保“夏季整改”行动取得实效。

第三，工作重点。①全力抓好产业扶贫。要把现代农业发展与脱贫攻坚结合起来，结合主导产业，建立利益联结机制，确保贫困户实现长期稳定增收。要加大“产业扶贫信贷通”政策的宣传力度，鼓励贫困群众积极发展产业，增强贫困群众自我脱贫能力。②要务必做好易地搬迁、保障房建设、空心房整治等工作。加快易地搬迁项目建设进度，确保贫困群众早日实现搬迁入住。要下大力气开展“空心房”整治，通过改善村庄环境来提升生产生活条件，促进脱贫致富。

2018年5月16日上午，信丰县脱贫攻坚“夏季整改”暨城乡环境整治工作推进调度会召开，调度推进脱贫攻坚“夏季整改”行动，持续推动城乡环境整治工作取得实效。

会议提出“夏季整改”和城乡环境整治是全力补短板，推动信丰各项工作走在全市前列。再次重申了“夏季整改”需要落实的工作主要有6项：解决精准的问题；全面促进产业和就业扶贫工作，推动产业全覆盖；扶贫政策要落实到位；要解决人居环境问题；解决扶贫项目资金管理不规范的问题；层层压实干部结对帮扶责任。

关于城乡环境整治工作，会议提出要大力整治城乡环境，改善城乡面貌。第一，加强农村环境整治。要实施好农村环境突出问题整治攻坚行动，在全县范围内开展以“空心房”整治为重点的五项集中整治攻坚行动。严格落实“一户一宅”政策，注重工作方式方法，加强督查问责，确保2018年农村环境面貌发生显著变化。营造安全、亮丽的村庄环境。第二，持续做好城市环境整治。完善老街老巷、背街背巷、小街小巷的基础设施，扎实推进铁皮棚拆除工作，巩固提升网格化管理成果，确保城市环境有明显改观。2018年5月17日起，利用一周时间开展城乡环境大整治行动，全力推进城乡环境整治。

2018年6月8日，信丰县再次召开脱贫攻坚“夏季整改”工作调度会，小结前一阶段脱贫攻坚“夏季整改”工作，并对进一步推动脱贫攻坚“夏季整改”工作进行部署。

第一，坚持问题导向。全县各级各部门及广大干部职工要按照整改的问题清单，以问题为导向，解决基层基础不牢问题，打牢精准识别基础，加快推进镇、村两级扶贫工作站（室）规范化建设，进一步完善基础信息资料；要解决工作重点不突出问题，聚焦“夏季整改”问题清单抓整改落实；全面推行脱贫攻坚十大机制。

第二，美化人居环境。加大铁皮棚整治力度，完善老街老巷、背街背巷、小街小巷的基础设施，提升城乡“颜值”；要大力整治城乡环境，持续推进农村生活垃圾治理，改善农村生活环境；抓好道路沿线环境整治、“空心房”整治和城区环境整治等工作，动用一切资源和力量，将整治和改造相结合，努力让城乡面貌更加亮丽。

二、脱贫攻坚整改的实施情况

（一）“走遍信丰”

为进一步推动脱贫攻坚整改工作，信丰实施“走遍信丰”行动，以脱贫攻坚为统领，深入开展农业农村工作。2018年5月4日起，刘勇启动“走遍信丰”计划，带领县分管领导和县委办、扶贫移民办、发改委、交通运输局、水利局、农工部、财政局等部门负责同志深入全县所有行政村、居委会，察看现场，与全体村（居）“两委”干部、驻村第一书记座谈，听取镇村（居）工作汇报，详细了解村（居）“两委”班子情况、村（居）情特点、工作特色，了解脱贫攻坚整改落实情况，考核村干部对扶贫政策的掌握程度，了解每一位村干部的家庭情况，督查调度以脱贫攻坚为统领的精准扶贫、产业发展、新农村建设、乡风文明建设、基层党建等农业农村工作，就当前和下一步脱贫攻坚等农业农村工作提出要求，并就交通、水利、电力、用水、教育、扶持壮大集体经济等方面的诉求进行现场会诊、现场办公。督查调度期间，刘勇还走访困难群众，慰问老村干部、困难老党员等，与他们亲切交谈，了解家庭、生活、健康等情况，并送上慰问金。

2017 年 9 月 16 日，时间跨度 136 天、用时 51 天、足迹遍布 262 个行政村、42 个居委会的“走遍信丰”计划告一段落。信丰县政府官网显示，信丰全县共计 304 个村（居）委会，这样看，实现了真正意义上的“走遍信丰”（见表 5－1）。

表 5－1 信丰县委书记刘勇下乡督查调度脱贫攻坚整改简况（部分）

序号	时间	地点	简况
1	2017 年 5 月 4 日至 6 日	辗转 14 个乡镇，来到 14 个“十三五”省级贫困村，深入 33 个产业基地和村庄整治点等现场	对全县“十三五”省级贫困村脱贫攻坚工作进行督查调度
2	2017 年 5 月 14 日	安西镇	督查调度脱贫攻坚整改、脐橙产业转型发展等工作
3	5 月 19 日至 21 日	油山镇、万隆乡和大阿镇	以脱贫攻坚为主要抓手，就精准扶贫、产业发展、新农村建设、乡风文明建设、基层党建等农业农村工作进行督查调度
4	5 月 27 日至 29 日	大塘埠、嘉定镇、西牛镇	督查调度脱贫攻坚等工作
5	6 月 17 日至 18 日	大塘埠镇、正平镇	督查调度脱贫攻坚等农业农村工作
6	6 月 23 日至 25 日	铁石口镇、小江镇、虎山乡	督查调度脱贫攻坚等工作
7	2017 年 6 月 26 日	新田镇	督查调度脱贫攻坚等农业农村工作
8	2017 年 7 月 1 日至 2 日	崇仙乡、大桥镇	督查调度脱贫攻坚等农业农村工作
9	7 月 7 日至 9 日	小河镇、嘉定镇、西牛镇	督查调度脱贫攻坚等农业农村工作
10	7 月 15 日至 16 日	万隆乡、虎山乡、小江镇	督查调度脱贫攻坚等农业农村工作
11	7 月 29 日	正平镇	督查调度脱贫攻坚等农业农村工作

在刘勇的示范下，其他县领导积极走出办公室，下到各自挂点县镇，检查督促脱贫攻坚整改工作。如县委副书记袁炎，除了陪同县委书记刘勇下乡外，2017 年 5 月 11 日下到正平镇球狮村调度精准扶贫工作。通过查看资料、走访农户、深入项目建设现场、“考”问镇村干部等方式，了解正平镇脱贫攻坚整改工作的

进展和球狮村整村推进扶贫工作情况。县委常委钟雪姣在新田镇花历村走访贫困户，同贫困户亲切交谈，宣传当前脱贫帮扶政策，为贫困户解决实际困难，并与贫困户一道做午饭、拉家常、讲政策、谋发展。

大致说来，信丰县委领导下乡进行脱贫攻坚督查整改工作一般都通过整改现场、召开座谈会、听取汇报、把脉问诊、现场办公解决实际困难的方式进行。每到一地，都根据检查的实际情况，有针对性地指出其存在的主要问题，使当地领导明确整改完善的具体事项。如刘勇在新田、崇仙、大桥督查调度时，根据其存在的薄弱环节，强调要集中精力整改完善脱贫攻坚基础信息台账。在安西镇督查调度脱贫攻坚整改等工作时，刘勇指出，安西是赣南脐橙的发源地，脐橙是安西镇最大的特色。安西镇要从实际出发，抓好产业扶贫，充分体现安西特色，抓住脐橙产业重点，加大脐橙产业扶贫力度。要在生态建园上下功夫，充分发挥龙头带动作用，鼓励和支持有能力有技术的果农创建示范果园，完善产业带动脱贫机制，按照全产业链的理念发展壮大脐橙产业，拓宽贫困户增收和就业渠道，确保脱贫效果可持续性。在深入大塘埠、嘉定、西牛镇督查调度时，刘勇强调，这些地方要强班子、谋产业、抓党建，促脱贫。在大塘埠镇、正平镇督查调度时，刘勇强调，要将精准扶贫各项政策措施落实到位。在油山镇、万隆乡、大阿镇督查调度时，刘勇则强调，要推进抓党建促脱贫攻坚，打造脐橙苗木“良心工程”，发掘整理地方特色文化。在万隆乡、虎山乡、小江镇督查调度脱贫攻坚等农业农村工作时，刘勇强调：迅速把工作重心转向推进“十大扶贫工程”。

2017 年 9 月 22 日上午，县委书记刘勇主持召开“走遍信丰”成果梳理总结座谈会并讲话。参与“走遍信丰”计划的县领导沈宝春、刘章宏、黄一新，以及县直有关单位负责人、各乡镇党委书记参加座谈会。

刘勇在总结讲话时指出，此次启动和实施“走遍信丰”计划，目的非常明确，主要有以下六个方面：

第一，深度调查研究。只有开展深度的调查研究，摸准情况底细，才能在推进工作中做到心中有数、有的放矢、深耕细作、精耕细作。“走遍信丰”，是一个向实践学习的过程，是一个向群众学习的过程，是一个向基层干部学习的过程，收获很大。

第二，集中督促检查指导工作。对以脱贫攻坚为统领的精准扶贫、产业发展、新农村建设、乡风文明建设、农村基层党建的农业农村工作“五项重点”，特别是对脱贫攻坚工作进行集中、高位、高强度的督促检查指导，对脱贫攻坚工作不力的单位和个人进行问责，有效地推动了脱贫攻坚等工作。

第三，与乡（镇）村一道梳理当地工作思路。实施“走遍信丰”计划，很多问题、很多典型、很多灵感、很多新的观点和思路，都是通过深入基层调研发现的。每到一个村，对村情特点进行认真分析梳理，而后提出合理化意见建议。这些意见建议和观点，有的针对该村的实际情况，有的针对所在乡镇的实际情况，有的对全县某方面的工作具有指导性和可操作性。

第四，现场办公解决基层实际问题。通过现场调度、现场办公，将交通、水利、电力、用水、教育、扶持壮大集体经济等方面的与群众利益息息相关的问题解决好了，能提升群众的获得感和幸福感，同时也能进一步树立党和政府的良好形象，进一步密切党群干群关系。

第五，激活村级的生机与活力。通过“接地气”，上下联通、左右贯通，激活村级的生机与活力，提高村“两委”换届工作质量，抓好村级班子建设，积极做好新形势下的农业农村工作。

第六，进一步改进工作作风和工作方法，提升脱贫攻坚等农业农村工作水平。“走遍信丰”是在倡导一种深入扎实的作风、抓铁有痕的精神、敢拼善赢的干劲。全县上下都要学习这种作风、这种精神、这种干劲，推动全县脱贫攻坚、新农村建设等各项工作再创新辉煌，以“辛苦指数”换取、提升群众的“幸福指数”。

（二）县直部门乡镇整改实施情况

信丰县教育局召开全县2018年教育扶贫“夏季整改”推进会暨资助工作现场会。目前已积极开展教育扶贫政策告知书发放工作、向全县建档立卡学生在外省市县就读学校发函落实资助政策，各学校还开展了“夏季整改”自查自纠工作。全县幼儿园、义务教育学校、高中学校、中职学校的教育扶贫专干等接受了如何做好教育扶贫资料台账、建档立卡贫困学生电子档案系统注册等方面的业务培训，学习了教育扶贫政策和资助工作规范等。

县果茶局组织举办全县柑橘标准化生态示范园创建技术培训班，县果茶局专业技术人员、各乡（镇）果茶站长、果业技术联络员和标准生态示范园创建果园主近200人参加培训，提高信丰县柑橘标准示范园创建技术水平，推进信丰脐橙产业转型发展。

古陂镇结合“干部帮扶日”活动，组织全体帮扶干部深入开展“遍访民情”活动。各驻村干部走遍所驻村每户贫困户；各村（居）党支部书记、第一书记、常驻队员、村扶贫专干走遍本村（居）每一户农户，重点走访好贫困户和档外低保户、土坯房住户、大病重病户、残疾人户等疑点农户。其他村（居）干部走遍所包片负责小组每一户农户。同时，做到“五必问”（问收入情况、问产业情况、问就业情况、问医疗情况、问教育情况）、“五必查”（查住房安全、查安全饮水、查卫生厕所、查通户便道、查政策落实），对当前脱贫攻坚工作进行一次全面“把脉”。

正平镇开展“七个一”连心活动，即自备菜品到贫困户家中吃一顿饭、张贴一张政策宣传单、解读一批扶贫政策、完善《一本通》内容、与贫困户拍一张合影、帮助做一次家务或田间劳动，帮助解决一个实际困难或问题。组织全体帮扶干部下村入组走访贫困户，帮他们制定脱贫计划；对当前扶贫工作存在的问题进行自我剖析、深度讨论、即时整改，制定2017年脱贫攻坚工作方案。

大阿镇安排8个扶贫工作督查组对精准扶贫工作进行全面自查，发现问题督促立即整改，并将督查情况通报全镇。对2017年新识别36户109人贫困群众进行结对帮扶，组织帮扶干部入户走访，根据贫困户致贫原因、发展意愿等实际情况，帮助其制定发展增收“一户一策”，结合村情协助各村制定2017年脱贫攻坚工作计划。

西牛镇全体镇村干部、扶贫工作队员进村入组走访慰问所帮扶的贫困户，完善各村扶贫攻坚三年规划，确保各项扶贫政策落实到位。铁石口镇组织4个督查组，对全镇14个村精准扶贫工作进行全面督查梳理，对督查中发现的问题列出详细清单，要求各村、各扶贫工作队立即整改落实。为使贫困户尽快搬入保障房，新田镇倒排工期狠抓工程进度。

铁石口镇江背村为620余户群众发放棕榈基地2017年土地流转租金16万余元，其中受益贫困户32户。该棕榈基地自2012年建立以来，累计吸纳100余名贫困户到基地务工，现有28名贫困户长期在基地务工，平均每人每年务工收入3800余元，有效加快了脱贫步伐。

油山镇着力恢复脐橙主导产业，对灾毁果园进行土地平整，目前已完成第一批灾毁果园土地平整项目1735亩，并通过验收；现正实施第二批灾毁果园土地平整项目1402亩。

（三）上级脱贫攻坚整改督查情况

1. 省级督查

2017年6月19日，省脱贫攻坚第一检查督察组副组长、吉安市人大常委会原副主任王俊雄率检查督察组一行来到信丰县，开展为期两天的脱贫攻坚检查督察工作。此次检查督察将通过听取汇报、查看资料、实地调研等多种形式，对该县落实省委、省政府脱贫攻坚决策部署情况进行检查督察。此次检查督察的主要目的是发现问题、指出问题、整改问题，督察工作、帮助工作、促进工作，发现经验、总结经验、推广经验。县委书记刘勇代表县委、县政府向检查督察组介绍了县情，汇报了脱贫攻坚总体工作情况，脱贫攻坚问题整改进展情况、存在的问题和建议及下一步工作打算。刘勇指出，信丰县将以此次省检查督察组检查督察为契机，扎实推进脱贫攻坚各项工作落实，重点做到“五个贯穿始终”决胜扶贫攻坚：将脱贫攻坚问题整改贯穿始终，确保整改工作按时顺利完成；将推进产业扶贫贯穿始终，确保产业扶贫覆盖全县60%以上建档立卡贫困户；将整村推进贯穿始终，确保小康路上不落一村、不漏一户、不少一人；将保障扶贫贯穿始终，确保扶贫政策和资源配置精准到位；将责任落实贯穿始终，在全县上下形成任务明确、责任具体、合力攻坚的良好氛围。

2. 市级督查

2017 年 2 月 20 日上午，市委第一巡察组专项巡察信丰县脱贫攻坚工作情况反馈会召开。通报了市委第一巡察组对该县脱贫攻坚工作专项巡察的反馈意见，充分肯定了信丰县脱贫攻坚工作取得的成效，同时指出了存在的问题和不足，并提出了具体的整改要求。刘勇表示，将以虚心端正的态度接受巡察组反馈的相关问题和提出的意见、建议，按照市委巡察组的要求，坚持问题导向，逐项研究、落实责任、立即整改，确保脱贫攻坚各项目标任务落到实处。

刘勇强调，要坚持以强烈的政治自觉和责任意识，高度重视巡察反馈问题的整改，以最好的态度、最快的速度和最大的力度铁心整改，确保巡察成果的最大化和长效化。要坚持以扎实的作风、有力的举措，认真抓好巡察反馈问题的整改。要坚持以决战决胜的勇气和担当，全力以赴打赢脱贫攻坚战。信丰县将以此次巡察反馈为鞭策，进一步强化扶贫政策落实，规范项目资金管理，以有力的举措、过硬的作风、必胜的信心，全力以赴打赢脱贫攻坚战，确保 2017 年信丰县实现 10000 名贫困群众脱贫退出、4 个省级贫困村脱贫摘帽的目标。

市新型城镇化攻坚战领导小组督查组到信丰县督查指导新型城镇化项目，希望信丰县对提报的市十大攻坚项目要再次细化、量化工作目标，明确好推进方案，进一步加快项目建设进度，坚决打赢新型城镇化攻坚战。

2017 年 8 月 9 日，由市委督查室、市政府督查室、市城管局、市农粮局和市环保局组成的联合督察组，对信丰县中央环保督察反馈问题整改工作进展情况进行全面督察。督察组对该县垃圾填埋场污染防治渗液滤液处理工程及垃圾焚烧发电厂项目建设情况、工业固体废物处置中心项目建设推进情况、畜禽养殖场禁养区内猪场关停、搬迁及规模养猪场配套污染防治设施及环评制度执行情况、稀土矿车间无防渗母液回收池渗漏问题及废弃稀土矿山生态修复环境治理项目进展情况等整改工作进行现场督察。督察组要求，要进一步强化措施、履行职责、明确责任人和整改时限，抓好中央督察组反馈问题的整改落实，确保问题整改到位。

3. 县级督查

为进一步加强信丰县脱贫攻坚督查工作的组织领导，信丰县脱贫攻坚 4 个督查小组合成 2 个大组，分别由县人大常委会副主任、县总工会主席殷志敏同志和县政协副主席王兴亿同志任组长，全面领导各督查小组开展工作。

自 2018 年 5 月 31 日以来，县领导殷志敏、王兴亿亲自带领各督查组深入各乡（镇），通过入户核查、查阅资料台账等形式，对“两不愁、三保障”问题整改、镇村扶贫工作站（室）规范化建设、精准识别和精准退出、责任落实和精准帮扶等工作进行全面督导检查，督查结束后立即在所督查镇村召开督查问题反馈会，目前，已下发整改通知单 39 份，涉及嘉定镇、大塘埠镇、安西镇等 8 个乡（镇），涉及帮扶单位 20 个。

第三节　兴国县

一、脱贫攻坚整改的动员

（一）脱贫攻坚整改与调度会

1. 省市脱贫攻坚整改工作电视电话会议兴国分会场

2017 年 4 月 20 日，全省、全市脱贫攻坚整改工作电视电话会议召开。兴国县在家的县四套班子领导，以及市委选派 88 名市直、驻市县处级领导干部在兴国分会场出席会议。电视电话会议后，县委书记赖晓军就贯彻落实会议精神作了讲话。主要内容有四点：

第一，强调政治站位。表示要坚决贯彻落实省市关于脱贫攻坚工作的最新部署，全面整改脱贫攻坚工作中存在的问题，把兴国脱贫攻坚工作做得更实更细，如期实现“脱贫摘帽”。全力做好工作，确保脱贫攻坚工作任何时候都经得起任何检查、经得起群众批判、经得起历史检验。

第二，迎难而上，对照问题落实整改。虽然对照脱贫的指标以及省市的工作要求，兴国的压力还比较大、任务还比较重，但是必须迎难而上，省里在通报中点出了考核发现的突出问题，特别是涉及兴国的具体问题，要认真梳理，抓紧整改，时刻紧绷思想之弦，绝对不能有侥幸心理、麻痹思想、厌烦情绪。

第三，整改重点。对本地本部门的脱贫攻坚工作来一次全面体检，从思想根源、制度机制、责任落实等方面查准、查细、查深、查实，有什么问题就解决什么问题，一个个整改到位。要坚持聚焦“两不愁、三保障”。以贫困村为主战场、以贫困户为靶心，进一步改进和提升脱贫攻坚工作。要着力提升群众满意度。

第四，强化督查。今后调度要更密，所有脱贫攻坚工作实行“一周一调度”“一周一通报”。督查要更细。严格采取明察和暗访相结合、常态督查与专项督查相结合、媒体动态跟踪和群众监督相结合等方式，覆盖脱贫攻坚方方面面，确保不留死角，不留盲区。追责要更严。对督查发现的问题，及时下发督查提醒通知、整改通知、督办通报，并根据相关规定严肃问责。

2. 全县农业农村暨精准扶贫工作会议

2018 年 3 月，全县农业农村暨精准扶贫工作会议再次要求坚决贯彻全市脱贫攻坚工作会议精神，加紧整改，实现高质量脱贫摘帽，着重在以下几个方面加大工作力度：

第一，打造基层基础升级版。强化动态管理。逐村逐户开展过筛排查，重点查看未建档立卡的低保户、残疾人户、危房户、重病户、独居老人户、无劳动力户和边缘户、散居户、外来户等群体，做到不漏评、不错退，也要防止错评，特别是虽属“七清四严”情况，但确实生活困难的，要查清原因，应纳尽纳。尤其注意程序要到位、资料要齐全、逻辑要严谨，环环相扣，步步相连。规范内业资料。按照市精准办《关于进一步规范和完善精准扶贫相关资料台账的通知》要求，将全部内业资料过一遍，确保内业资料、国办系统信息与实际情况“三个一致”。根据省际交叉考核和省检要求，所有帮扶干部都要人手一本帮扶手册，帮扶干部一定要保证入户次数，将入户情况简要记录在册。对贫困户和非贫困户中的疑似问题户，要建立疑点甄别和佐证机制。开展政策培训。按照“个个通晓业务、人人知晓政策”的要求抓好政策业务培训。围绕政策理解、精准识别、精准退出以及产业就业帮扶等内容，着重对新任村干部、“第一书记”、常驻工作队员和帮扶干部进行重点培训，不定期组织精准扶贫政策业务知识考试，做到了然于胸、脱口而出。同时，抓好贫困户政策培训、宣传，让贫困户能够清楚自己享受的帮扶政策，何时进退，有何标准，等等，确保在各级检查中能够说清楚、讲明白。结合“雨露计划”，有计划地分乡分村组织就业培训，实现贫困户培训全覆盖，确保每个贫困户都有一技之长。

第二，实现产业就业全覆盖。产业方面，坚持“长短结合、适度规模、效益优先”原则，注重产业规划，落实产业扶贫“五个一”机制，因地制宜发展脐橙、油茶、肉牛、蔬菜、光伏等优势特色产业。按照安排用于产业发展的资金不得低于过桥贷款规模的40%要求，足额安排产业发展专项资金，用好“产业扶贫信贷通”政策，充分激活社会民间资本，帮助有意愿发展产业的贫困户和各类经营主体解决资金难题。积极引进各类经营主体，挖掘发动本地能人，鼓励村“两委”成员领办创办产业基地或合作社，实现每个行政村至少有1个产业扶贫农业经营主体和基地。早谋划、早发展村级集体经济，确保每个村至少有1个自主产权项目、年集体经济收入达到5万元以上。让没有劳动能力的兜底对象通过光伏电站、资金土地入股、村级集体经济分红等形式获得收益，实现产业扶贫全覆盖。就业方面，用好“一扩一降五增加”政策，构建部门联动、多方参与的就业扶贫机制。按照扶贫车间必须是从事服装纺织、电子电器、农产品初加工、手工工艺等劳动密集型产业要求，引导工业企业和各类创业人员在乡村创办“扶贫车间”，力争每个行政村建立1个扶贫车间，优先安排贫困户培训、优先推荐贫困户上岗、优先扶持贫困户创业。通过促进就业增加贫困家庭收入，实现“一人就业、全家脱贫”。

第三，提高政策措施落实率。确保“两不愁、三保障”“两率一度”、整村推进等各项政策落实，做到有的放矢，扶到点上、扶到根上。确保吃穿不愁。关键要提高贫困户收入，让贫困户自己有能力买得起肉、米和衣服等必备生活物资。重点解决安全饮水问题，通过建小型水库、蓄水池、打深水井、山上引水等办法认真解决。确保住房有保障。继续采取易地搬迁、危房改造、维修加固、集中供养等方式，分类施策，着力解决住房不安全问题，并教育引导贫困户按“五净一规范”要求搞好家庭环境卫生，让群众住上安全、干净整洁房。确保医疗有保障。进一步完善健康扶贫“四道保障线”，建立科学可控的运行机制，及时将新增贫困人口纳入保障范围，确保贫困患者自付比例控制在10%以内。进一步落实健康扶贫提升工程，加强乡镇卫生院、村卫生室建设，落实分级诊疗，实施贫困人口家庭医生签约服务全覆盖，推动优质医疗资源进村入户。确保教育有保障。大力推进教育扶贫校长与乡镇属地双负责制，全面落实贫困家庭学生学前到高等教育各类教育资助政策。采取入读特教学校、随班就读、送教上门等方式，保障适龄残疾子女接受义务教育。健全控辍保学机制，发挥家校协作作用，确保建档立卡贫困家庭学生义务教育无因贫辍学。确保兜底有保障。做好低保制度与扶贫政策的有效衔接，把符合条件的农村低保、特困人员纳入建档立卡扶贫对象，原则上新增低保对象必须从建档立卡贫困户中产生。确保整村推进。对照省定贫困村退出9项指标，按照“缺什么、补什么”原则，投入不少于500万元统筹推进水、电、路、通信等基础设施建设；各乡镇在安排项目时，要优先保证“两不愁、三保障”和贫困户受益产业发展，不能完全用于修桥修路等基础设施建设，更不允许用于种树，兴建大广场、大门楼、多个村标等高大上项目。加大“空心房”整治力度，持续推进农村生活垃圾治理，全面改善农村基础设施和人居环境。同时，统筹兼顾，对非贫困村县里安排300万元项目资金，解决群众反映强烈的民生实事。

要严格落实省市县支持深度贫困村、贫困人口政策措施，按照《大力支持深度贫困村脱贫攻坚实施方案》要求，对标脱贫时间节点，倒排工期，向36个深度贫困村集中发力，坚决啃下深度贫困这块“硬骨头”。统筹政府、市场、社会扶贫资源，大力提升社会扶贫网统筹整合社会扶贫资源功能，提高对接质量和成功率；深入开展“百企帮百村”行动，促进帮扶资源和脱贫需求的精准对接，着力构建社会扶贫大格局。加强对贫困户政策引导、教育引导、典型引导，加大扶贫与扶志、扶智、扶勤、扶德结合力度，激发贫困群众积极性和主动性，不断提升贫困群众“我要脱贫”的内生动力。

（二）“夏季整改”会

1.“夏季整改”行动动员会

2018年5月7日，全县脱贫攻坚“夏季整改”行动动员会在兴国宾馆会堂召开。主要内容有以下三点：

第一，力量“一边倒”。会议要求坚持问题导向，“一边倒”推进脱贫攻坚“夏季整改”。要对照省里明确的7项任务和6个方面的问题整改工作清单，对照市里、县里即将下发的整改方案，坚持问题导向，实行力量“一边倒”，持之以恒将问题整改到位。所有工作都必须服从、服务于脱贫攻坚，都必须围绕脱贫攻坚来开展。各级干部都要严格按照《关于进一步压实干部脱贫攻坚责任的通知》要求来压实责任。

第二，求真务实改作风。要把严的要求、实的作风贯穿整改始终，坚决纠正扶贫工作中的形式主义、官僚主义和弄虚作假行为，克服盲目自信、侥幸心理、厌战情绪。要正视问题。要敢于直面问题，不回避、不退缩，保持清醒认识、坚持问题导向，对症下药，以解决突出制约问题为重点，强化支撑体系，加大扶持力度，聚焦精准发力，集中力量攻坚，切实补齐发展短板。

第三，扎实整改。要按照脱贫攻坚“夏季整改”行动方案要求，对标省、市、县问题清单、脱贫推出标准等内容，明晰整改思路，坚持标准不降低，较真碰硬抓整改。要压实责任。在整改过程中，要按照“落实谁的任务谁负责、谁掉链子谁担责”的原则，全面推进整改，强化责任意识，勇于担当作为。

2. “夏季整改”行动现场会

2018年5月28日晚，全县脱贫攻坚“夏季整改”行动现场会在兴国宾馆会堂召开。会前，分3个片区参观了各乡镇区产业扶贫、异地搬迁、项目推进工作现场，并进行了打分评价。针对存在的问题，会议再次强调了三个方面的工作。

第一，紧盯脱贫质量，下好下足功夫。全县上下要统一思想、深化认识，继续坚持贫困村、贫困户脱贫退出标准，按照实事求是原则，不降低标准，也不吊高胃口，持续开展好“回头看”“回头帮”活动，把防止返贫和继续攻坚摆在同等重要位置，落实精准要求，采取超常举措，下足“绣花”功夫，高质量推进精准扶贫精准脱贫。

第二，对标问题差距，立说立行整改。产业就业方面，发展产业不能“拍脑袋”、随大溜，要综合考虑地域条件、产品市场、产业基础、群众意愿各类因素，坚持长短结合，制定明确的“一乡一业、一村一品”发展路径，完善利益联结机制，提高贫困户发展产业的组织化程度和受益度。易地扶贫搬迁方面，要对照《江西省易地扶贫搬迁工作自查标准（40条）》，开展对标自查自纠，发现问题及时整改。项目建设方面，各乡镇对脱贫攻坚项目再进行核查优化，一定要抓住这次纠错机会，把所有的项目再核一遍，所有的贫困户再过一遍，确保扶贫项目精准安排、有序推进、不流于形式。

第三，强化责任担当，从严从细落实。脱贫攻坚没有任何捷径可走，就是要落实、落实、再落实。各乡镇、各单位、各级干部要切实把脱贫职责扛在肩上，把脱贫任务抓在手上，严格对照下发的《脱贫攻坚各责任主体主要职责清单》，不折不扣落实到位。四套班子领导要带头深入一线、抓在一线、干在一线，切实将脱贫攻坚责任和压力传导到基层、传导到末梢。乡镇、单位要担负起主体责任，扎实做好“两不愁、三保障”、资金使用、人力调配、项目实施等工作。各行业部门要利用本部门资源优势，积极争取项目资金，组织实施好帮扶项目。驻村帮扶单位要派出精干力量，全程参与驻点村的扶贫、脱贫工作。驻村工作队员和第一书记要履职尽责、常住在村，与镇村干部积极配合，协同开展工作。总之，就是要以更严更实的作风，拿出较真、认真的态度，全力做好工作。

二、脱贫攻坚整改工作的实施情况

（一）脱贫攻坚整改的开展

2017年4月20日，省、市脱贫攻坚问题整改工作调度会召开后，兴国县照单全收国家和省市通报存在的问题，并结合实际，查摆了7大类60个具体方面问题。组织县四套班子领导带队赴各贫困村开展问题大调研，安排32支队伍逐乡逐村逐户开展核查，召开了现场促进会，制定了整改方案，建立了问题清单（见表5－2），落实了责任分工，全力推进整改。

表5－2　兴国县脱贫攻坚问题整改工作清单（样表）

问题类别				
具体问题				
整改目标				
整改措施				
责任单位				
责任县领导				
整改期限				
整改落实情况				

1. 紧盯精准识别

兴国县严格按“七步法”开展了精准识别“回头看”，组织各乡镇对所有农户进行再筛查、再比对，对所有建档立卡贫困户进行再评议、再公示，整户新增886户3347人，自然增加13979人，整户删除5207户15464人，自然减少3545人，净减少4037人。开展了扶贫对象核实和数据清洗工作，对相关数据进行再修改、再完善，确保“第一粒纽扣”对准对齐。

在精准识别上坚持“七清四严”。“七清”指七种要清理的对象，一是在集镇、县城或其他城区购（建）商品房、商铺、地皮等房地产（不包括搬迁移民扶贫户）或现有住房装修豪华的农户；二是拥有家用小汽车、大型农用车、大型工程机械、船舶（采砂船）等之一的农户；三是家庭成员有私营企业主，或长期从事各类工程承包、发包等盈利性活动的，长期雇佣他人从事生产经营活动的农户；四是家中长期无人，无法提供其实际居住证明的，或长期在外打工，人户分离的农户；五是家庭成员中有自费留学的；六是因赌博、吸毒、打架斗殴、寻衅滋事、长期从事邪教活动等违法行为被公安机关处理且拒不改正的农户；七是为了成为贫困户，把户口迁入农村，但实际不在落户地生产生活的空挂户，或明显为争当贫困户而进行拆户、分户的农户。

“四严”指四种严格审核对象。一是家中有现任村委会成员的农户；二是家庭成员中有在国家机关、事业单位、社会团体等由财政部门统发工资，或在国有企业和大中型民营企业工作，收入相对稳定的农户；三是购买商业养老保险的农户；四是对举报或质疑不能做出合理解释的农户。

在计算贫困户收入时坚持“七算七不算”。一是发的牛羊等，不能算作收入，算作享受发展特色产业的帮扶措施，但如果牛羊下崽了，小牛、小羊可折算为收入，发放的牛羊销售后可算收入；二是危房改造的补助资金，不能算作收入，算作享受危房改造资金的帮扶措施；三是进行了小额贷款，不能算作收入，算作享受小额信用贷款的帮扶措施；四是临时性的慰问金、米面油等慰问品等，不能算作收入；五是得到了医疗救助的补助资金，不能算作收入，算作享受了医疗救助的帮扶措施；六是政府提供的种子、化肥、产业补助等农资扶持，不能算作收入，但可以在生产性支出中减掉该部分，所有农产品销售后可算收入；七是子女上学获得的助学补贴，不能算作收入，算作享受助学补贴的帮扶措施。

2. 明确标准

出台了贫困户、贫困村退出的条件和程序，具体如下。

贫困户退出条件共计七条，即：

第一，贫困人口退出要以户为单位，贫困户年人均可支配收入超出国家贫困标准（2016 年为 3146 元，2017 年为 3335 元，2018 年为 3535 元，2019 年为 3747 元，2020 年为 3972 元）。

第二，有安全住房，不能居住在危房。

第三，贫困家庭 16 岁以下子女没有辍学现象。

第四，因病致贫家庭的医疗费用基本得到解决，及时纳入大病医保、报销医药费并建立台账。

第五，贫困家庭通过产业和就业扶持，有了稳定收入。

第六，易地搬迁的贫困家庭，必须有产业、就业扶持，有稳定收入。

第七，帮扶对象满意度要高。

贫困户退出程序具体有八个步骤，即：

第一，预退出。根据本乡镇（区）、村贫困户退出规划及年度计划，由村干部、驻村工作队干部、“第一书记”及帮扶干部等共同选定本年度预脱贫对象，乡、村两级建有预脱贫对象台账，并在建档立卡系统内作预退出处理。

第二，精准扶持。对照贫困户退出标准，为预脱贫对象制定脱贫规划，选定脱贫路径，加大扶持力度，有针对性地进行精准扶持。乡、村两级建立脱贫路径台账，脱贫措施要多样化，帮扶内容要具体详细，帮扶干部要测算出每项措施帮贫困户增加的具体收入，并规范填写好“一证两册”（即脱贫登记证、政策宣传册、帮扶日记）。

第三，摸底调查。实施精准扶持后，对预退出对象进行摸底调查，调查人员包括村干部、村民小组长、驻村工作队干部、帮扶干部等，如实填写贫困户退出摸底调查表，拟定初选退出贫困户名单。

第四，民主评议。摸底调查后，参照低保评议会形式，召开村民代表民主评议会，从各村小组长、党员、乡贤等人员中选出至少13人作为评议员，对每户预退出贫困对象进行逐户讨论，确定初选退出贫困户名单，并在村委会和各村小组进行公示，评议会议要有翔实记录。

第五，入户核实。各乡镇（区）根据村委会评议意见，组织相关人员（不得少于3人）组成调查组，对拟退出贫困户进行逐户核实，填好《兴国县贫困对象脱贫退出确认表》，根据审核结果，对照退出标准确定本乡镇（区）贫困户退出名单。

第六，退出公示。经乡镇（区）核定的退出对象由村委会在全村范围内再次进行公告公示。

第七，批准退出。公示无异议后，报县精准扶贫工作领导小组审核。县精准扶贫工作领导小组组织人员对各乡镇（区）上报的退出对象分村进行抽查，抽查比例不低于10%，抽查对象若不符合标准，其所在村申报退出对象全部要重新审核。经抽查符合标准，报市、省备案，待市、省联合委托的第三方评估核查后，由县精准扶贫工作领导小组批准并在各行政村公告。

第八，建档销号。贫困户经批准退出后，及时建立脱贫档案，并在建档立卡系统中进行脱贫退出处理。

贫困村退出条件有九条，即：

第一，贫困发生率。贫困发生率低于2%。此为刚性指标，不达标不得退出。

第二，交通方面。25户（含25户）以上自然村有一条硬化的对外机动车道。

第三，饮水方面。100%农户饮水安全。

第四，住房方面。100%农户住房安全。

第五，用电方面。户户通生活用电；村委会所在地通动力电。

第六，通信方面。村委会所在地通宽带网络；农户能收看到电视。

第七，环境建设方面。25户（含25户）以上自然村有保洁员；25户（含25户）以上自然村有垃圾集中收集点，65%以上农户享有无害化卫生厕所。

第八，公共服务设施方面。贫困村有卫生室；贫困村有农村综合服务平台。

第九，集体经济收入。贫困村有集体经济收入。

贫困村退出程序有五个步骤，即：

第一，对象初选。根据各乡镇区贫困村退出规划及年度计划，选定全县36个贫困村为2017年度预退出贫困村。

第二，精准扶持。对照贫困村退出标准，加大扶持力度，有针对性地实施精准扶持。

第三，调查核实。实施精准扶贫攻坚后，县精准扶贫工作领导小组牵头组织人员对预退出贫困村进行入村调查核实，确定是否符合贫困村退出标准。

第四，退出公示。经调查核实，符合退出标准，则在乡镇、村所在地进行公示，公示时间不少于7天。

第五，批准退出。公示无异议后，由县政府统一报赣州市扶贫开发领导小组审批，赣州市审批后，报省扶贫开发领导小组备案，并由县政府向社会公告。贫困村经批准退出后，即录入信息档案，在建档立卡系统内作退出处理。

3. 紧盯基层基础

持之以恒加强基层基础工作，夯实脱贫攻坚基层战斗堡垒。主要加强了以下四个方面的工作。

第一，夯实基层组织。提前谋划考虑村“两委”换届，实施了人才“回引”工程和“实习村干部”制度，据统计，全县共“回引”982名人才；加强村“第一书记”管理，按照“两细则一办法”（《兴国县精准扶贫工作问责实施细则》《兴国县脱贫攻坚责任制实施细则》和《兴国县村党组织第一书记、扶贫驻村工作队员和非常驻村工作队员目标管理考核暂行办法》），执行考勤制度，履行请销假手续。实行“两评价一述职”（乡镇、主管部门1月1次评价，向县委、县政府述职半年1次）考核，接受“两代表一委员”质询。

第二，健全扶贫机构。增加了县扶贫办3个全额拨款事业编制，各乡镇全部成立了由党委副书记兼任站长、3名扶贫专干组成的扶贫工作站，各村级相应设立了扶贫工作室。

第三，充实帮扶力量。按照“111098”方式（县级领导干部帮扶11户贫困户、正科级10户、副科级9户、一般干部8户）重新调整了结对帮扶。对县处级领导挂点贫困村，实行了“双覆盖”机制，凡市里县处级领导挂点的贫困村，同时县里还安排了本县的县处级领导挂点。全县4626名干部按照“七步走”（精准识别—核准信息—完善资料—精准施策—核查指标—精准退出—迎接考评）参与结对帮扶。县领导以上率下，带头下村入户，各乡镇取消双休日、节假日，加班加点，查漏补缺，积极帮助贫困户解决实际问题。

第四，提升业务水平。组织各乡镇党委书记和相关单位负责人分批次赴瑞金市、井冈山、湖南省浏阳市、河南省兰考县等地考察学习；对各乡镇分管领导、精准办主任、“第一书记”和帮扶干部2次开展业务培训；分3期举办村党组织书记培训班，组织304名村书记分赴井冈山茅坪乡神山村、河南濮阳农村党支部书记学院等地实地学习。让基层干部进一步明确了脱贫攻坚的重大意义、方向举措，凝聚了合力攻坚的共识。

4. 紧盯政策落实

一是分类精准施策。制定了24项“两不愁、三保障”细化量化指标（如：是否随时有足够的油、盐、柴、米等基本生活物资；贫困户适龄子女在九年义务教育中是否有辍学；因病致贫的贫困户是否都享受了四道保障线；是否有固定的安全住房，无漏水、无裂缝等安全隐患；等等），综合抓好住房保障、就业扶贫、教育扶贫。采取易地搬迁、危房改造、维修加固、集中供养、保障房安置五种途径，回应贫困户安居需求，确保年内解决所有贫困户住房问题。出台就业扶贫工作方案，组织召开了43家企业代表参加的就业扶贫座谈会，引导企业创办扶贫车间、增设扶贫岗位，目前全县已创办23家扶贫车间，带动191名贫困人口增收。创新实施了红军后代及孤儿特困生关爱工程，3232人次享受了免费就读和生活补助。

二是抓实产业扶贫。调整了产业奖补方案，降低了补助门槛。每个乡镇安排50万元以上专项资金用于产业基地建设，紧紧围绕产业扶贫全覆盖目标，积极引进、培育龙头企业、家庭农场等新型经营主体，吸引本地企业家、能人及产业大户等参与扶贫，争取每个贫困村建设1个上规模、有效益、贫困户参与度高的产业扶贫基地，实现产业扶贫覆盖率100%（刘群卫、张昌祯，2017）。

三是强化政策宣传。进村入户宣传精准扶贫系列政策，实现贫困户政策知晓率100%；帮助贫困户享受住房、健康、教育、医疗、产业、就业等政策，确保贫困户脱贫政策享受率100%（2014年、2015年脱贫户同样享受，但2014年的贫困户不能享受“产业扶贫信贷通”政策）；并结合乡风文明行动，制定了婚丧嫁娶办事流程、标准和奖励办法，倡导喜事新办、丧事简办、厚养薄葬，激发内生动力，逐步改变因婚致贫返贫和大操大办丧事致贫。

5. 紧盯整村推进

紧紧围绕9项指标，缺什么、补什么，扎实推进预脱贫村的基础设施、公共服务等项目建设。充分利用常态化督查机制，将整村推进项目进度列入常态化督查内容，成员单位每月至少1次到各乡镇督查项目进度，实行“周调度、月督查、月排名”机制，督促加快项目实施，要求所有项目必须于当年11月底前进行验收，并报完项目资金，确保12月10日前项目结余资金不超过10%。

（二）脱贫攻坚整改工作的推动

1. 坚持以上率下

县内县处级干部以及市派88个县处级干部帮扶至少1个“十三五”贫困村，每个月必须上户走访2次以上。出台《关于加强基层党建为脱贫攻坚提供组织保障的意见》，明确脱贫攻坚期限内，乡镇党政正职原则上不调整工作岗位，同时要求乡镇党政正职要走遍乡镇所有贫困户。明确精准扶贫工作由乡镇党委专职副书记分管，专职副书记同时兼任扶贫工作站站长，配备2～3名专职扶贫工作人员，确保有固定办公场所和必要的办公设备及工作经费；在未完成脱贫攻坚任务前，不调整精准扶贫工作分管领导，保持扶贫专干稳定。

2. 健全工作机制

县直、驻县单位与县委、县政府签订了帮扶责任状。完善考核机制，将精准扶贫工作纳入部门、乡镇年度综合绩效考核指标体系，大幅度提高精准扶贫考核权重，占比达到60%以上。坚持用制度管人管事，对帮扶干部严格执行“两细则一办法”（《兴国县精准扶贫工作问责实施细则》《兴国县脱贫攻坚责任制实施细则》和《兴国县村党组织第一书记、扶贫驻村工作队员和非常驻村工作队员目标管理考核暂行办法》），进一步明确了第一书记及其他扶贫帮扶干部开展精准扶贫工作的职责任务、工作保障、日常督查以及工作考核等内容，重点明确对第一书记和驻村工作队长实行月考核、非常驻村工作队员实现季考核，考核结果由县委组织部联合县精准办进行排名，公开通报，点对点反馈至选派单位。

按照“两细则一办法”规定，驻村帮扶干部每月离岗驻村20天，结对帮扶干部每月入户帮扶不少于2次，并且明确驻村工作队帮扶责任有：推动精准扶贫、建强基层组织、进村入户服务、推进乡风文明、维护社会稳定、参与项目资金监管，与帮扶干部一起做好帮扶措施的实施，确保如期脱贫。还印发了《精准扶贫应知应会》《精准扶贫干部结对帮扶指导手册》，让村“第一书记”、驻村帮扶工作队长、结对帮扶干部全面知晓帮扶政策。

3. 强化督查管理

一是强化体系建设。出台了《兴国县服务保障“六大攻坚战”问责办法》《兴国县精准扶贫工作问责实施细则》《兴国县扶贫帮扶干部管理考核办法》《兴国县预脱贫村常态督查工作方案》《关于开展扶贫领域专项整治自查自纠环节工作方案》等系列文件，落实县、乡、村领导干部责任，构建了完善的脱贫督查考核管理体系。

二是落实严督实导。坚持明察暗访及督查问责常态化，用最严厉的督查倒逼工作落实，对贫困村退出和贫困户脱贫指标进行全方位、全天候督查。组织力量对全县12个乡镇开展了为期2个月的精准扶贫工作专项巡查。对发现的问题，及时要求整改，对整改不力、效果不好的，严肃问责。组织32支专门队伍，利用1个月（4月25日至5月25日）时间开展了拉网式的分乡核查，逐村逐户逐项核查过点，摸清了全县工作底数，并在3个工作欠账较大的乡镇分别召开现场推进会，确保将问题整改到位。

三是严厉追查问责。对在脱贫攻坚工作中作风不实、工作不力的单位和个人进行全县通报和问责。2017年以来，共发通报15次，督办整改31次，累计通报单位6个（其中问责2个），涉及人员86人（其中问责9人）。建立了工作落实追踪反馈机制，对各类督查检查评估发现的问题，及时下发整改通知，并建立跟踪台账，实行销号管理，确保发现一个问题，整改一个问题，堵住一个漏洞。

为进一步加强第一书记管理和作用发挥，2017年初，对全县第一书记进行了调整选优，共调整选优98名。调整选优后的第一书记中，35周岁以下的后备干部119名，占39.1%；科级干部48名，占15.8%，并着重选优配强了2017年52个预脱贫村的第一书记，其中后备干部比例达65%。

4. 加强激励引导

统筹精准扶贫工作考核结果运用，让实绩突出的干部有位置、干得好的干部得实惠，形成齐心协力抓扶贫的良好导向和浓厚氛围。2017年初，兴国县委、县政府拿出近300万元对56个先进单位和102名先进个人进行表彰奖励。着力在精准扶贫主战场锻炼、识别、发现、选用干部，对在精准扶贫中表现突出、业绩优异的干部大胆提拔，优先使用，以鲜明的用人导向引导各级领导班子和广大干部在精准扶贫实践中提升动力、创优绩。2016年换届以来，共提拔使用精准扶贫战线干部222人，其中：第一书记34人，其他帮扶干部188人；县直单位干部98人，乡镇干部124人；副科提正科78人，一般干部提副科144人。比如，2017年5月，在领导职数非常紧缺的情况下，县委专门拿出事业编岗位，用于提拔7名因在精准扶贫工作中表现突出且2017年初受到县委、县政府表彰的事业编干部（其中县直单位3名，乡镇4名，5人为村党组织第一书记）。

（三）脱贫攻坚整改的具体情况

1. 县级层面的整改情况

2016年9月26日至10月27日，省委第二巡视组对兴国县开展了脱贫攻坚工作专项巡视。2016年12月16日，省委第二巡视组向该县反馈了专项巡视情况后，县委高度重视，切实承担整改主体责任，迅速行动，精心组织整改。

兴国县委坚持把整改工作作为重大政治任务来抓，坚决按照省委巡视组要求狠抓整改工作。

第一，迅速部署，主动担责。省委第二巡视组反馈情况后，县委切实担起整改工作的主体责任，专题研究整改落实工作。成立了整改工作领导小组，全力推动整改落实。制定了整改工作方案，按照“谁主管、谁负责”的原则，逐一明确了责任县领导、责任单位、整改措施和整改时限。

第二，强化督促，狠抓落实。整改领导小组建立了督促机制，强力推进整改工作。一方面，多次召集相关单位听取整改情况汇报，及时研究解决整改过程中出现的问题；另一方面，通过定期组织督查、明察暗访，对整改情况进行全覆盖督查，使整改工作始终有序推进。

第三，各司其职，整体推进。各牵头责任单位分别成立了整改工作领导机构，分解任务、细化措施、责任到人，并建立了跟踪督导制度，确保整改落实到位。通过狠抓整改，进一步明确了努力方向和工作重点，补齐了工作短板，全县精准扶贫工作水平得到进一步提升。

该县针对省委巡视组反馈3个方面10项问题，梳理出27项具体整改任务，具体情况如表5-3所示。

2. 县直部分单位落实情况

2017年6月21日上午，县精准办和扶移办召开会议，传达全省脱贫攻坚问题整改工作调度会议精神，结合兴国县实际研究贯彻落实会议意见，会议要求：一是认真抓好问题整改；二是全面迎接“省考、国考”；三是统筹推进各项工作。

表 5－3　兴国县对省委巡视组反馈问题的整改情况

项目类别	反馈的问题	整改情况
已基本完成的整改项目（13 项）	各职能部门、联席会议成员单位推进工作不够平衡，部门、乡镇、村之间联动协作不够	一是坚持精准扶贫工作领导小组会议制度。定期研究部署精准脱贫工作，推动脱贫攻坚工作持续升温加热 二是建立联动机制。建立了部门联动协作机制，定期召开会议解决项目推进存在的问题，明确责任分工，形成推进合力 三是强化项目督查。既对项目进度慢、落实不到位的乡镇区进行了督查，下发了《督办函》，增强乡镇主体责任落实；也督查牵头单位主管责任落实情况
	安排交通项目与新农村建设脱节	按照赣州市“三年行动计划”要求，制定了《加速农村公路建设，助推新农村建设工作实施方案》，确定今后 3 年的主攻目标。在此基础上，重新核实了贫困村和非贫困村通 25 户以上自然村通水泥路遗漏和新增项目，统计全县遗漏或新增通 25 户以上自然村通水泥路项目基本与扶贫人口数据一致
	查处基层“微腐败”问题还不够及时	一是查存量。一方面，限期处置尚未办结的“微腐败”问题线索。县纪委监察局组建了 10 个调查组，在确保质量的前提下，集中力量快速查结存信访件。另一方面，制定出台《关于开展扶贫领域专项整治自查自纠环节工作方案》，全县 26 个乡镇（区）开展了扶贫领域专项整治自查自纠，进一步消化存量 二是对问题线索实行了台账管理，按时限分级预警督办，强化问题线索的督办力度。由信访室按承办部门建立问题线索台账，记录领导批转时间、承办部门及责任人、办理时限、办结时间，分别报送书记、分管副书记，并由信访室跟踪各问题线索办理情况 三是实施对基层“微腐败”问题线索多次超期，同一个系统、领域、同一乡镇多次出现“微腐败”问题的问责机制，强化问责措施
	少数应纳入的没有纳入扶贫对象，部分数据采集以及帮扶措施与贫困户实际情况不符、政策宣传不够深入	一是按照 7 个“一票否决”和四个“从严甄别”要求，建立了贫困户“一户一档”，并精准录入大数据管理信息系统。规范管理内业资料，实现了账、卡、册、系统与实际信息一致 二是加大扶贫政策宣传力度。印发 7000 余册脱贫政策“一本通”和宣传手册，全体帮扶干部逐户宣传。同时，加强了扶贫成效的宣传，教育引导贫困户感恩奋进，激发内生动力 三是推进帮扶政策精准到户。组织帮扶干部按照致贫原因，制定帮扶措施，重点支持贫困户发展蔬菜、肉牛、油茶等产业，下派了 4 个督查组，就各乡镇“两不愁、三保障”落实情况开展专项督查

续表

项目类别	反馈的问题	整改情况
已基本完成的整改项目（13项）	产业扶贫贴息贷款未按要求用于发展产业	一是通过精准帮扶干部逐户督促种植、养殖产业，使其所贷资金充分利用到发展产业方面，达到预期效果 二是进一步加强扶贫资金使用和管理，跟踪资金去向，确保专款专用； 三是强化贫困户将产业扶贫贴息贷款用于发展产业
	脱贫退出程序不够规范	严格执行脱贫程序，派出工作组深入乡村，指导各地严格执行《关于建立贫困退出机制的实施意见》确定的退出标准、退出程序，发现问题立即整改到位
	三个专业合作社与贫困户利益链接不够紧密	一是涉及的一个合作社拨付扶贫资金已归还至扶贫专户，重新安排2016年贫困户产业直补，并已补助到位 二是另两个合作社已与贫困户建立了利益链接机制 三是县扶移办对于产业扶贫资金效益发挥不够的问题进行了彻底整改，通过反租倒包、入股分红、基地务工、扶贫资金折股量化为贫困户股金的形式链接建立长效机制，并以此作为拨付产业扶贫项目资金的前提条件
	项目实施不规范	县审计事务所已对涉及项目进行审核，并已将项目审核结余资金缴纳至县扶贫专户；同时，县纪委对未公开竞标的已作处理：责成相关乡镇作出书面检查，对相关责任人进行诫勉谈话 为进一步整治工程建设项目招标投标秩序、规范管理监管工作，严厉打击工程建设领域串标等违法违规行为，2017年2月，开展了整治工程建设项目招标投标秩序严厉打击违法行为专项活动，制定出台了《兴国县工程建设项目招标代理管理办法（试行）》
	两条村组公路招投标不规范	县纪委监察局对两起问题调查核实，路基改造工程虚假招标情况属实，已责成责任人向组织作出书面检查，严格执行招投标有关规定，对相关责任人进行诫勉谈话，并在全县予以通报批评
	有的单位虚报项目或虚列工作量套取资金	县纪委对涉及项目的乡镇已作处理：责成涉及乡镇政府作出书面检查、对相关责任人进行诫勉谈话。合作社违规资金现已归还至扶贫专户，重新安排2016年贫困户产业直补，并已补助到位
	有的一个项目多头申报	县审计事务所已对涉及项目进行审核，并已将项目审核结余资金缴纳至县扶贫专户；县纪委对未公开竞标的已作处理：责成相关单位作出书面检查，对相关责任人进行诫勉谈话

续表

项目类别	反馈的问题	整改情况
已基本完成的整改项目（13项）	有的扶贫项目结余资金没有专款专用	涉及乡镇已将结余资金归还原渠道县财政扶贫专户，重新用于安排扶贫项目
	一乡镇将扶贫资金中的部分资金用于圩镇建设	兴国县已由县财政安排资金返回到了县财政扶贫专户，县扶移办对2013年产业扶贫资金已安排用于2016年扶持贫困户产业发展直补，目前该扶贫资金全部拨付到位
可在2017年12月前完成的整改项目（3项）	资金使用效益不高	目前，兴国县结转财政扶贫资金大部分已按规定拨付，另有少部分资金因项目需变更或施工单位相关资料未完善而未拨付。对此，首先，将加快调度，要求相关单位及时完善相关资料，对需变更调整的项目，及时上报变更请示，简化程序立即批复，确保项目早实施；其次，将按照改作风提效率和《全县政府系统改作风提效率每季一主题活动实施方案的通知》等相关要求，要求相关单位进一步明确项目完工期限，并向县委、县政府做出公开承诺。同时，进一步加快项目资料完善、第三方审计、验收等相关工作效率，让扶贫资金尽快使用到项目，发挥扶贫效益；再则，兴国县将加大项目资金的拨付力度
	项目落地不及时	县扶移办通过以领导包片、干部包乡的形式，对整村推进已完工的项目加快验收，及时完善资金拨付手续；对已动工未完工的项目按进度比例拨付资金。目前，整村推进项目仍有个别因纠纷等因素未完工。兴国县针对未完工项目：一是制定了《关于建立经济运行和重点工作推进情况月报制的通知》文件，把2017年4月作为项目重点推进月，明确部门责任，倒排工期，实行周调度、月通报制，狠抓项目的推进与落实；二是由县委督查室牵头，抽调县委办、政府办、县委组织部、县纪委干部组成四个督查组，对全县未完工项目及2016年收尾项目进行督查，对项目未按要求及时落地的乡镇进行了通报，并吊销项目资金的处理
	农田水利项目进展缓慢	将对列入2017年实施的项目，抓紧进行批复，力争全面完工
2018年上半年完成以及需要较长时间完成的整改项目（9项）	在脱贫攻坚工作中坚持问题导向做得不够、存在“前松后紧”现象	一是定期调度。县委常委会、县政府常务会每季度至少研究一次脱贫攻坚工作，县委书记、县长每月调度，分管领导每周调度，县四套班子领导以上率下，深入开展督导、帮扶工作，推动了脱贫攻坚工作持续升温加热 二是销号整改。在脱贫攻坚工作中坚持问题导向，2017年2月14日召开全县精准扶贫暨农业农村工作会议，部署了为期一个月的精准扶贫“回头看”工作，全面查漏补缺、整改提高 三是统筹兼顾。科学谋划脱贫攻坚各项工作，统筹兼顾贫困村和非贫困村、贫困户和非贫困户、脱贫户与非脱贫户，资金项目、帮扶力量适度向边远乡镇倾斜，确保全面实现“两不愁、三保障”

续表

项目类别	反馈的问题	整改情况
2018 年上半年完成以及需要较长时间完成的整改项目（9 项）	对基层提要求多、教方法少	一是严格落实《兴国县扶贫帮扶干部管理考核办法》，对干部到岗到位情况实行明察暗访常态化 二是建立培训制度。强化干部培训，对乡镇区主要领导、分管领导、业务人员、村书记、村第一书记、帮扶干部实行每人每年培训 3 次以上 三是坚持对贫困村退出 8 项指标日排名周通报，每季度开展一次综合性督查。2017 年 3 月 15～18 日开展了一次全县精准扶贫业务督查，并以两办名义下发督查通报；组织县精准扶贫工作领导小组成员单位对驻村帮扶工作队、村“第一书记”、结对帮扶干部及帮扶单位、贫困村扶贫项目实施主体开展每月一次的常态化督查，推动精准扶贫工作进展 四是加强工作指导。实行县领导挂点乡镇、贫困村制度，县精准办干部包乡制度，加大了对乡村扶贫工作督导力度
	督查问责较少	一是健全机制，夯基础。以健全制度机制为切入点，强化督查问责的制度保障。起草了《党委及其部门履行主体责任践行第一种形态的实施办法》，完善执行好《服务保障六大攻坚战问责办法（试行）》《精准扶贫工作问责实施细则（试行）》，建立了“三查一通报”工作机制，对单位、部门中存在的问题严格进行倒查问责 二是加大力度，强督查。会同县精准办、县电视台等部门单位，灵活运用明察暗访、随机抽查等方法，对全县精准扶贫工作实行定期和不定期的常态化督查。对督查中发现的工作作风漂浮、作风不实等问题，除追究当事人责任外，还实行责任倒查，追究相关领导责任。同时，还将脱贫攻坚纳入县委专项巡察、巡察“回头看”和改作风提效率“三查一通报”重点内容 三是拓展巡察（查），全覆盖。2017 年 3 月，一方面，县委组织对 12 个乡镇进行扶贫领域专项巡察，突出压实基层脱贫攻坚政治责任；另一方面，县纪委组织县乡纪检干部分成 7 个工作组，对剩余的 14 个乡镇区选取一个行政村开展为期半个月的专项巡查，重点发现村干部在民生资金管理使用等方面损害群众利益的突出问题，并对问题线索及时查处，做到既发现问题，又查处问题，双向形成震慑 四是动真碰硬，严问责。对脱贫攻坚工作中的违法违纪、失职渎职等问题，综合运用通报曝光、调整领导班子、组织处理、执纪审查、纪律处分等多种方式方法，做到失责必问、问责必严

续表

项目类别	反馈的问题	整改情况
2018 年上半年完成以及需要较长时间完成的整改项目（9 项）	少数基层党组织书记责任意识不强，工作精力不够集中	一是压实责任、传导压力。2017 年新年上班前一天，县委即召开脱贫攻坚务虚会，谈责任，理思路。各乡镇、各有关单位向县委、县政府，各行政村向乡镇党委、政府签订脱贫攻坚责任状，全面传导压力，构建了县、乡、村三级书记抓扶贫的工作格局 二是摸清底数、科学规划。根据全县脱贫攻坚“十三五”规划，组织乡镇党委书记、乡镇长于 2016 年 12 月 28 日前开展一次集中调研、走访，全面摸清贫困户情况、资金情况、扶贫政策、新型经营主体情况等家底，为科学制定 2017 年脱贫方案奠定基础 三是细化目标责任考核、优化选人用人机制。将脱贫攻坚工作纳入综合绩效考核指标体系，占比 60%；起草《兴国县 2017 年度精准扶贫工作考核实施方案》，对脱贫成效突出的优先提拔重用 四是开展精准扶贫重点工作“推进月”活动。在 4 月围绕全面推动结对帮扶、产业扶贫、整村推进等重点工作，组织开展精准扶贫重点工作“推进月”活动，掀起新一轮脱贫攻坚高潮
	少数帮扶干部作风不够扎实	一是明确责任。编发 4538 套《精准扶贫工作应知应会》，做到帮扶干部人手一套，让帮扶干部全面系统掌握工作职责 二是加强管理。各乡镇区对辖区内“第一书记”、驻村工作队及帮扶干部履行工作职责情况按照《兴国县扶贫帮扶干部管理考核办法（试行）》进行管理、考核。确保帮扶到位、帮出成效 三是强化督查问责。对干部作风、结对帮扶、证册填写、政策掌握、措施落实等工作加大督查力度，严格落实《兴国县扶贫帮扶干部管理考核办法》《精准扶贫问责实施细则（试行）》。2017 年已对 4 起干部帮扶不实问题进行了通报
	农村低保制度与扶贫开发政策衔接不够紧密	集中对建档立卡贫困人口和农村低保对象开展台账比对，实现贫困人口与农村低保对象信息数据有效衔接。下一步，县扶贫部门将与县民政部门更加密切配合，有效衔接，将脱贫的农村低保对象作为督查重点，经核查已脱贫户通过扶贫帮扶后，家庭生产生活得到有效改善，退出低保后也不会返贫的农村低保对象按程序公正有序退出低保，做到应退尽退
	对村级党组织和党员干部的教育管理抓得不够	一是加强教育监督管理。一方面，制定出台《关于加强全县村（社区）干部工作绩效考核的实施意见》和《兴国县村（社区）党组织、村（居）委员会成员廉政绩效考核实施办法》，加大考核管理力度，着重抓住村（社区）“两委”干部这个关键群体，充分发挥好示范带头作用。另一方面，分 3 期举办了 2017 年全县村党组织书记培训班，有效提升了村党组织书记做好今后基层党建、精准扶贫等工作的能力和水平。继续抓好软弱涣散村（社区）党组织整顿、提升工作，进一步明确了党员县领导结对联系制度及工作重点、要求

续表

项目类别	反馈的问题	整改情况
2018 年上半年完成以及需要较长时间完成的整改项目（9 项）		二是建强村级组织。一方面，以 2017 年村（社区）“两委”换届为契机，着重把政治素质好、群众威望高、工作能力强、引领带动作用明显的优秀青年、致富能手、退伍军人和返乡大学生选进“两委”班子，着力打造过硬队伍。另一方面，结合推进“两学一做”学习教育常态化制度化，研究制定加强农村党员管理和作用发挥的实施办法，建立发挥党员先锋模范作用的长效机制，不断增强基层组织的创造力、凝聚力和战斗力
	长效管用办法不够多	一是建立规划导向机制。围绕“一县一总规，一乡一详规、一村一方案”目标，分县、乡、村三级因地制宜制定个性化、菜单式、可操作的脱贫方案，抓住制约具体贫困村贫困户脱贫的症结问题，有针对性制定解决措施，确保符合脱贫实际、符合群众意愿 二是建立精准施策机制。在精准识别扶贫对象、实施动态管理的基础上，按照扶贫责任、资金、任务到村到户到项目原则，推动帮扶措施、资金使用更加精准，真正做到脱贫攻坚项目化管理，确保好钢用在刀刃上，增强扶贫实效 三是建立稳定增收机制。大力发展“五个一”产业基地的同时，鼓励引导贫困户通过土地流转、入股分红、反租倒包等方式，发展油茶、脐橙等长效产业和蔬菜、烟叶、肉牛等即效产业。继续实施“雨露计划”“金蓝领工程”“兴国表嫂”等技能培训，加大推介就业和政府购买公益性岗位力度，鼓励贫困户就业创业实现增收，使扶贫工作由“输血”向“造血”转变。探索将政府扶持的产业基础设施等资产，按一定比例分配股权给贫困户，待贫困户脱贫后，再将股份划归给村集体 四是建立投入持续增长机制。按照整村推进、分片实施、重点扶持原则，统筹推进贫困村路、水、电、网基础设施建设，彻底解决群众实际困难 五是建立脱贫成效评估机制。在继续采取第三方评估方式，开展扶贫成效评估的同时，探索邀请省、市、县人大代表、政协委员及新闻媒体等熟悉农村和扶贫工作人员，组成评估调查督导组，不定期开展脱贫攻坚成效督查评估，增强扶贫工作绩效的社会监督，最大程度确保脱贫攻坚政策措施落实到位、成效真实可靠
	产业扶贫资金投向与贫困人口之间有效衔接不够	对 2015 年、2016 年产业扶贫资金项目进行了摸排，对没有链接贫困户的合作社种养大户，重新要求链接贫困户，通过反租倒包、入股分红、基地务工、扶贫资金折股量化为贫困户股金的形式链接

资料来源：兴国县政府。

兴国县司法局组织帮扶干部深入兴莲乡官田村，开展脱贫攻坚“夏季整改”

行动。帮扶干部集中学习了脱贫攻坚“夏季整改”会议精神，详细了解“夏季整改”行动需要整改的问题，进行了周密部署和精心安排，从严从实整改，确保整改到位。帮扶干部利用“江西精准扶贫”AAP完成各自结对帮扶贫困户数据采集及软件资料更新完善工作，并完善APP帮扶日志和信息上报等工作；分别深入到帮扶对象的家中，面对面详细了解贫困户情况，结合贫困户自身家庭情况，讲解对应的帮扶政策，积极为贫困户解忧排惑，引导贫困群众勤劳致富。

为抓实贫困户“两不愁、三保障”工作，确保贫困对象如期脱贫，贫困村如期摘帽，2017年6月，社富乡多措并举狠抓精准扶贫问题整改工作。一是对国办系统人员名单进行再核查再识别，查漏补缺，做到进退精准；二是根据分乡核查反馈情况及入户自查情况，对贫困户住房安全、改水改厕及贫困村退出八项指标完成情况建立整改台账，明确责任干部，倒排工期，确保各项政策落实到位；三是由党政领导牵头对全乡15个行政村的产业发展、项目建设、预脱贫村整村推进以及贫困户“两不愁、三保障”工作定期督查排名，严格奖惩，形成你追我赶的良好工作氛围。

为全面掌握当前精准扶贫工作情况，城岗乡坚持以问题为导向，组织全体党政领导、干部，对辖区内所有行政村开展为期一周（2018年5月14~19日）的2018年脱贫攻坚“夏季整改”行动问题核查行动，具体由核查组领导牵头，对全乡1331户5159人建档立卡贫困户核查过点，重点针对人口信息、住房、进户道、改水改厕、线路整治、收看电视、产业发展现状等内容进行全方位交叉核查。5月31日，城岗乡召开脱贫攻坚“夏季整改”暨工作情况汇报会。会上，10个挂点单位主要领导对本单位近期脱贫攻坚成效及“夏季整改”推进情况进行了详细汇报，梳理存在的问题，并就进一步浓厚脱贫攻坚工作氛围，加快脱贫攻坚建设成效做了讨论。为进一步统一、规范帮扶干部扶贫手册填写，城岗乡开展扶贫手册集中整改工作，按照驻村第一书记、工作队长、常驻队员帮扶手册走访记录每月不少于20次，帮扶干部每月不少于2次要求，同时严格执行分管领导每月审核第一书记、工作队长，第一书记审核常驻工作队员、常驻工作队员审核帮扶干部帮扶手册制，将帮扶手册整改任务逐项分解到责任领导、责任干部，逐步形成全乡一级抓一级、层层抓落实的工作局面。

良村镇紧紧围绕“夏季整改”工作部署，从夯实基础工作、产业发展和干部队伍作风建设等方面狠抓脱贫攻坚“夏季整改”工作。对照整改工作清单，细化村级和帮扶干部两个层面的整改清单，夯实基础工作。提前谋划或提升现有产业基地，扎实链接贫困户，确保每个村至少有一个标准产业基地或扶贫车间，通过产业发展、就近就业等方式激发贫困户内生动力。加强帮扶干部队伍作风建设，以作风攻坚促进脱贫攻坚，压实帮扶责任，促使帮扶干部真正“沉下去”，当好贫困户的贴心人，推动帮扶政策落地。良村镇蕉坑村委会会议室灯火通明，来自帮扶单位县移动公司的负责同志、第一书记等10余人在此召开蕉坑村“夏季整改”调度会，及时调度解决当前存在的问题，加快整改工作进度。

通过脱贫攻坚整改，2017年兴国产业扶贫覆盖贫困户19956户，就业扶贫帮助3481名贫困劳动力实现增收，易地扶贫搬迁、危房改造、保障房安置让7311户建档立卡贫困人口住上新房，健康扶贫让63713人次城乡贫困人口享受“四道保障线”补偿待遇，教育扶贫资助补助贫困家庭学生40830人次，成功实现34个贫困村预退出和10142人预脱贫。

第四节　安远县

一、脱贫攻坚整改动员会与脱贫思路大讨论

（一）脱贫攻坚整改动员会

1. 脱贫攻坚整改工作会议

2017年5月3日上午，安远县脱贫攻坚整改工作会议在县委党校召开，县四套班子及人武部领导、法检“两长”出席会议；市派县处级驻村领导，各乡（镇）、县直及驻县帮扶单位主要负责人等参加会议。会议要求在肯定成绩的同时，也要客观审视存在的问题和差距。针对该县脱贫攻坚工作中存在的思想认识不够深、对象识别不精确、帮扶工作不扎实、政策落实不到位等问题，各乡（镇）、部门单位要从政治的、全局的和战略的高度出发，深刻认识问题整改的极端重要性和现实紧迫性，把整改工作作为当前推进脱贫攻坚的首要任务和头等大事，拿出“绣花”的功夫，认真对照、逐项整改，做实做细做好，全力以赴打好打赢脱贫攻坚战。

县委书记严水石要求，各乡镇、部门单位要紧扣重点任务，持续精准发力，要咬紧“今年顺利实现脱贫摘帽”这一目标，正视工作问题，坚持以问题为导向，算好时间账、整体账，做到靶向治疗、稳步推进脱贫攻坚工作；要制订任务清单、责任清单和进展清单，明确整改工作“路线”，确保脱贫攻坚整改如期到

位；要聚焦整改工作要点，做好精准识别、夯实基层力量、管好扶贫资金、狠抓政策落地，确保整改工作出实效；要强化组织领导、狠抓责任落实，坚持高位推进、注重压实责任、严肃督查追责。要抢抓机遇，乘势而上，以“血祭战旗”的决心、“战则必胜”的信念，只争朝夕、躬身实干，不折不扣地抓实做好整改工作，确保全面打赢脱贫攻坚战。

就如何贯彻落实好此次会议精神，县委副书记、县长肖斐杰强调，各乡镇、各部门单位要以迅雷之势抓好整改落实，针对问题认真对标、主动认领，深入剖析原因，并迅速启动自查自纠活动，全面清理自身问题，不留“尾巴”整改到位；要以“绣花之功”推进脱贫攻坚，将此次整改工作作为打赢脱贫攻坚战的有力抓手，对照脱贫标准，进一步梳理工作中的薄弱环节和突出问题，要认真做好精准识别、资金使用、政策落实、基础设施建设等各方面工作。同时，还要结合乡风文明行动，坚持扶贫与扶志、扶德相结合，坚决抵制和根除农村陋习，确保脱贫脱出新貌、退贫焕发新风；要以铁腕之力开展追责问责，狠抓督查考核，督查组要不定期开展综合督查和明察暗访，切实以严的规矩和铁的法纪，推动全县上下形成合力攻坚的良好氛围。

2. 全市工作推进会安远分会场

2017 年 7 月 10 日，赣州市召开城乡环境综合整治、乡风文明建设、文明城市创建暨中央环保督察问题整改工作推进会。安远县严水石等县领导在安远分会场收看了会议。视频会议结束后，县委书记严水石做了重要讲话。他指出，环保问题是政治问题，是事关安远形象和生态环境的发展工程，是事关脱贫攻坚和全面小康的民心工程，各乡镇单位要切实把思想和行动统一到市委市政府的决策部署上来，进一步加大力度，层层落实责任，对工作不力的要严肃追责问责。

严水石要求，要坚持以问题为导向，迅速掀起乡风文明建设的新高潮。要充分发挥红白理事会的作用，强化群众自治能力。要抓好“三沿六区”专项整治，坚决遏制增量、逐步消化存量、纳入集中管理，全面整治乱埋乱葬。要以整村推进为重点，全面推进乡村环境整治，力求从根本改变农村环境卫生面貌。要专门成立农村垃圾整治专项小组，对各村存在的“脏乱差”问题进行及时跟踪反馈，确保做好环境卫生整治工作。要努力提高群众爱护卫生的自觉性和监督工作的主动性，形成人人关心农村环境建设、人人参与环境整治的良好氛围。要建立干部夜访机制，提高群众的参与度，传承好“夜打灯笼访贫农”的苏区干部好作风，倾听群众心声，了解群众疾苦，解决他们的困难。各乡镇单位要坚持属地属事原则，因地制宜、举一反三、全面摸排，发现一起查处一起，将中央环保督察问题整改工作落到实处。

（二）贫困现状大调查与脱贫思路大讨论

1. 贫困现状大调查

2017 年，安远县精准扶贫办以安精扶组字〔2017〕5 号发文，在全县范围内开展贫困现状大调查。本次调查的目标就是实现全县脱贫摘帽，确保全面完成贫困发生率低于 2% 和“十三五”贫困村退出的脱贫攻坚任务。调查对象包括贫困村和贫困户，具体有二：第一，70 个“十三五”贫困村（2016 年已退出的 10 个贫困村因要做好迎接贫困县摘帽的国检工作，仍需按贫困村退出的各项指标要求做好工作）；第二，2017 年 3 月再识别后的建档立卡贫困户。

调查内容也包括两个方面。第一，贫困村调查内容包括九个方面。一是贫困发生率情况；二是 25 户以上自然村 3.5 米以上宽度的通村委会硬化道路和农户入户路硬化情况；三是农户饮水安全情况；四是农户住房安全和无人居住危房拆除情况；五是通生产、生活用电情况；六是通网络和收看电视节目情况；七是农户水冲式厕所、25 户以上自然村排水沟渠、保洁员配备、垃圾集中收集点环境建设等情况；八是卫生室、公共服务平台等公共设施建设情况；九是村集体经济收入情况。

第二，贫困户调查内容主要包括三个方面。一是根据精准再识别后的名单，结合国务院扶贫办贫困户信息，由帮扶干部逐户核实贫困户的姓名、家庭人数、身份证号码、贫困户属性、主要致贫原因等基本信息与系统是否一致；二是根据贫困户退出标准，对贫困户的住房、收入、教育、医疗等情况进行调查；三是对所有建档立卡贫困户 2016 年的收入进行一次全面的核查。

根据上述调查内容，可以看出，这次大调查主要是根据国家精准扶贫工作成效第三方评估及贫困村退出的各项指标要求，对贫困现状所进行的调查，并且希望在此基础上针对存在的问题采取相应的措施。

由于本次调查事关重大，安远县精准扶贫办提出了如下要求：

第一，要求各级各部门必须高度重视、明确分工。各乡（镇）、帮扶单位务必高度重视此次调查摸底工作，乡（镇）统一调度，帮扶单位全力配合，组织全体帮扶干部对 70 个贫困村和所有的建档立卡贫困户逐一排查摸底。

第二，明确节点、按时上报。要求各乡（镇）、帮扶单位科学安排人员，合理分工、责任到人，按时间节点要求抓好工作落实，确保数据准确无误。

第三，明确重点、挂图作战。要求各乡（镇）根据贫困村退出的指标要求，对标梳理，及早谋划，找出工作差距，明确工作重点，建立贫困村退出工作台账，倒排工期，挂图作战，确保70个“十三五”贫困村全部符合贫困村退出的标准。

第四，对标对表、针对扶持。要求各帮扶干部根据贫困户脱贫标准，对已脱贫但未达到脱贫标准的贫困户和2017年预脱贫的贫困户制定专项扶持计划，加大帮扶力度，确保贫困户有安全稳固住房和稳定收入来源。

第五，强化督查、严肃问责。安远县督查考核组将对各阶段工作落实情况进行督查，工作不到位的，将按照《安远县脱贫摘帽绩效考评奖惩办法》对相关责任人员进行严肃问责。

2. 精准扶贫头脑风暴

几乎与大调查同时，安远县还在全县范围内开展了关于精准扶贫的大讨论，这次讨论虽然是执行赣州市《关于在全市开展“精准扶贫头脑风暴”专题讨论的通知》（赣市扶攻办〔2017〕2号）的指令，属于奉命行事，但是也体现了安远县的特色。

这次大讨论的主体就是如何使扶贫更加精准以便于早日脱贫，重点集中在四个方面。

第一，把贫困户增收脱贫摆在首位的操作办法。如：①可以制定哪些入户政策，让贫困户受益更多？②贫困户家庭收入如何体现？③如何扶持扶贫车间（企业）建设，促进贫困户就近就业？④如何建立合作社与贫困户的利益链接机制？

第二，加快整村推进步伐的操作办法。具体包括：①如何建立整村推进项目“规划、实施、审核、验收和拨款”绿色通道？②如何以自然村或小组为单元组建乡贤参事会，吸纳本村能人及非贫困户参与整村推进扶贫？③如何在整村推进扶贫中运用“空心房”拆除、土地整理利用、宅基地流转、承包地流转、扶贫资金入股、财政资金奖补等，培育壮大贫困村集体经济？④如何确保“空心房”拆除率达到100%？

第三，治理“懒汉”、赌博、不孝及婚丧嫁娶陋习的操作措施。①如何解决“懒汉”脱贫问题，防止养“懒汉”？②如何解决赌博致贫的问题？③如何解决儿女不敬老、增加政府脱贫成本的问题？④如何倡导婚丧嫁娶新风？

第四，压实领导、帮扶单位和干部责任的操作措施。具体包括：①驻村市、县领导的职责应包含哪些方面？②驻村“第一书记”及常驻工作队员重点要做好哪几件事？应完善哪些管理制度？③帮扶干部重点要做好哪几件事？④如何压实村支部书记责任和发挥村干部职能？

为了确保大讨论达到预期成效，安远县要求由不同的部门牵头，召开三个专题讨论会，梳理的意见建议应该讲操作办法、运作模式，务实管用，具有可操作性。

一是挂点单位牵头，召集常驻队员（含“第一书记”）、驻村干部、村干部、农村能人及贫困户代表参加的专题讨论会。

二是乡（镇）牵头，召集挂点单位主要领导、分管领导、乡（镇）班子成员参加的专题讨论会。

三是安远县精准扶贫办牵头，召集各乡（镇）主要领导，部分帮扶单位主要领导、第一书记、工作队长参加的专题讨论会。

二、脱贫攻坚整改工作的开展

（一）脱贫攻坚的总体目标

安远县坚持“治标与治本结合、开发扶贫与保障扶贫并举、区域发展与精准扶贫同步推进”的脱贫方略，紧紧围绕“决战脱贫攻坚、决胜全面小康”决策部署，通过实施系列有效举措，不断增加贫困群众的收入，增强贫困群众自我发展能力，加快脱贫摘帽步伐，确立了脱贫攻坚的总体目标。具体如下：

第一，贫困人口脱贫。到2017年底，全县2.01万贫困人口顺利实现脱贫目标。贫困人口脱贫标准：有劳动能力的贫困户有一项以上稳定收入来源的主导产业，掌握一门以上就业创业技能，年人均可支配收入增幅高于全省农村居民人均可支配收入平均增幅，收入水平超过同期国家扶贫标准；符合农村低保、“五保”供养条件的无劳动能力贫困人口全部相应纳入供养保障范围，保障水平超过同期国家确定的扶贫标准；上学难、就业难、看病难、安居难、养老难问题得到有效解决。

第二，贫困村全部退出。到2017年底，全县60个贫困村实现全部退出。贫困村退出标准：贫困发生率低于2%，有稳定集体经营性收入，各项基础设施较为完善，基本公共服务领域主要指标接近全省平均水平。

第三，贫困县按时“摘帽”。按照贫困县退出机制要求，与国家全面建成小康社会涉及的主要指标对接，确保到2017年贫困县“帽子”摘除。贫困县“摘帽”标准：贫困发生率低于2%，贫困村全部退出，基础设施较为完善，基本公共服务领域主要指标接近全省平均水平。

严格执行五项脱贫指标，包括人均可支配收入达到3000元、有安全稳固的住房、没有因贫辍学的学习、所有人都要参加新型农村合作医疗保险、18岁以上除学生外都要参加城乡居民基本养老保险。“乡镇（村）给参加养老保险的贫困户每人补贴 15 元、县里补贴 14 元、省里再补贴 6 元，以确保都能交得上，乡镇（村）的危房全部做了加固，保证再住 20 年没问题，孩子都已经安排到乡镇学校上学，每天有 2 辆校车接送。”

为了顺利实现脱贫攻坚总目标，安远县不断完善扶贫机制建设，健全脱贫攻坚体系，主要采取四大举措，具体如下：

第一，建立精准脱贫退出机制。完善贫困退出机制，继续落实“3315”工作要求和“五看”脱贫标准，按照“户户甄别”原则，落实省“七个一票否决”“四个从严审核和甄别”要求，细化退出条件，坚持规范操作，切实做到程序公开、结果公正、脱贫真实、数据准确、档案完整。探索委托第三方评估工作组负责对全县脱贫攻坚成效进行第三方调查评估，充分发挥社会监督作用，确保退出精准。贫困户、贫困村退出后至 2020 年，继续享受中央、省级、市级、县级扶贫开发相关政策和资金扶持，继续实施贫困村村级扶贫开发规划，避免出现“边脱贫、边返贫”现象，切实做到贫困户、贫困村稳定脱贫。同时，对新增和返贫的贫困户，及时纳入，切实做到应进则进、应扶则扶。

第二，建立资金整合投入机制。发挥好贫困县统筹整合使用资金主体作用，制定统筹整合财政扶贫涉农资金实施管理办法，创新财政涉农资金使用机制，形成“多个渠道引水、一个龙头放水”的扶贫投入新格局。科学编制全县脱贫攻坚规划，以规划为引领，以重点扶贫项目为平台，精确瞄准建档立卡贫困人口和贫困村，按照脱贫效益最大化原则配置资源。进一步完善资金管理方式，强化扶贫项目资金监管，加强财政监督检查和审计、监察以及稽查等工作，加快资金拨付进度，完善资金项目公示公告制度。建立扶贫资金违规使用责任追究制度，坚决从严查处虚报冒领、截留私分、贪污挪用、挥霍浪费等违法违规违纪行为。

第三，完善干部结对帮扶机制。按照每个贫困村“有一个县领导、一个帮扶单位、一支工作队伍”的要求，每位县领导负责“挂点帮扶 1～3 个贫困村、落实分管口子扶贫政策、推动一批重大项目”，与挂点单位、乡（镇）、村“捆绑考核”，做到县领导“人人有责任田”、攻坚任务“件件有领导抓”。帮扶单位要安排专人负责精准扶贫帮扶工作，派出驻村（社区）工作队，选派优秀干部尤其是后备干部担任驻村“第一书记”和驻村队长。县精准扶贫办要围绕国检各项指标和各层级考核内容，对驻村“第一书记”、驻村工作队员、乡村干部开展有针对性、实效性的培训工作，大力抓好乡镇扶贫工作站和贫困村扶贫工作室规范化建设。各乡（镇）按规范化建设要求成立扶贫工作站，确保有 2 名以上的年轻优秀后备干部担任扶贫专干；70 个贫困村建立扶贫工作室，实现人员配置、机构设置、职能调整、办公场所与精准脱贫工作任务相适应。创新系列活动载体，明确结对帮扶各阶段的帮扶重点，始终保持帮扶温度，努力提高贫困群众的自我发展能力，使结对帮扶成为干群一体的“连心扣”。

第四，完善社会力量参与机制。鼓励支持民营企业、社会组织、个人参与扶贫开发，实现社会帮扶资源和精准扶贫有效对接。引导社会扶贫重心下移，自愿包村包户。组织民营企业开展“百企帮百村”精准扶贫行动，充分发挥各民主党派、无党派人士在人才和智力扶贫上的优势和作用；吸纳农村贫困人口就业的企业，按规定享受税收优惠、职业培训补贴等就业支持政策，落实企业和个人公益扶贫捐赠所得税税前扣除政策；通过政府购买服务等方式，鼓励各类社会组织开展到村到户精准扶贫；完善扶贫龙头企业认定制度，增强企业辐射带动贫困户增收的能力；发挥好“10·17”全国扶贫日社会动员作用，实施扶贫志愿者行动计划和社会工作专业人才服务贫困地区计划，构建社会扶贫信息服务网络，探索发展公益众筹扶贫。

除了采取上述四个方面的举措外，安远县还采取了以下四方面的保障措施，以切实加强组织领导，凝聚脱贫攻坚合力。

第一，健全脱贫攻坚责任体系。全面落实扶贫开发党委、政府主体责任，严格实行党政“一把手”负总责的限期脱贫责任制，实行县负总责、乡（镇）抓落实、挂点县领导包乡（镇）、挂点单位包村、帮扶干部包户的领导体制和片区为重点、精准到村到户到人的工作机制，层层签订脱贫攻坚责任书，做到一级抓一级、层层抓落实。乡（镇）党委、政府是脱贫攻坚的责任主体，党政主要负责同志是第一责任人，负直接责任，做好对象核准、路径选择、进度安排、项目落地、资金使用、人力调配、推进实施等工作。各行业部门要按照十大扶贫工程责任分工，依照贫困村脱贫摘帽、贫困人口脱贫退出标准，围绕提高贫困人口基本生产生活条件、基本公共服务和基本社会保障水平，实现部门专项规划与脱贫攻坚规划有效衔接，充分运用行业资源做好扶贫开发工作。

第二，加强脱贫攻坚队伍建设。稳定和强化各级扶贫开发领导小组及工作机构，建立脱贫攻坚推进机制。县、乡两级扶贫开发领导小组组长由党委主要负责同志担任，强化扶贫开发领导小组决策部署、统筹协调、督促落实、检查考核的职能。加强与精准扶贫工作要求相适应的扶贫开发队伍和机构建设，建立与精准扶贫工作要求相适应的县、乡、村三级扶贫机构和队伍，充实加强各级扶贫开发工作力量，各乡（镇）设扶贫工作站，各贫困村设扶贫工作室，保障扶贫机构和人员工作经费，确保扶贫工作有效开展。加强领导干部和扶贫干部思想作风建设，加大干部培训力度，把脱贫攻坚培训纳入各级党政干部培训计划，全面提升扶贫干部队伍能力水平。

第三，强化脱贫攻坚考核督查。建立健全督查通报制度，定期与不定期开展督促检查，探索县际交叉督查机制，从严督查“第一书记”和驻村工作队员执行工作纪律以及工作责任的落实，严肃问责追究，督查结果纳入帮扶单位和干部的年度工作考核。把脱贫攻坚作为培养锻炼干部的实践平台，注重培养使用扶贫实绩突出的优秀干部。建立目标考核责任制，加强对各乡（镇）、各部门单位驻村帮扶和干部结对帮扶工作的考核。对落实不力的乡（镇）和部门，对未完成年度脱贫任务的乡（镇）党政主要领导进行责任追究。加强对乡（镇）、驻村工作队、“第一书记”开展脱贫攻坚工作的督查，督促检查“两不愁、三保障”等脱贫指标体系和“十大扶贫项目”的完成情况，确保各项工作措施逐一督查落实到位。加强精准识别督查，督促驻村工作队、“第一书记”、帮扶干部及时掌握和发现挂点村、贫困户识别中存在的问题，对“七清四严”人员进行动态核查，发现问题及时整改。加强贫困退出督查，对弄虚作假、敷衍了事、违规操作等行为，特别是对出现“虚假脱贫”“数字脱贫”“被脱贫”现象并造成恶劣影响的乡（镇）、村、帮扶单位和帮扶干部给予组织处理，并在年度考核中取消评优资格，对贫困退出工作中发生重大失误、造成严重后果和存在弄虚作假、违规操作等问题的，将依纪依法追究相关乡（镇）、单位和人员责任。

第四，强化脱贫攻坚舆论宣传。坚持正确舆论导向，大力宣传习近平总书记关于新时期扶贫开发的重要战略思想，准确解读党和政府扶贫开发的决策部署和政策举措，大力弘扬社会主义核心价值观，坚定脱贫攻坚的必胜信心，凝聚脱贫攻坚的强大合力。加强贫困地区乡风文明建设，深化贫困地区文明村镇和文明家庭创建，支持贫困地区挖掘保护和开发利用红色、民族、民间文化资源。生动报道各地各部门脱贫成效、实践经验和先进典型，加强扶贫开发的交流合作，着力营造坚决打赢脱贫攻坚战的舆论氛围。加强政策宣传引导，加大“扶志”力度，尊重扶贫对象的主体地位，激发贫困群众自力更生、艰苦奋斗的内生动力，奖励其用发展的办法、靠自身的力量实现脱贫致富奔小康目标。

为确保安远县在 2017 年能够如期脱贫，安远县认真进行问题查摆，并根据查摆的问题分门别类加紧解决。

（二）查摆脱贫攻坚工作中存在的问题

2016 年 2 月 20 ~22 日，市精准扶贫考评组对安远县 8 个贫困村、2 个非贫困村共 100 户贫困户进行了入户走访，对 7 个市派驻村工作队的“第一书记”或工作队长进行了现场访问、查阅资料和实地查看，发现该县仍存在贫困户信息不精准、“一本通”填写不规范、预退出贫困村环境条件较差等问题。具体如下：

第一，贫困户信息不精准。①天心镇岽坑村、长沙乡渡屋村、孔田镇孔田村未按照整户精准识别的要求进行识别，导致贫困户实际家庭人口数与国办系统登记信息、户口簿、“一本通”上不一致。②乡镇精准扶贫办、挂点帮扶干部未认真核实，导致贫困户在国办系统登记的联系电话不准确。③乡镇精准扶贫办、挂点帮扶干部未认真核实，导致贫困户在国办系统登记的贫困户属性或脱贫时间与实际不相符。④乡镇精准扶贫办、挂点帮扶干部未及时更新国办系统，导致贫困户名单有误。

第二，“一本通”存在的问题。①挂点帮扶干部没有及时核对并填写好“一本通”，导致贫困户享受政策情况未登记。②乡镇精准扶贫分管领导、扶贫办、驻村干部未及时收集上交，挂点帮扶干部未按要求填写完整，导致已脱贫贫困户“一本通”未盖章或未登记。

第三，预退出贫困村存在的问题。①天心镇贫困村“空心房”、危旧土坯房尚有较多未拆除。岽坑村、高塅村尚有较多面积的“空心房”、危旧土坯房未拆除。②天心镇贫困村村庄环境不整洁、不环保。岽坑村河道里、通组道路两旁垃圾较多、随意乱扔，严重影响村庄环境、污染水源。

第四，少数贫困户家中没有建好水冲式厕所。欣山镇教塘村未脱贫贫困户刘永记是低保贫困户，2013 年土坯房改造新建房屋但家中无水冲式厕所；天心镇岽坑村已脱贫贫困户黄东林家中无水冲式厕所。

（三）脱贫攻坚整改措施

1. 成立安远县脱贫攻坚整改工作领导小组

成立以县委书记为组长的安远县脱贫攻坚整改工作领导小组，主要职责有 6 项：①负责领导小组日常工作；②建立与 18 个乡（镇）脱贫攻坚整改工作领导小组之间的信息沟通、工作交流等运行机制，负责协调、调度、督促 18 个乡（镇）脱贫攻坚整改工作领导小组落实县领导小组的决定事项、工作部署和要求；③负责收集办理 18 个乡（镇）脱贫攻坚整改工作领导小组报送办公室的请示报告、协调事项，负责县领导小组的沟通联络、会议组织、资料管理等工作；④组织检查、考核评估工作；⑤组织开展宣传报道工作；⑥负责承办县领导小组组织的会议活动，并完成县领导小组交办的其他工作任务。

2. 制定整改工作方案

赣州市精准扶贫攻坚战领导小组办公室《关于明确脱贫攻坚问题整改第一阶

段有关问题处理意见的紧急通知》要求逐条抓好整改落实：

第一，坚持实事求是，应进则进、应进尽进，档外人士进档要优先，特别是乡、村不应受原则上5%左右比例限制，确保符合条件的贫困对象不漏一户、不落一人，全部纳入建档立卡贫困户。

第二，兼顾人均可支配收入与“两不愁、三保障”双重标准，档内人士清除要慎重，即使表面看存在“七清四严”的情况，也要还原到识别时的具体情况，户户核查真实贫困状况，公开公正、透明操作，程序到位、群众公认，才能清除并做好解释工作。

第三，户籍衍生的难题主要把握一条，只要是真正的贫困家庭，实际共同生活的人都应纳入贫困人口，公安部门要积极解决“应上未上、应迁未迁、应销未销”等相关贫困人口的户籍问题。

第四，程序一定要到位。过去没有按程序办的，这次要重新分小组开户主会评议，没参加会议的，要上门咨询有无意见，外出不在家的，要电话征求意见，并做好记录。过程要公开公正，补齐补全程序。

为了确保脱贫工作整改工作取得预期成效，安远制定了多项有针对性的工作方案。这些方案主要有以下几种：

保持乡镇精准扶贫分管领导和扶贫专干相对稳定。①建立台账，切实保持乡镇精准扶贫干部队伍的稳定。各乡镇要安排政治素质好、基层工作经验丰富、组织领导能力较强的班子成员分管精准扶贫工作，把勇于吃苦、办法点子较多、独立开展工作能力较强的干部选派到扶贫工作一线，以保证扶贫工作力量。县委组织部将建立乡镇精准扶贫分管领导和扶贫专干台账，切实加强跟踪管理，防止随意调整精准扶贫干部现象出现。2017 年原则上不得调整精准扶贫分管领导和扶贫干部，今后要调整的，须报县委组织部备案同意。②强化锻炼，切实加强精准扶贫干部队伍培养选拔和能力提升。认真落实安远县委《关于在精准扶贫主战场培养考察选拔干部若干规定》精神，将脱贫攻坚工作实绩作为选任干部的重要依据，树立在扶贫工作一线识人、选人、用人的正确导向。同时，针对部分精准扶贫干部工作经验不足、帮扶方法单一、效果欠佳等问题，协调农工部、扶贫和移民办等部门单位，积极搭建成长锻炼平台，通过开展形式多样的培训培养，全面提升精准扶贫干部的综合素质和工作技能。③严格监管，有效强化对精准扶贫干部队伍的日常管理。按照《安远县脱贫攻坚工作督查方案》要求，会同县纪委、县精准办等部门认真抓好结对帮扶和驻村工作队的监督管理工作，开展经常性的督促检查，动态了解精准扶贫干部及工作队表现情况。严格落实《安远县脱贫摘帽绩效考评奖惩办法（试行）》精神，强化责任追究，对在督查中受到通报批评和问责的科级及以下干部，从严追究责任，当年年度考核不得评为优秀等次，3年内不得提拔使用。对督查的有关情况，特别是在督查中受到通报批评和问责追究的干部情况，将于每月底报市委组织部备案。

被剔除贫困户有关扶贫贷款整改工作方案。①开展全面核查。根据扶贫信贷情况对本乡镇贫困户进行全面核查，通过与省扶贫系统进行逐一核对，确保人员无遗漏。②对核查出非建档立卡贫困户的整改处理办法。根据已剔除出建档立卡贫困户本人的意愿，可选择：一是自愿结清贷款，不再享受贴息贷款政策，已享受的贴息不予追缴；相应政府风险金取消。二是继续贷款，但必须自付利息，政府不予贴息，同时继续享受贷款效益（参与了标准厂房扶贫建设项目的继续享受既定分红政策），农户风险自担，财政风险金延续截止到农户贷款归还日，最长时限3年。

兜底保障扶贫专项整治工作方案。在2017年6月25日前，对全县所有困难群众和在保对象进行全面清理整治，确保农村低保常补对象比例不少于18%，户均保障人口不少于2.5人/户，整户保障比例达到60%以上，符合农村“五保”条件的纳入“五保”供养范围，农村低保对象中精准扶贫户达到90%以上，分散“五保”供养对象全部纳入精准扶贫户，实现所有在保对象全部录入数字民政系统，确保全县农村低保、“五保”稳定实现对象精准、数量精准、保障精准和应保尽保的要求，实现农村低保与扶贫开发两项制度有效衔接。工作范围具体包括以下四个方面。

第一，特殊情形的低保对象。有以下情况之一的，实行“一票否决”，退出低保范围：①拥有私家车辆、大型农用车、大型工程机械和船舶之一的低保对象及其共同生活的家庭成员；②享受最低生活保障期间，在圩镇、县城区或其他城区购（建）住房，或拥有2套及以上商品房，或新建、购买商铺、地皮等房地产的低保对象；③家庭成员有私营企业主，或长期从事各类工程承包、发包等盈利性活动，长期雇用他人从事生产经营活动的低保对象及其共同生活的家庭成员；④家中长期无人，无法提供其实际居住证明，或长期在外打工、人户分离的低保对象；⑤家庭成员中有自费出国留学的低保对象；⑥因赌博、吸毒、打架斗殴、寻衅滋事、长期参与非法组织活动等违法行为被公安机关处理且拒不改正的低保对象；⑦已退休并领取退休金或养老金的低保对象，低保对象家庭成员的退休金或养老金除以家庭人口明显高于低保标准的；⑧已去世还在享受低保的低保对象；⑨享受多重保障的（如既享受“五保”又享受低保等现象）；⑩各种不符合享受条件的“人情保”“关系保”“政策保”，生活明显好转未及时取消低保的，拒绝签署诚信承诺书、居民家庭经济状况授权书及提供家庭成员户口资料的。

有以下情况的，要从严审核和甄别：①共同生活的家庭成员有在国家机关、事业单位、社会团体等由财政部门统发工资的单位或国有企业工作的人员；②直系亲属中有基层村（居）干部或领取公益性岗位工资人员的低保对象；③已从大中专院校毕业1年以上或毕业后已就业的低保对象；④在就业年龄内有劳动能力的低保对象；⑤群众有异议或举报以及媒体曝光不符合条件的低保对象；⑥家庭成员分户享受低保对象，其法定赡养、抚养人有赡养、抚养能力的；⑦其他不符合低保条件的。

第二，未按户保的低保对象。①家庭成员分户享受的低保对象。对家庭成员分户享受低保对象进行全面排查，其法定赡养、抚养人有赡养、抚养能力的，退出低保；其法定赡养、抚养人无赡养、抚养能力且符合低保条件的，按户籍以户为单位整户纳入低保。②个别家庭成员享受低保的对象。对个别家庭成员享受低保的对象进行全面排查，家庭经济财产状况不符合低保条件的，退出低保；符合低保条件的，以户为单位纳入低保。

第三，残疾低保对象及残疾人家庭。①对残疾低保对象进行全面排查。家庭困难且符合低保条件的，优先以户为单位纳入低保范围；生活困难、靠家庭供养且无法单独立户的成年无业重度残疾人（如年满18周岁以上60周岁以内未婚的一、二级残疾人），经个人申请，可按照单人户纳入最低生活保障范围。②对未纳入低保的残疾人家庭进行全面排查。根据排查情况，符合条件的，按上述办法以户为单位或按单人户纳入低保。

第四，“五保”供养对象。有以下情况之一的，应当及时终止“五保”供养：①死亡、被宣告失踪或者死亡；②经过康复治疗恢复劳动能力或者年满16周岁且具有劳动能力；③依法被判处刑罚，且在监狱服刑；④收入和财产状况不再符合无生活来源；⑤法定义务人具有了履行义务能力或新增具有履行义务能力的法定义务人。农村“五保”中的未成年人，满16周岁后仍在接受义务教育或在普通高中、中等职业学校就读的，可继续享受救助供养待遇。

具备以下条件的老年人、残疾人以及未满16周岁的未成年人，应当依法纳入农村“五保”供养范围：①无劳动能力。符合下列情形的认定为无劳动能力：60周岁以上的老年人；未满16周岁的未成年人；残疾等级为一、二级的智力、精神残疾人，残疾等级为一级的肢体残疾人。②无生活来源。是指收入总和低于安远县农村最低生活保障标准，且财产符合县特困人员财产状况规定的，应当认定为无生活来源。收入包括工资性收入、经营净收入、财产净收入、转移净收入等各类收入，不包括城乡居民基本养老保险中的基础养老金、基本医疗保险等社会保险和高龄津贴等社会福利补贴。③无法定赡养、抚养、扶养义务人或者其法定义务人无履行义务能力。法定义务人符合下列情形之一的，应当认定为无履行义务能力：具备“五保”人员条件的；60 周岁以上或者重度残疾的最低生活保障对象，且财产符合安远县特困人员财产状况规定的；无民事行为能力、被宣告失踪或者在监狱服刑的人员，且财产符合当地特困人员财产状况规定的。④未满 16 周岁的未成年人同时符合“五保”供养条件和孤儿条件的，应当纳入孤儿基本生活保障范围。

进一步做实贫困退出基础工作。为全面完成贫困发生率低于 2% 和“十三五”贫困村退出的脱贫攻坚任务，实现全县脱贫摘帽的目标，结合国家和江西省贫困退出第三方评估核查实施细则的工作要求，安远县就进一步做实贫困退出基础工作的有关事项进行了要求。主要体现在以下三方面：

第一，全面开展精准再识别。一是逐村逐户逐人抓好精准再识别。按《关于全力抓好精准再识别工作的紧急通知》（安精扶办字〔2017〕8 号）要求，全力抓好贫困户的精准再识别工作，确保户户过关、人人过关；自然分户以后要针对性解决贫困户的收入和安全住房的问题，提出具体帮扶措施；稳定被剔除贫困户思想，解决实际困难，确保社会稳定。认真开展贫困现状大调查。2017 年 3 月 31 日前，按《关于开展全县贫困现状大调查的通知》要求，全面做好“十三五”贫困村和所有建档立卡贫困户的调查摸底工作。二是完善贫困户信息管理系统。①省扶办系统核查。2017 年 4 月 20 日前，各乡（镇）根据《安远县建档立卡贫困户基本情况调查摸底表》，以村为单位，对省扶办系统进行逐户核查，调查摸底表中有该贫困户，而省扶办系统中无此人，则在系统中新增，省办系统中有此人，而调查摸底表中无该贫困户，则在系统中删除。同时，根据《安远县建档立卡贫困户基本情况调查摸底表》逐户核对省扶办贫困户信息，确保信息一致。②国扶办系统核查。目前，国扶办系统有部分功能已开放，各乡（镇）应根据前期反馈的疑点对象名单和调查摸底表，及时更正。贫困户、贫困人口的增加或删除，待国扶办系统增删功能开放后再行操作，确保国扶办系统中的贫困人口信息与调查摸底表中的贫困人口信息相一致。国扶办系统增删功能开放后，同时，根据《安远县建档立卡贫困户基本情况调查摸底表》逐户核对国扶办贫困户信息，确保信息一致。

第二，扎实做好结对帮扶。一是完善贫困户内业资料。①对“一本通”规范填写工作进行大排查。2017 年 3 月 28 日前，各乡（镇）、帮扶单位要组织帮扶干部逐户核对“一本通”（贫困户版和干部版），对错填、漏填的进行更正和补登，注意信息合理、齐全，填写规范，贫困户版和干部版的“一本通”信息要一致。②重新印制贫困户的“连心卡”。2017 年 4 月 25 日前，各乡（镇）、各帮扶单位根据统一样式（样式由县精准扶贫办统一提供），重新印制结对贫困户的“连心卡”，“连心卡”上的家庭人数、主要致贫原因、贫困户属性、联系电话、帮扶主要措施等信息要准确无误，与国办系统上的各类信息相一致；“连心卡”上须有贫困户和帮扶干部的照片，所有“连心卡”均需打印，不能手写。③制作张贴驻村“第一书记”公示牌。2017 年 4 月 25 日前，各乡（镇）、帮扶单位根据县精准扶贫办统一样式制作各村“第一书记”公示牌，并与贫困户“连心卡”一起张贴在贫困户大门旁。同时清理“三送”联系牌和旧的公示牌。④每个贫困户准备一个资料袋。2017 年 4 月 25 日前，各乡（镇）、帮扶单位给每个贫困户准备好一个统一样式的资料袋（样式由县精准扶贫办统一提供），把贫困户的“一本通”、银行流水、政策宣传资料、户口簿等资料装入资料袋，并统一悬挂在客厅醒目的地方；同时，在每一户贫困户的客厅中张贴贫困户签字确认的 2016 年度收益公示表。二是抓好扶贫政策落地生根。帮扶干部按照前三季度每季度至少走访 1 次以上、第四季度每月至少走访 1 次以上的要求，为贫困户做好年度脱贫计划、明确帮扶措施、宣传帮扶政策、算好经济收入账、做到双向熟悉，政策清楚，确保贫困群众的满意度；各乡（镇）、各帮扶单位要鼓励贫困户大力发展产业，除“五保”户外，其他贫困户都要有产业、就业覆盖，确保贫困户有稳定可持续收入来源。三是全面清理好贫困户的环境卫生。2017 年 4 月 30 日前，对贫困户房前屋后的环境卫生进行一次全面清理，房前屋后及庭院均需硬化，确保无卫生死角并保持整洁，并坚持每月进行一次全面清理。

第三，规范建设扶贫工作站（室）。一是规范建设乡（镇）扶贫工作站。2017 年 4 月 30 日前，按“七有”要求规范建设乡（镇）扶贫工作站，即有专职人员、有专门办公室、有精准扶贫情况分布作战图、有管理制度、有电脑、有信息查询触摸屏、有资料专柜及资料台账。二是规范建设村级扶贫工作室。2017 年 4 月 30 日前，按“八有”要求规范建设村级扶贫工作室，即有专门办公室、有便民服务中心、有管理制度、有工作目标和措施、有资料专柜及资料台账、有贫困户信息查询触摸屏、有精准扶贫分布作战图、有公示公告栏（含贫困户信息公示牌、项目公示栏等）。

上述规范具体要求和做法见下面的内容。

3. 做好扶贫工作站（室）标准化建设

按照“七有”“八有”的要求，安远县加强了乡（镇）扶贫工作站、村扶贫工作室的标准化建设。

第一，规范建设乡（镇）扶贫工作站，达到“七有”要求，即：①有专门办公室。各乡（镇）设立专门扶贫工作站办公室，不能与其他办公室合署办公；办公室门口悬挂《××乡（镇）扶贫工作站》牌匾。②有专职人员。各乡（镇）扶贫工作站必须安排2名以上专职人员，负责工作站日常事务、上传下达、扶贫系统管理等；分管领导担任工作站主任，负责工作站的管理和调度；乡（镇）精准扶贫办和扶贫办人员为工作站成员。③有管理制度。扶贫工作站要制订和悬挂管理制度，明确工作职责和管理办法。④有电脑。扶贫工作站须配备台式电脑，并接入宽带网络；有关精准扶贫数据要分类归档、便于查询，关键数据做好备份。⑤有信息查询触摸屏。购买设置卧立式信息查询触摸屏（规格：台柱高1.2米左右，42寸触摸屏），并接入宽带，设置好国扶办、省扶办系统，根据精准扶贫工作进展情况拟定解说稿，并培训专职人员达到脱稿解说的要求。⑥有资料专柜及资料台账。一是配备资料专柜，存放相关精准扶贫资料；二是有归档资料台账，各类资料进行分类归档、整理规范。⑦有精准扶贫情况分布作战图。办公室内设立贫困户、贫困村分布作战图，动态反映每月精准扶贫的进展情况，实行挂图作战、倒排工期。

第二，规范建设村级扶贫工作室，使之达到“八有”要求，具体如下：①有专门办公室。各村设立专门扶贫工作室办公室，不能与其他办公室合署办公；办公室门口悬挂《扶贫工作室》牌匾。②有便民服务中心。各村设立便民服务中心办公室，办公室要有《××村便民服务中心》牌匾标识、值班岗位牌（见表5-4）、管理制度和便民登记表（见表5-5），每天由驻村工作队员、乡（镇）驻村干部、村“两委”干部轮流值班。③有管理制度。一是有扶贫工作室工作制度；二是有便民服务中心管理制度。④有工作目标和措施。扶贫工作室内设立工作目标及工作措施牌匾，提出2017年具体的工作目标，并针对工作目标提出具体的工作措施。⑤有资料专柜及资料台账。一是配备资料专柜，存放相关精准扶贫资料；二是有归档资料台账（见表5-6），各类资料进行分类归档、整理规范。⑥有贫困户信息查询触摸屏。购买设置信息查询触摸屏（规格与扶贫工作站相同）并接入宽带，设置好国扶办、省扶办系统，根据精准扶贫工作进展情况拟定解说稿，并培训专职人员达到脱稿解说的要求。⑦有精准扶贫分布作战图（见图5-1）。工作室内设立贫困户、村小组分布作战图，动态反映每月精准扶贫的进展情况，实行挂图作战、倒排工期。⑧有公示公告栏。一是有贫困户信息公示牌。在村部外墙张贴《××乡（镇）××村建档立卡贫困户情况公示牌》（见表5-7）；二是有项目公示栏等。对扶贫项目设立公示栏，动态反映项目的实施情况。

表5-4 安远县便民服务中心岗位牌（样本）

星期	值岗人员	职务	联系电话	照片
一				
二				
三				
四				
五				
六				
日				

表5-5 安远县便民服务中心登记本（表样）

日期	来访人员	来访事由	办理情况	接访人

表5-6 安远县乡镇资料台账目录（样本）

层级	准备材料	备注
乡镇	文件	上级来文、本级来文两大类，按精准识别、结对帮扶、政策落实、精准退出、其他工作等方面分类汇总
	会议记录	1. 项目建设；2. 政策落实；3. 精准退出
	脱贫攻坚责任落实	责任状（县乡、乡村）、督查情况、整改落实情况等
	资金到户	新农合款项退款到位

续表

<table>
<tr><th>层级</th><th>准备材料</th><th colspan="3">备注</th></tr>
<tr><td rowspan="10">乡镇</td><td rowspan="10">台账资料</td><td rowspan="6">贫困户脱贫成效</td><td>各村开展再识别工作台账</td><td>精准识别</td></tr>
<tr><td>干部结对贫困户花名册</td><td>结对帮扶</td></tr>
<tr><td>享受政策各类台账</td><td>政策落实</td></tr>
<tr><td>2015 年脱贫台账、2016 年脱贫台账（含程序性资料）</td><td>精准退出</td></tr>
<tr><td>2017 年各村预脱贫名单台账</td><td rowspan="2">计划落实</td></tr>
<tr><td>各村重点户脱贫指标落实动态台账</td></tr>
<tr><td rowspan="2">贫困村脱贫成效</td><td>各贫困村脱贫台账（按贫困村台账建设要求）</td><td rowspan="2">计划落实</td></tr>
<tr><td>贫困村退出指标落实动态台账</td></tr>
<tr><td>2016 年项目实施情况</td><td>批复件，水、电、路、网等基础设施建设情况台账（项目名称、建设地点、进展情况、资金使用情况）</td><td></td></tr>
<tr><td>培训台账</td><td>乡、村干部培训台账</td><td></td></tr>
<tr><td rowspan="15">村</td><td>文件</td><td colspan="3">上级来文、本级来文两大类，按精准识别、结对帮扶、政策落实、精准退出、其他工作等方面分类汇总</td></tr>
<tr><td>会议记录</td><td colspan="3">1. 项目建设；2. 政策落实；3. 精准退出</td></tr>
<tr><td>脱贫攻坚责任落实</td><td colspan="3">责任状（乡村）、督查情况、整改落实情况等</td></tr>
<tr><td>资金到户</td><td colspan="3">新农合款项退款到位</td></tr>
<tr><td rowspan="11">台账资料</td><td rowspan="7">贫困户脱贫成效</td><td>开展再识别工作台账</td><td rowspan="2">精准识别</td></tr>
<tr><td>一户一档资料（编号整理）</td></tr>
<tr><td>干部结对贫困户花名册</td><td>结对帮扶</td></tr>
<tr><td>享受政策各类台账</td><td>政策落实</td></tr>
<tr><td>2015 年脱贫台账、2016 年脱贫台账（含程序性资料）</td><td>精准退出</td></tr>
<tr><td>2017 年预脱贫名单台账</td><td rowspan="2">计划落实</td></tr>
<tr><td>重点户脱贫指标落实动态台账</td></tr>
<tr><td rowspan="2">贫困村脱贫成效</td><td>贫困村脱贫台账（按贫困村台账建设要求）</td><td rowspan="2">计划落实</td></tr>
<tr><td>贫困村退出指标落实动态台账</td></tr>
<tr><td>2016 年项目实施情况</td><td>批复件，水、电、路、网等基础设施建设情况台账（项目名称、建设地点、进展情况、资金使用情况）</td><td></td></tr>
<tr><td>培训台账</td><td>乡、村干部培训台账</td><td></td></tr>
</table>

图5－1 安远县2017年脱贫攻坚作战图

注：①制作乡（镇）扶贫工作站用图时，使用本乡（镇）行政地图，在图中标注每个行政村2017年末脱贫人数，同时将2017年拟退出的“十三五”贫困村用红旗标明；②制作村级扶贫工作室用图时，使用本村行政地图，在图中标注每个村小组2017年末脱贫人数，同时将25户以上的自然村用红旗标明。

资料来源：安远县镇岗乡政府。

表5－7 ××乡（镇）××村建档立卡贫困户情况公示牌（样本）

小组	户主姓名	家庭人口	贫困户属性	主要致贫原因	是否有安全住房	人均可支配收入	是否有辍学儿童	是否缴纳新型农村合作医疗保险	脱贫措施	脱贫时间	帮扶单位	帮扶干部

4. 明确“如何退”

建立贫困村、贫困户退出机制，采取“干部算账、村级做账、社会中介核账、贫困户认账”的办法，努力做到精准脱贫。

第一，设定时间表。对贫困村退出、贫困户脱贫情况，县、乡、村三级要制定具体规划。帮扶单位和帮扶干部在完成全面走访及调查摸底工作基础上，对照脱贫指标和致贫原因，逐村逐户分析，3 月底前分村、分户制订帮扶措施。11 月底前完成贫困退出的程序化工作。

第二，留出缓冲期。贫困户、贫困村退出后至 2020 年，继续享受中央、省级扶贫开发相关政策和资金扶持实施贫困村村级扶贫开发规划。同时，对新增和返贫的贫困户，及时纳入，做到应进则进、应扶则扶。

第三，实行逐户销号。完善贫困退出机制，落实“3315”工作要求和“五看”脱贫标准，细化退出条件，坚持规范操作，切实做到程序公开、结果公正、脱贫真实、数据准确、档案完整。委托第三方评估工作组对全县脱贫攻坚成效进行调查评估，充分发挥社会监督作用，增强脱贫工作绩效可信度，确保退出精准。

5. 加强督查

安远县制定出台《安远县脱贫攻坚工作督查办法》，成立安远县脱贫攻坚督查工作领导小组，健全工作制度主要有六项。

第一，建立日常工作考核和通报制度。将各乡（镇）、各帮扶单位上报材料、报送信息、参加会议等精准扶贫日常工作完成情况列入年度精准扶贫工作考核内容，占年度考核总分的 20%。每次上报材料、报送信息、参加会议等日常工作考核的标准分为 10 分，迟报一天以内每次扣 2 分，一天以上扣 3 分，未按要求上报每退回一次扣 3 分、退回一次以上扣 5 分，缺报扣 10 分；参加会议迟到、早退的扣 2 分，没有履行请假手续而由他人代会的扣 5 分，缺席的扣 10 分；日常工作考核由精准扶贫办综合秘书组、督查联络组、农房改造组、产业指导组、宣传报道组统计，每月汇总 1 次、通报 1 次。

第二，建立项目建设每周报送和通报制度。脱贫攻坚重点项目责任单位主要负责人要高度重视、亲自调度项目建设，分管负责人每周要到重点工程项目现场 2 次以上，重点了解项目进展情况，核实报送材料，收集存在问题，反馈工作建议，对工程建设进行动态跟踪。脱贫攻坚重点项目责任单位，每周四将项目进展情况上报到牵头单位，牵头单位梳理汇总后报县精准扶贫办，县精准扶贫办每周通报一次脱贫攻坚项目进展情况。

第三，建立每月不定期督查制度。根据阶段性工作任务，由县纪委牵头组织县委办、政府办、组织部、精准扶贫办等相关单位，每月至少不定期督查 1 次以上，最大限度保障脱贫攻坚工作任务无欠账。

第四，聘请第三方进行模拟评估检查。2017 年 8 ~9 月，将聘请第三方评估组对各乡（镇）工作落实情况进行模拟评估检查，检查情况直接报送县委、县政府，并在全县进行通报。

第五，建立“三函”督办制度。具体工作事务督查严格执行“联系函”“督办函”“勒令整改函”“三函”督办制度，每次督查结果进行全县通报。

第六，建立责任追究制度。在省、市、县的督查考核中，出现弄虚作假、工作履职不到位、不作为、乱作为、擅自离岗等行为的，按照《安远县脱贫摘帽绩效考评办法》和《安远县精准扶贫驻村工作队管理办法》的有关规定，由县纪委对相关责任单位和责任人通过诫勉谈话、通报批评、组织处理、纪律（行政）处分等方式进行责任追究，并视情节轻重，相应追究单位主要负责人主体责任。

中共安远县委办公室安远县人民政府办公室印发《安远县脱贫摘帽绩效考评奖惩办法（试行）》，其中奖励办法规定：

经国家考评验收，全县如期脱贫摘帽，对各乡（镇）、村、单位以及个人奖励，具体是：

（1）对乡（镇）的考评奖励。县财政统筹安排 2000 万元资金，根据各乡（镇）精准脱贫攻坚工作落实情况进行奖励（以奖代补弥补基础设施建设资金的不足，具体办法另行制定）；同时，评选若干个精准扶贫工作先进乡（镇），给予表彰和奖励。

（2）对帮扶单位的考评奖励。评选若干个精准扶贫工作先进单位，给予表彰和奖励。

（3）对村的考评奖励。通过验收如期完成贫困村退出和贫困户脱贫任务的“十三五”贫困村，由县财政给予 2 万元的奖励（用于弥补基础设施建设资金的不足）。

（4）对帮扶干部的考评奖励。①对所有帮扶单位（含乡（镇）、村）在编在岗干部职工奖励一个月基本工资。驻县单位参照执行，直接参与帮扶的干部由县财政负责，其他人员由各单位负责。②扶贫驻村“第一书记”（工作队长）、常驻队员奖励。“十三五”贫困村当年完成贫困人口脱贫任务并实现贫困村退出的，对扶贫驻村“第一书记”（工作队长）奖励 2000 元，常驻工作队员各奖励 1000 元；非“十三五”贫困村当年实现贫困人口脱贫任务的，对扶贫驻村“第一书记”（工作队长）各奖励1500元，常驻工作队员各奖励1000元。③从帮扶单位帮扶干部、乡（镇）干部和村干部中评选若干名“脱贫攻坚先进个人”给予表彰和奖励，并在符合干部任用条件下，予以优先提拔重用，村干部先进个人在事业编制干部选拔中按相关规定酌情加分。

（5）对非公企业和个人的奖励。对开展社会帮扶工作成效突出的非公企业和个人，县委、县政府授予“脱贫攻坚社会帮扶先进单位”“社会扶贫爱心人士”等荣誉称号。

其责任追究办法规定：

（1）在各级各项督查中被通报批评的责任追究。①在市级以上（含市级）督查中被通报批评的，对直接责任人及驻村乡（镇）干部视情给予组织处理或党纪政纪处分，扣除其第十三个月的工资（事业编制扣除一个月的绩效工资），三年内不得提拔使用，对单位主要领导、分管领导及所在乡（镇）的党政主要领导、分管领导、驻村领导给予诫勉谈话，取消单位及所在乡（镇）评先评优资格；受通报批评后仍不认真整改，第二次受通报批评的，对直接责任人、分管领导、单位主要领导及所在乡（镇）的党政主要领导、分管领导、驻村领导及驻村干部给予免职或降职处理，以上人员三年内均不得提拔使用，扣除本单位干部职工第十三个月的工资（事业编制扣除一个月的绩效工资）。②在市级以上（含市级）督查中被点名反馈存在问题的，对直接责任人及驻村乡（镇）干部视情给予诫勉谈话，单位主要领导、分管领导及所在乡（镇）的党政主要领导、分管领导、驻村领导向县委、县政府作出书面检查；对问题反馈后仍不认真整改，第二次被点名反馈存在问题的，对直接责任人给予免职或降职处理（一般干部给予行政降级处分），并扣除本人第十三个月的工资（事业编制扣除一个月的绩效工资），对单位主要领导、分管领导及所在乡（镇）的党政主要领导、分管领导、驻村领导及驻村干部给予诫勉谈话，取消单位及所在乡（镇）评先评优资格，以上人员三年内均不得提拔使用。③在县级督查中被通报批评的，对直接责任人及驻村乡（镇）干部给予诫勉谈话，责令单位主要领导、分管领导及所在乡（镇）的党政主要领导、分管领导、驻村领导作出书面检查；通报批评后不认真整改，导致第二次通报批评的，对直接责任人及驻村乡（镇）干部给予组织处理或党纪政纪处分，对单位主要领导、分管领导及所在乡（镇）的党政主要领导、分管领导、驻村领导给予诫勉谈话，取消单位及所在乡（镇）评先评优资格，扣发以上人员一个月的绩效考核工资。④各帮扶单位要确保“第一书记”（工作队长）及驻村工作队员与单位工作完全脱钩脱岗，保证每个工作日均在岗（如双休日期间，统一安排加班，可在工作日补休相应的天数），“第一书记”（工作队长）和工作队员未与单位工作完全脱钩脱岗的，对单位的主要领导予以免职。在各级督查中发现“第一书记”（工作队长）及驻村工作队员工作日不在岗又未履行请假手续，一次给予诫勉谈话并通报批评；两次给予组织处理或党纪政纪处分，扣除本人一个月的单位绩效考核工资，扣除所在单位主要领导、分管领导一个月的单位绩效考核工资；虽在岗但履职不到位、情况不熟悉、工作未落实、群众不满意的，年度考评时评为“不称职”的，三年内不得提拔使用。

（2）在各级各项考评中排名较后的责任追究。①在全市精准扶贫工作考评中，各行业扶贫单位在各对口专项考评中得分排后三名的予以全县通报批评，单位主要领导由县纪委进行诫勉谈话；考评中所抽查的单位因自身原因造成扣分的，予以诫勉谈话并全县通报批评，同时向县委、县政府作出书面检查。②因部门利益造成与脱贫攻坚工作相抵触行为，最终影响到全县脱贫工作考评、验收的，单位主要领导予以组织处理或党纪政纪处分。

（3）未完成脱贫任务的责任追究。①未完成贫困村退出任务的责任追究。对在2017年未完成挂点贫困村退出任务的帮扶单位主要领导、分管领导、驻村“第一书记”（工作队长）和乡（镇）主要领导、分管领导、驻村领导给予免职或降职处理，属一般干部给予行政降级处分；驻村工作队员及驻村乡（镇）干部给予行政降级处分；村（居）党组织书记予以免职，村（居）委会主任依法进行罢免。②未完成贫困户脱贫任务的责任追究。在贫困户脱贫工作中，贫困户评估核查合格率低于98%以及贫困户脱贫指标未达标而影响全县脱贫摘帽的，乡（镇）主要领导、分管领导、驻村领导给予组织处理或党纪政纪处分，驻村干部以及所在村（居）支部书记予以免职，村（居）委会主任依法进行罢免；涉及的结对帮扶单位主要领导给予组织处理或党纪政纪处分；给予结对帮扶干部党纪政纪处分并扣除第十三个月工资（事业编制扣除一个月的绩效工资），且三年内不得提拔使用。

（四）脱贫攻坚整改的具体情况

1. 县级层面的整改

2016年9月26日至10月27日，省委第四巡视组就脱贫攻坚工作对安远县开展了为期一个月的专项巡视，12月16日，巡视组向该县反馈了巡视意见，实事求是地指出了安远在脱贫攻坚工作中存在的五大方面问题，有针对性地提出了整改意见和建议。收到巡视组反馈意见后，安远县委主动认领存在问题，认真采取有效措施，积极抓好整改落实。主要特点表现在以下三个方面：

第一，坚持领导带头，推进整改落实。一是带头剖析根源。接到省委巡视组反馈意见后，县委书记严水石于 2016 年 12 月 21 日主持召开县委常委会，认真学习领会省委巡视组反馈意见及重要指示精神，并与其他县委常委一起对省委巡视组提出的五个方面主要问题进行了认真研究和深刻剖析，明确把整改落实作为全县重要政治任务来抓，务必紧抓不放、认真整改，确保相关任务按期完成。二是带头研究方案。2017 年 1 月 11 日，严水石主持召开县委常委会，讨论研究《省委第四巡视组专项巡视安远县委脱贫攻坚反馈意见整改工作方案》，对反馈具体问题及相应整改任务进行了逐一深入讨论，并明确了整改目标、整改措施和整改时限，落实了牵头领导、牵头单位和责任单位等，并以安办字〔2017〕3 号文件下发各乡镇和县直部门单位贯彻执行。各牵头单位根据县委的工作部署和要求，分别制定了更加详细具体的整改方案。三是带头推进整改。为加快推进整改工作，严水石分别于 2017 年 1 月 12 ~ 13 日主持召开了县四套班子务虚会，3 月 17 日主持召开了全县精准脱贫攻坚誓师大会，明确强调要以问题为导向，把整改工作贯穿 2017 年精准脱贫工作始终，切实抓好各项整改工作。同时，严水石先后 12 次专题听取各牵头领导关于整改落实进展情况汇报，先后 9 次前往县精准扶贫办、财政局、农工部、发改委、金融局等部门单位协调解决“产业补助”“扶贫资金管理”“拓宽扶贫路子”“规范扶贫项目”等问题，指导整改工作开展。2 月 7 日上午，严水石召集牵头领导和各牵头单位“一把手”，召开问题整改落实情况调度会，对 19 条问题整改措施和落实情况逐一过堂，对完成整改的进行评估，对进度落后的集体会商、完善措施，限期整改。4 月 6 日，严水石再次召集县纪委等部门单位，专题调度关于巡视组反馈意见整改情况不到位的问题。此外，县政府主要领导认真按照县委主要领导调度的要求一一落实、一一督查、一一整改，并及时召开了县长办公会、政府常务会、全体会和相关调度会等会议 22 次，专项听取精准脱贫攻坚战工作汇报 4 次，研究部署脱贫攻坚工作，协调解决各项困难和问题，先后深入县财政、交通、精准扶贫办等部门及部分乡镇，就整村推进、产业扶持、结对帮扶等脱贫攻坚工作进行调研，研究推进问题的整改和制度的完善。各牵头领导也先后多次召开专题会议，部署调度整改工作，加快推动整改工作落实。

第二，坚持统筹推进，凝聚整改合力。一是成立领导小组。为确保整改工作落到实处，县委成立了由县委主要领导任组长、县政府主要领导任常务副组长、5 个县委常委任副组长、14 个部门单位主要负责人为成员的整改工作领导小组，统筹抓好相关整改落实工作。二是严格整改要求。针对巡视组整改反馈问题，安远县委明确要求各有关部门和人员要坚决做到早改、快改、彻底改，对暂时整改确有困难的个别问题，要制定整改计划，建立整改台账，保障工作持续推进。相关单位或人员整改完成后，要自觉开展“回头看”，深入自查，主动弥补，坚决不留死角、不落问题。对整改不力的，要严格追查相关领导的责任。三是加强部门联动。在县委的督促要求下，各牵头领导、牵头单位、责任单位既各司其职、各负其责，又相互配合、相互协调，齐心协力抓好问题整改。全县各乡镇、各部门单位也全力支持、主动参与到整改工作中来。同时，充分发挥县纪委执纪监督职能，全面负责对整改工作任务执行情况的监督检查，及时调度工作进展情况。对整改落实进展不快的，协助牵头单位找准原因、明确思路、制定计划、创造条件加快整改。对整改工作不力的，及时约谈有关单位主要负责人，确保问题得到有效整改。

第三，坚持真抓真改，务求整改实效。一是深化认识，即知即改。针对“对精准扶贫工作的认识不深”问题，县委坚持把学习传达中央、省委有关脱贫攻坚的重要精神摆在突出位置，深化对脱贫攻坚认识，建立了扶贫学习交流平台，加大了干部教育培训力度，切实做到即知即改，立见成效。二是专项整改，常抓常改。针对“贯彻落实脱贫攻坚决策部署存在差距”“扶贫资金和项目管理不规范”等问题，立即层层分解任务，开展专项行动，确保每件事情、每项任务都到人、到岗、到责，采取督导跟踪、限时整改、清单销号、“回头看”等方式，加快整改落实，并在完成整改以后，做到常态化坚持。三是严肃追究，边查边改。针对“扶贫工作作风不扎实”问题，县委书记严水石先后6次前往各乡镇贫困村开展调研，深入了解扶贫工作作风问题。对调研过程中发现的问题，立即责成相关单位主要负责人整改落实，并在全县大会上点名通报。针对巡视组反馈意见中涉及严重违纪违规违法行为，县委书记严水石、县纪委书记邱坚亲自约谈了相关责任单位主要负责人，并责令其限期整改到位，否则将严肃追究其责任。

通过全县上下共同努力，巡视组所反映问题的整改工作已取得了阶段性成效。省委巡视组向安远县反馈了5个方面13条意见，其中，基本完成的整改项目8项，2017年6月底前能够完成的整改项目3项，需要较长时间完成的整改项目2项。具体如下。

第一，基本完成的整改项目（共8项）。具体如下：

（1）关于“对中央、省委有关脱贫攻坚的重要精神学习领会不够，工作摆位不正”问题的整改情况。一是深化脱贫攻坚思想认识。把学习传达中央、省委有关脱贫攻坚的重要精神摆在突出位置，列入2017年县委中心组学习计划，召开了一系列会议，并且组织前往井冈山市学习考察精准扶贫工作，进一步深化学习了习近平总书记重要讲话精神。二是强化脱贫攻坚组织领导。调整精准扶贫攻坚战领导小组组长和副组长，成立了安远县脱贫摘帽攻坚工作领导小组和“六组一团”工作领导机构。三是提升脱贫攻坚工作水平。充分利用微信群便捷高效的传输优势，建立了“安远县精准扶贫工作总群”，对全县205名县领导、各乡镇党政及各帮扶单位主要负责人、476名县乡骨干帮扶干部及所有县直部门单位帮扶干部、所有乡镇和村（居）干部、所有贫困户开展了五级大培训活动，实现了精准扶贫教育培训全覆盖。并通过专家解读、与培训对象互动、现场向培训对象提问、设置咨询台现场解答疑问、现场完成精准扶贫知识答卷等环节，进一步提升培训实效，提高了全县干部对精准扶贫相关知识的“接触率”和“掌握度”。目前，全县共开展扶贫工作培训18期，参训人数达10000余人次。四是狠抓脱贫攻坚责任落实。认真贯彻市委“一个意见、两个办法”和全县改作风提效率动员部署大会要求，大力弘扬“敢想敢干、奋勇争先，直面问题、敢于担当，马上就办、办就办好，善谋实干、一心为民”的优良作风，抓实抓好精准扶贫工作。

（2）关于“脱贫工作着力点不牢，路子不宽”问题的整改情况。一是创新农业产业扶贫方式。通过培育扶贫型家庭农场、支持鼓励企业或合作社带领贫困户发展产业、对贫困户参股的企业或合作社给予贴息信贷扶持、探索“公司+农户（贫困户）+基地”的合作经营模式、加大金融支持和招商引资力度等，创新农业产业扶贫方式，拓宽贫困户增收渠道。二是打造规模产业发展基地。通过打造一批规模产业发展基地，带动贫困户增收致富。三是健全帮扶干部激励机制。制定下发了《关于在精准扶贫主战场培养考察选拔干部若干规定》，提拔使用干部原则上从精准扶贫工作中表现突出、工作业绩良好的干部中选拔，坚持把精准扶贫工作情况作为发现干部、培养干部的重要内容；下发了《关于调整精准扶贫结对帮扶驻村工作队人员的通知》《安远县脱贫摘帽绩效考评奖惩办法（试行）》，进一步选优配强了驻村工作队和贫困村“第一书记”，确保了驻村工作队和贫困村“第一书记”全面脱岗，专心扶贫。

（3）关于“扶贫工作财力投入不足，扶贫资金整合措施不够有力”问题的整改情况。一是统筹整合涉农资金。根据《安远县统筹整合财政涉农扶贫资金实施方案》，对符合统筹范围的财政涉农扶贫资金由县财政统筹安排，形成“多个渠道引水、一个龙头放水”的扶贫投入新格局。二是强化资金保障能力。加大县本级扶贫工作的投入力度，进一步增强扶贫工作的保障能力。三是发挥产业担保金的作用。充分利用产业扶贫担保金的带动作用，通过各商业银行的资金放贷，激励贫困户通过产业扶贫贷款发展产业。

（4）关于“产业扶贫政策缺乏科学性和有效性，贫困户参与度普遍不高”问题的整改情况。在充分调研的基础上，结合安远县贫困户实际情况对产业扶贫政策进行调整，下发了《关于做好贫困户家庭种养产业项目申报、验收及资金发放工作的通知》，扩大贫困户种植养殖项目补助范围，降低验收基数，解除验收补助上限标准，根据发展产业情况可享受多次补助，原则上只要贫困户发展了种养业均可享受扶贫补助。简化验收程序，建立以乡镇验收为主，部门定期抽检为辅的验收制度。同时，继续实施好“五个一”产业扶贫工程，全县 70 个“十三五”贫困村，共发展贫困户参股或直接提供稳定性务工岗位的经济实体 78 个、扶贫型农民专业合作社 596 个、农民专业合作社联合社 5 家，有效调动广大贫困户的参与积极性。

（5）关于“工作责任没有层层压实，结对帮扶落实不够，压力传导层层递减”问题的整改情况。一是建立挂点联系工作制度。建立了工作联系制度，选派县精准扶贫办工作人员挂点联系一个乡镇，通过挂点联系及时掌握各乡镇的扶贫工作开展情况，摸清基层的工作底数，并按工作类别，建立了宣传培训、产业指导、项目建设、督促检查等方面的工作台账，确保及时掌握全县脱贫攻坚工作开展情况。二是压实脱贫攻坚工作责任。制定了《安远县脱贫摘帽绩效考评奖惩办法》，要求各乡镇、各帮扶单位把脱贫攻坚作为当前最大的政治任务。各乡镇务必选派优秀的后备干部担任精准扶贫工作分管领导和扶贫专干，专职从事精准扶贫工作，未经县精准扶贫办同意不得随意调换。目前，18 个乡镇均已明确了专职的扶贫工作分管领导，共有 46 个专职扶贫干事，有效保证了精准扶贫工作力量，有力推动了精准扶贫工作的开展。部分县直单位、条管单位在整合扶贫工作力量存在差距的，由分管县领导召开工作调度会议，进一步凝聚大局意识，确保形成整体工作合力。三是从严脱贫攻坚管理要求。下发了《关于调整脱贫攻坚挂点村和“第一书记”的通知》，实行乡镇、部门单位双向选择制度，对需调整的“第一书记”和帮扶干部进行严格把关、从严甄选，重新调整了脱贫攻坚挂点村和“第一书记”。2016 年 10 月，由县委主要领导亲自召集“第一书记”召开了座谈会，11 月已调整 12 名“第一书记”。四是强化脱贫攻坚压力传导。对“3315”扶贫工作机制和“五看”脱贫倒逼机制进行了充分调研，设计统一规范的工作台账样本和完善有序的清单销号制度。对原有的精准扶贫驻村工作队考核管理办法进行修改完善，建立通报制度和诫勉谈话制度等更加有效的督查办法，进一步强化管理和责任追究，层层传导工作压力。

（6）关于“工作督导不够扎实有力”问题的整改情况。一是强化考核结果运用。把精准扶贫工作列为全县科学发展综合考核的重要内容。强化考核结果的运用，2016年评选出精准扶贫工作先进乡镇6个，精准扶贫先进单位20个，精准扶贫先进村18个，打好精准扶贫攻坚战先进单位2个，精准扶贫工作先进个人30名。充分体现了扶贫工作奖优罚劣的工作导向，促使乡镇、单位形成主动扶贫的工作意识，加大了对扶贫工作的重视程度。二是健全督查考核体系。下发了《安远县精准扶贫驻村工作队管理办法》《安远县脱贫攻坚工作督查办法》《安远县脱贫摘帽绩效考评奖惩办法（试行）》等制度文件，建立健全系统完善的工作督导考核机制，统筹协调、分工负责，用好督导追责利剑，全方位抓实抓牢扶贫干部工作作风，目前，已下发联系函18份，纸质督查通报7次，切实做到督有推动、导有成效、查有追责，保证工作压力传导到位、工作责任落到实处。三是严肃追究工作责任。2017年3月10日，县纪委对扶贫工作作风不实、工作开展不力的部分党委书记和帮扶干部进行了问责，责令5个乡镇党委书记及7名帮扶干部向县纪委作出深刻书面检查。2017年3月31日到4月1日，县纪委会同县委督查室、县政府办、精准办等有关单位组成3个督查组，对全县18个乡镇贯彻落实誓师大会精神及精准再识别等工作落实情况进行了专项督查，督查发现，15名常驻队员工作日不在岗且没有履行请假手续，20名队员没有按要求食宿在挂点村，10名常驻队员未按要求与原单位脱钩脱岗。根据《安远县脱贫摘帽绩效考评奖惩办法》，县纪委对上述人员进行了诫勉谈话并全县通报批评。下一步，县纪委将会同县委督查室、县政府办督查科、县精准扶贫办等相关单位，每月至少不定期督查1次以上，为脱贫攻坚提供强有力的纪律保障。

（7）关于“扶贫资金使用不够精准，资金监管存在漏洞，存在廉政风险”问题的整改情况。一是完善制度建设。出台《安远县统筹整合财政涉农扶贫资金管理办法》，从制度层面加强对资金的监管。对个别乡镇和部门单位违规套取扶贫资金、专项资金问题，县纪检监察部门进行了立案查处，违纪款追缴上交国库。二是强化整改落实。针对将产业扶贫资金用于乡镇建设、土坯房改造资金用于拆迁安置点基础设施建设、土坯房改造资金用于公路沿线贫困户房屋的立面改造和弥补经费不足、柑橘黄龙病防治资金用于产业贷款担保等问题，安远县采取收回款项重新安排项目、对土坯房改造资金和贫困拆迁安置补偿户建设资金分开核算、将柑橘黄龙病防治资金调整为精准扶贫产业贷款担保金等强力措施予以整改。加大贫困户自身造血能力，2017年出台政策扩大贫困户种养业发展扶持力度，扩大补助范围，降低补助门槛，计划统筹产业补助资金3000万元用于贫困户种养业产业补助。三是从严监督检查。继续加强对扶贫资金的检查，一方面，根据《关于在全市范围内组织开展集中整治专项检查工作的实施方案》，配合市财政局做好对安远县的集中整治暨民生资金专项检查工作，对侵害群众利益不正之风和腐败问题情况、民生资金工作开展情况和惠农补贴“一卡通”发放情况进行监督检查，切实维护群众利益。根据市财政局检查意见，安远县已加快拨付以前年度结余资金计529万元。另一方面，对农村危房改造、社保和救助资金、扶贫项目资金等进行专项检查。对涉及挪用、套取财政资金行为，依纪依规严肃处理，确保资金规范使用。

（8）关于“对扶贫领域违纪违法行为监督执纪问责不力”问题的整改落实情况。一是强化纪检监察干部能力建设。科学制定了2017年纪检监察干部教育培训计划，结合“两学一做”学习教育，认真组织学习了党的十八届六中全会和中央、省、市纪委全会精神及李泉新先进事迹，尤其是对省、市、县扶贫开发工作精神进行了深入学习，有效提升理论水平和执纪能力。二是强化扶贫领域监督检查。结合“集中整治”工作，在18个乡镇开展了为期1个月的“纪委基层行”活动，发放3类宣传资料36万份，组织1000多名基层干部、村“两委”负责人开展警示教育活动，对群众反映的问题，按相关程序规范处置。严肃惩治侵害群众利益的不正之风和腐败问题。三是强化反腐败协调合作。制定下发了加强反腐败协调小组工作、调整县反腐败协调小组组成人员、规范涉及县管干部信访举报件和问题线索报送、县管干部涉纪问题线索通报移送等工作文件，完善工作机制，加强协调配合，上下联动，纪法衔接，增强合力。四是加大执纪审查力度。保持惩治腐败高压态势，对扶贫领域违规违纪问题无禁区、零容忍，坚决遏制腐败蔓延势头。对省委巡视组发现的问题线索逐一调查核实，并对相关责任人进行严肃问责。

第二，可在2017年6月底前完成的整改项目（共3项），具体如下：

（1）关于“扶贫工程项目推进缓慢”问题的整改情况。一是加强扶贫项目组织领导。下发《关于成立易地搬迁工作领导小组的通知》，成立由县政府主要领导任组长的易地搬迁工作领导小组，各乡镇相应成立以党委书记为组长的工作领导小组，强化对扶贫项目的组织领导，确保各个扶贫项目落到实处。二是加快推进扶贫工程项目。光伏产业方面，出台了《安远县光伏产业扶贫实施方案》，正加紧落实。基础设施建设扶贫方面，已完成村组公路建设187.1公里；10座农村安全饮水工程全部开工建设。易地搬迁扶贫工程方面，已完成2016年计划搬迁贫困人口2000人的工作任务。危旧土坯房改造工程方面，1531户贫困户实施了就地改建，下拨危房改造资金4606万元。保障房建设方面，2016年保障房任务数830户，任务超额完成，70户敬老院及闲散安置对象已全部入住。三是全面开展扶贫项目自查。组织相关部门单位及乡镇对精准扶贫攻坚战“十大工程”项目中2016年的33个项目、2017年的25个项目开展全面自查，对照工作计划和时间安排，查找出推进缓慢的工程项目，确保工程项目建设按计划稳步推进。四是健全扶贫项目管理制度。制定每周督查通报机制，各项目实施单位在村委会宣传栏进行公示项目建设表。

（2）关于“党建促脱贫工作抓而不实，扶贫‘第一书记’作用发挥不够”问题的整改情况。一是深入开展调研督查。就“党建+精准扶贫”工作深入25个党（工）委开展了督查调研活动，深入基层一线全面了解工作情况，掌握一线实情，并深入分析研究，形成总结汇报，将整改措施列入2017年工作计划。二是推进“党建+精准扶贫”工作。下发了《关于在“两学一做”学习教育中开展组织生活会和民主评议党员的通知》和《安远县2016年度科学发展综合考核工作方案》《安远县抓党建促脱贫攻坚培训计划（2017~2018年）》，明确了多种形式对村干部和农村党员进行培训，切实提高村干部和农村党员的创业致富热情和能力。三是强化基层组织建设。对全县70个贫困村“两委”班子运行情况开展了摸底调查，制定下发了《关于落实见习村干部制度加强村级后备干部队伍建设的通知》《安远县2016年度村党组织书记考核方案》《关于发展壮大村级集体经济的实施意见》，力争到2019年底，全县各村全部实现集体收入5万元以上，力争30%的村集体收入超过10万元。四是强化“第一书记”管理。制定下发了《村党组织“第一书记”管理考核办法》和《2016年度村党组织“第一书记”工作年度考核方案》，对全县151个行政村党组织“第一书记”进行了年度考核。下发了《关于推荐优秀干部担任村“第一书记”的通知》。在此基础上，重新调整选派了167名村（社区）党组织“第一书记”。编印了《安远县村（社区）党组织“第一书记”抓党建促脱贫攻坚工作文件资料选编》发放给全县村（社区）党组织“第一书记”，切实提高了“第一书记”对抓党建促脱贫攻坚工作的思想认识和业务水平。

（3）关于“扶贫工程项目管理不够规范”问题的整改情况。一是健全完善管理制度。制定下发了《关于进一步优化政府性投资项目立项审批程序的通知》《安远县政府投资项目工程变更管理办法（试行）》《进一步加强工程建设项目招投标监督管理工作的实施意见》《安远县扶贫开发项目规范化管理办法（试行）》，对《安远县招标投标管理办法（试行）》进行了修订，进一步规范招投标市场行为。根据《安远县委托社会中介机构参与政府投资项目审计管理办法（试行）》文件精神，通过公开招标确定了5家中介机构参与政府投资项目工程审计，提高了审计效率。二是抓好问题整改工作。切实抓好反馈问题的整改工作，针对扶贫资金项目拆分肢解规避招投标、部分工程项目未进行招投标均由一家公司承包、扶贫工程项目由不具备资质的个人通过挂靠公司承包、先施工后补办招投标手续等问题，采取修订县级出台的招标投标管理办法等有效手段，从制度上消除挂靠公司行为，并按照干部管理权限，对相关责任人进行问责，扎实推进问题整改。三是开展集中整治活动。制定下发了《安远县扶贫开发工程项目专项整治检查工作方案》，整治检查项目为2014年1月1日至2016年12月31日期间，全县各乡镇、各部门单位使用中央、省、市、县各级财政资金的扶贫开发工程项目（含整合资金项目），包括在建或竣工的工程项目，分项目单位自查、项目抽查、项目整改落实三个阶段实施。下一步，县发改委、财政局、审计局、扶贫和移民办等单位组成联合检查组，对各单位项目实施情况进行抽查，涉及违纪违法的，依照有关规定严肃处理。

第三，需要较长时间完成的整改项目（共2项）。具体如下：

（1）关于“扶贫工作落实不够精准，政策宣传不到位，退出程序不够规范等”问题的整改情况。一是强化贫困人口精准识别。下发《关于进一步做好建档立卡贫困人口和低保人口识别与管理的通知》《关于全力抓好精准再识别工作的紧急通知》，精准再识别后，全县仍有贫困户12476户50509人，占原有贫困人口总数的96.3%，增减幅度控制在5%以内。二是推动扶贫政策精准落实。出台了《安远县农业经营主体实施产业扶贫信贷项目审批管理办法》《安远县“雨露”计划补助对象审核管理办法》《关于进一步做实贫困退出基础工作的通知》，确保扶贫政策精准落实。三是健全贫困退出工作机制。出台《安远县脱贫摘帽攻坚实施方案》《关于开展全县贫困现状大调查的通知》，帮助贫困户结合实际大力发展产业，确保贫困户有稳定收入来源。

（2）关于“扶贫不扶志的现象较为普遍”问题的整改情况。一是加强扶贫政策工作宣传。制定下发了《安远县脱贫攻坚宣传工作方案》，通过各种方式大力宣传扶贫政策，提高干部群众政策知晓率。向干部群众发放《筑梦路上铿锵行》《激流勇进》宣传册和《决战脱贫攻坚、决胜全面小康》政策宣传画18000余份。已制作完成精准扶贫专题片26部，4月开始在县电视台进行展播并进行网络投票活动。二是精准做好贫困户扶志工作。制定下发了《安远县扶贫又扶志工作方案》，开展每季度1次对贫困户的扶贫又扶志政策宣讲工作。同时，通过开展法治扶贫宣传教育、免费提供法律援助、移风易俗专项治理、“文化下乡”文化惠民和“小手拉大手、共立脱贫志”活动等，激活贫困户自我脱贫内生动力。三是引导贫困户优生优育、节俭建房。加强政策的宣传引导，推动贫困户转变建房攀比不良风气，有效解决因房致贫问题。

2. 乡镇层面的整改

如上所述，在脱贫攻坚整改工作中，不断加强对乡镇整改工作的检查督促，对存在问题的乡镇通过各种方式及时处理。如2016年镇岗乡、车头镇未在国扶办系统中将镇岗乡富长村、老围村，车头镇车头村标识为“十三五”贫困村，安远县及时发出《关于对未将“十三五”贫困村进行标识的乡镇给予通报批评的通知》，对镇岗乡党委、人民政府，车头镇党委、人民政府给予全县通报批评。责成镇岗乡、车头镇于6月6日前向县精准扶贫工作领导小组做出书面说明；责成镇岗乡、车头镇认真查找问题的根源，举一反三，切实增强干部的责任意识和认真负责的工作态度，保障国扶办管理系统信息的真实、准确。希望各乡（镇）要以此为戒，认真组织开展脱贫攻坚基层基础工作的业务培训，提高工作质量和水平，要建立系统信息录入核查监督机制，确保系统信息录入零失误。

受到通报批评后，镇岗乡立足于本乡实际存在的问题，全力做好整改工作。归纳起来，其问题主要体现在以下四个方面：

第一，识别不精准。①识别不够精准。优亲厚友、怕得罪人的现象仍然存在，对部分贫困户真实情况摸得不准，少数家庭比较贫困未纳入，存在漏评现象。少数家庭条件较好，生活条件远远超过“两不愁、三保障”基本水平，但仍旧被识别为贫困户，存在错评现象。存在分户造贫现象，儿子分户、老人纳入贫困户。动态管理不够，少数因病、因灾致贫返贫的家庭没有及时跟进纳入。②基础信息不准确、不齐全。存在贫困户一户一档资料与实际情况、录入国办系统数据、《一本通》信息、户籍信息、公示牌（贫困户家门口、村委会公示墙）内容不吻合。贫困户致贫原因、脱贫措施、享受补贴等信息填写不全。村级有关精准扶贫的资料也存在与实际情况不相符的现象，村级项目管理不规范、资料不完整的现象较为普遍。贫困户门前公示牌破损严重、信息不全，还有的贫困户门前没有贴公示牌。③脱贫质量不高。片面理解脱贫不脱政策，规划贫困户脱贫随意性大，将一些条件还未达到脱贫标准的贫困户安排退出，存在错退现象。《一本通》填写不够规范，存在漏填、少填、错填、不及时填等现象，不能真实、全面反映贫困户的收入和帮扶效果，直接影响第三方评估的绩效评价工作。

第二，思想认识不到位、作风不扎实问题。①走访不积极。有的帮扶干部没有按照要求走访认亲，存在走访请村干部“代劳”现象。有的帮扶干部只是停留在简单慰问层面，落实“一户一策、因户施策”相对少。②“一本通”填写不规范。部分帮扶干部“一本通”填写不规范，只填写部分走访慰问内容，没有拿到贫困户“一卡通”仔细“一一对应”。③“双向熟悉”不到位。少数帮扶干部与贫困户之间缺乏了解和沟通，帮扶干部对贫困户家庭情况不完全了解，贫困户对帮扶干部是谁也搞不清楚，且对帮扶成效不满意。

第三，责任划分不明确。部分挂村负责人对挂村责任认识不到位，认为这是农村组、驻村干部的事，没有充分履行挂村责任。部分挂点帮扶单位干部落实帮扶工作有差距，存在敷衍了事情况，如“一本通”填写不规范、不全面甚至空白等问题。

第四，扶贫措施不给力。贫困户对扶持项目知晓度不够，影响了贫困户参与项目建设积极性。乡、村组干部，以及帮扶干部对脱贫攻坚政策缺乏了解，没有逐户逐条解读政策，影响了政策的覆盖面和群众的受益面。部分帮扶干部制定帮扶措施没有“因户制宜、因人而异”，存在胡乱填写帮扶措施情况，如针对80岁以上老年人制定产业帮扶措施，严重不切实际，反映责任心不强。

针对上述问题，镇岗乡认真研究解决措施，实行限时销号整改落实，主要采取了以下八个方面的举措：

第一，加强组织领导。为确保整改工作的有序推进，成立镇岗乡脱贫攻坚整改工作领导小组，党委书记魏振明任组长，党委副书记、乡长巴志松任第一副组长，领导小组下设办公室在乡精准扶贫办，负责统筹协调整改工作。

第二，夯实基层基础。乡建立扶贫工作站，各村建好扶贫工作室。按照“每个贫困村安排1名县领导、1个责任单位、1支帮扶队伍”的工作思路，继续采取单位包村、干部“8531”结对帮扶的模式，实现单位挂村和干部结对帮扶联系贫困户的“双向全覆盖”。全面推进班子成员挂村、乡干部包村、“第一书记”和工作队驻村、结对帮扶干部包户制度，实现网格化管理和精细化服务。选优配强村“两委”班子，大力培养农村党员致富带头人，打造一支不走的扶贫工作队。

第三，压实工作责任。坚持把思想和行动统一到省委、市委、县委的决策部署上来，从严压实工作责任，明确整改任务、整改目标、整改要求和完成时限，确保每项整改任务都责任到人，坚决做到真查真改、立行立改。

第四，恪守精准原则。各村以大稳定小调整为总体要求，严格按照“七步法”（即农户申请、村民小组评议、组级公示、村民代表大会审核、村委会公示、乡镇人民政府复核和市扶贫办批准、村公告以及扶贫对象签字）开展工作，确保扶贫对象识别准确无错漏。

第五，强化资金管理。按照国家、省、市、县新出台的财政专项扶贫资金管理办法，完善镇岗乡财政专项扶贫资金管理办法，明确资金的使用管理，加大项目的实施力度。

第六，落实扶贫政策。进一步落实行业部门推进“十大扶贫工程”出台的各项政策，完善脱贫攻坚大数据管理平台建设，切实把扶贫政策落到实处，重点完善和落实产业扶贫、光伏扶贫、就业扶贫、兜底保障扶贫、教育扶贫、健康扶贫、易地搬迁扶贫等政策措施。已脱贫退出的贫困村、贫困户扶持政策不变。

第七，确保脱贫质量。在提升“识别精准率、退出精准率、群众满意度”的基础上，稳定解决“不愁吃、不愁穿，保障义务教育、基本医疗、住房安全”，确保退出贫困人口全面达到脱贫标准。

第八，广泛宣传引导。通过微信、短信、手册、宣讲会等形式，广泛宣传精准扶贫、精准脱贫的惠民政策，切实让扶贫政策深入人心。把“扶智、扶志、扶德、扶勤”宣传教育贯穿脱贫攻坚全过程，加强典型和模范宣传，树立贫困群众自立自强的精神风貌。

通过上述措施，取得了明显的成效，具体表现在以下三个方面：

第一，基础信息数据得到完善。在整改工作中，对各村上报的再识别数据，由书记、乡长坐镇，召开由乡班子成员、驻村干部、第一书记、村两委成员参加的评审会，集中时间逐村、逐户评审过关。初步完成了整改工作，通过回头看按照“七清四严”的原则清退353户714人，新增52户190人，识别后该乡贫困人口为658户2390人。已全面完成国扶办系统录入，实现了系统信息、档案资料、实际情况三统一。

第二，精准扶贫政策得到落实。镇岗乡上半年申报产业直补237户，落实58万元；申报了光伏产业80户；落实富长村新河迳易地搬迁项目7户30人，落实就地改建43户；落实公益性岗位54人，完成2017年度合同签订；发放产业扶贫信贷通贷款716.09万元。社会健康保障方面，为全乡526户脱贫户购买社会治安保险，全乡新农保参保贫困人口202人，新农合参合全覆盖，确保了患大病的贫困户能享受“一救助一补偿三保险”重大疾病医疗保障政策，整村推进项目已全面启动。向上申报贫困劳动力外出务工补贴375人。

第三，优化了结对帮扶机制。根据安远县“8531”结对帮扶机制，7个挂点单位的干部168人及乡干部、站所干部55人对全乡所有贫困户进行了结对帮扶。在单位驻村方面，全乡10个村的第一书记均与原单位的工作脱产，做到吃住行在村里，专门制定了第一书记考核管理办法，对第一书记及常驻队员实行一周一例会、一日一签到一督查，确保帮扶单位的力量能够深入到村里每一户贫困户，每一项事业中去。

3. 脱贫攻坚整改的成效

根据安远县精准扶贫工作领导小组办公室《脱贫攻坚周报》（2017 年 6 月 9 日）的数据，2017 年以来，脱贫攻坚整改主要取得以下成效（见表 5－8）。

表 5－8　安远县脱贫攻坚整改成效

序号	项目	成效
1	精准识别	全县共清退不符合条件的非贫困人口 11344 人，共新增建档立卡贫困人口 10626 人（其中户内新增 7828 人，整户新增 664 户 2798 人），目前全县有贫困户 12041 户 49966 人，已脱贫 6278 户 27601 人，2017 年未脱贫 5763 户 22365 人
2	精准扶贫攻坚战	共实施大项目 10 个、子项目 24 个，已竣工 0 个，计划总投资 28.71 亿元，累计完成总投资 11.28 亿元，占 39.29%，2017 年计划投资 19.59 亿元，2017 年累计完成投资 6.24 亿元，占 31.85%
3	产业直补	完成产业补助申报 1147 户共 547.0905 万元，已完成验收 1121 户，拨付产业扶贫资金 21.795 万元。其中农业产业完成申报 701 户 133.145 万元，完成验收 701 户，拨付资金 21.795 万元。果业产业申报 26 户 13.288 万元，乡镇还未验收。烟叶申报 4 户 0.6575 万元，验收 4 户。林业油茶类为普惠性政策完成申报 416 户 400 万元，已验收，资金还未拨付
4	产业扶贫信贷通	完成放贷 2153 户，总放款金额 7207.23 万元；经营主体贷款 5 户，贷款金额 309 万元，带动贫困户 33 户。具体各银行完成贷款如下：农业银行（251.65 万元，占比 2.54%），农商银行（6916.58 万元，占比 45.50%），邮储银行（79 万元，占比 0.80%），村镇银行（0 万元，占比 0%），赣州银行（0 万元，占比 0%）
5	光伏扶贫	完成安装总容量 4115 千瓦，其中村级电站安装 16 个，户用安装 453 户，已完成投资金额 2880.5 万元。其中，村级电站完成选址 11985 千瓦，已动工安装 7290 千瓦，已完成安装容量 2105 千瓦，已并网 1355 千瓦；户用电站完成推荐 4525 户，完成户用放款 1155 户，已动工 686 户，已安装 453 户，已并网 345 户
6	就业扶贫	享受就业扶贫政策人数 223 人，其中职业技能培训 23 人、创业带动就业 200 人，扶贫车间项目正在进行申报验收

续表

序号	项目	成效
7	易地搬迁扶贫	2016～2017年全县易地扶贫搬迁任务数是10011人（其中建档立卡贫困人口5000人），截至目前，已落实搬迁对象6979人，已搬迁入住1093人，已请款1975人，已拨付建房补助资金2495.6万元
8	原址改建	2017年就地改建任务数为743户，本周已动工70户，已竣工12户，目前累计动工518户，目前累计完成竣工127户
9	保障房建设	2017年保障房任务数为90套，6个安置点，目前已选址73套，未选址12套，已动工2套，已建成0套
10	教育扶贫	2017年计划筹资教育扶贫资金2270万元，资助县内各级各类学校贫困家庭学生13000人次以上。截至目前，义务教育资助4829人，落实资金285.6625万元，普通高中教育资助1575人，落实资金189.82万元，其他（社会捐助）125人，落实资金25万元
11	兜底保障	2017年计划兜底保障1.9万人以上，目前完成兜底保障17769人，其中：农村低保16642人，发放1～4月资金1309.18万元；农村“五保”1103人，发放1～5月资金227.453万元，其中：集中供养资金773335元，分散供养资金923050元，孤儿资金578145元

资料来源：安远县《脱贫攻坚周报》。

第六章　研究结论

本书以信丰、兴国、安远三个县为例，研究了这几年赣州脱贫攻坚的一些新情况，并且有一些新的发现，这些发现主要体现在以下几个方面。

一、政策支持方面

从上述三县的情况看，2016 年以来，县里得到的政策支持比以前有了明显的变化。以资金支持为例，相比 2015 年的变化主要体现在三个方面。

第一，充分授权。脱贫攻坚时间紧、任务非常艰巨，需要投入的资金量巨大，如果按照原有的资金审批权限，由于中转环节多，审批周期冗长，效率低下，无法保证扶贫项目的顺利实施，从而影响贫困县如期脱贫。中央充分了解情况后，对此进行了变通规定，对纳入统筹整合范围的财政涉农扶贫资金，2016～2020 年，5 年内中央、省、设区市仍按照原渠道下达，资金项目审批权限完全下放到贫困县。资金审批权限的下放，极大提高了县级基层政府的积极性，进一步增强了脱贫项目的针对性和灵活性，也从根本上提升了资金使用的效率，加快了脱贫攻坚进程。

第二，从上级获得的资金更多。大致看，三县几年来获得的资金支持主要有财政专项扶贫资金、其他部门纳入涉农扶贫整合范围的专项资金、地方政府转贷用于扶贫的资金、中央部委对口援建资金、市县筹集的精准扶贫帮扶资金。且进一步明确将各级财政安排用于农业生产发展和农村基础设施建设的相关资金纳入整合统筹使用范围，从而确保多个渠道进水、一个龙头放水，集中资金、财力办大事，有效避免了以前“撒胡椒面”式的尴尬。

第三，相较 2015 年，三县脱贫项目的审批更灵活，使用的资金量更大。以兴国县为例，用于扶贫的资金连年增长，其中 2015 年 6.9 亿元，2016 年 9.43 亿元，增长 36.67%；2017 年 10.59 亿元，增长 12.3%。

2016 年，兴国县统筹整合财政涉农扶贫资金 61818 万元，安排项目 1549 个。整合资金的投入为农民增收、企业增效和该县的脱贫攻坚工作提供了强有力的支撑，如期完成了兴国县 2016 年 32 个贫困村、贫困对象 24554 人的脱贫目标，取得了较好的经济效益和社会效益。基础设施扶贫、产业扶贫、易地搬迁扶贫、教育扶贫等脱贫项目同步推进。具体如下：

一是完善了贫困村基础设施建设，改善了当地的生产生活条件。修建道路 698 条，安排资金 9712.52 万元，水渠、水沟项目 100 个，安排资金 1766.31 万元、水陂 62 座，安排资金 469 万元。

二是扶持贫困户产业发展，增强了贫困户脱贫致富的“造血功能”。分批次完成了 11626 户 3015.7866 万元产业直补，提高了贫困户自我发展的信心和能力。

三是扶持了一批辐射带动贫困对象产业发展的农民专业合作社、龙头企业等新型农业经营主体。安排 41 个 4380 万元产业基地项目，通过合作社、龙头企业等新型农业经营主体与贫困村、贫困户建立利益联结机制，增加了贫困户收入。

四是安排易地搬迁资金 6777.45 万元，搬迁人口主要集中安置在进城进园点、茶园乡圩镇点等 8 个集中安置点。

五是大力推动教育扶贫，共资助困难学生 41278 人次，落实各类资助金 4944.6765 万元（含生源地贷款），实施义务教育学生营养改善计划，惠及学生约 10 万人。

2017 年，兴国县统筹整合财政涉农扶贫资金 105940 万元，安排脱贫攻坚项目 4222 个，其中，安排在 32 个 2016 年脱贫村的项目 528 个 9171.28 万元；安排在 52 个 2017 年脱贫村的项目 1923 个 39680.14 万元；安排在 46 个 2018 年脱贫村的项目 607 个 10029.05 万元；安排用于全县建档立卡贫困户产业直补、贴息、易地搬迁、健康扶贫等全县性项目 6 个 23804 万元。2017 年整合资金项目的实施，有效保障建档立卡对象“两不愁、三保障”。比如，安排了贫困户房屋改造、保障房建设、改水改厕等住房保障项目；以产业扶贫作为脱贫攻坚主抓手，有力破解了发展难题，切实增强了扶贫“造血”功能，加快了贫困户增收脱贫致富步伐；产业直补、贴息项目精准到户，扶持贫困户发展产业，增强贫困户产业发展信心；易地搬迁项目实现“搬得出、稳得住、能致富”的目标；同时根据该县出台的《健康扶贫提升工作的补充意见》扫除健康扶贫保障盲区，充分利用整合涉农扶贫资金，安排 1500 万元用于扩大慢性病报账范围，提高慢性病报账比例，精神病患者治疗及监护，长期卧病在床需长期护理、照料的失能病人医疗及药物补助；安排1346万元按120元/人的标准为全县贫困户购买大病商业补充保险，为贫困户提供人身保障；等等。

当然，巨大的资金下拨，也增加了基层政府不少困难，审批权的下放同时也是责任的下移，权责对等。而且，当年项目资金当年拨付难度较大，工作量巨大。如兴国2017年整合资金达10.59亿元，差不多每个月要实施1亿元工程量，项目又多达4222个，时间较紧，工作量大。

二、主要做法

（一）着力完善支撑体系

第一，完善资金保障机制。主要体现在财政资金投入和金融扶持两方面。

加大资金投入。优化财政支出结构，加大专项扶贫资金投入，建立健全财政扶贫资金持续增长机制。如兴国县级财政专项扶贫资金从2016年起按照减贫任务需要纳入县级财政公共预算，通过向上级争取、撬动金融资金、整合部门资金、引入社会资本等方式共同筹措资金，确保专项扶贫资金比2011年至少翻一倍，并根据财力增长做到逐年有所增加，建立扶贫项目目录制。行业扶贫投入要按不低于当年项目资金的30%比例统筹用于脱贫攻坚。当年清理收回存量资金可统筹用于扶贫开发。财政支持的小微型建设项目，涉及贫困村的，允许按照“一事一议”方式直接委托村级组织自建自管。有效衔接部门专项规划与脱贫攻坚规划，行业部门安排的惠民政策、项目和工程，要最大限度地向贫困村、贫困人口倾斜。优化财政资金拨付程序，审批环节删繁就简，确保扶贫专项资金拨付通道畅通，资金高效安全运行。

强化金融支持。积极开展扶贫小额贷款，扩大林权贷款规模，加快推进农村土地承包经营权、农民住房财产权抵押贷款试点。加大企事业担保贷款、助学贷款、妇女小额贷款、康复扶贫贷款实施力度。积极推进“光伏贷”“安居贷”“油茶贷”“移民贷”“扶贫贷”等金融贷款业务，兴国撬动光伏产业发展资金10亿元，油茶产业发展资金6亿元，移民搬迁资金8亿元。支持农村发展资金互助合作。为辐射带动力强、解决贫困人口就业多、促进贫困户增收脱贫快的企业提供贷款支持。充分发挥“产业信贷通”“金福通”“财政惠农信贷通”产品的扶持作用，由县财政每年安排100万元专项资金作为担保基金存入合作银行专户，合作银行按担保基金的8倍，向贫困农户或合作社提供小额贷款，鼓励保险公司开拓农村小额信贷保证保险产品，由政府、银行、保险公司共同承担信贷风险。对符合条件的贫困农民，给予两年额度不超过5万元的贷款。引入保险公司信贷风险分摊制度，县财政在年度预算内安排扶贫信贷风险补偿金，加快政府出资融资担保体系建设，通过整合各级财政资金，吸引民间资本注入，设立注册资本5000万元以上的政府出资担保机构1家以上，引导政府出资的融资担保机构积极参与脱贫攻坚。

第二，完善督查评价机制。建立“日常抽查、半年检查、年度考核”相结合的考核办法，坚持“半月一督查、一月一调度、一季一交流”的调研督查制度，开展督查工作，运用检查成果开展责任追究和问责。聘请专业的社会评估机构，模拟第三方评估做法开展督查评价，及时研究增补措施，查漏补缺。完善扶贫对象精准脱贫退出机制，严格退出程序和标准，形成“早脱帽有好处，不脱帽有约束”的导向，着力杜绝“被脱贫”和数字脱贫现象的出现。加强对扶贫工作绩效的社会监督，引入群众扶贫满意度调查。

第三，完善结对帮扶机制。在单位结对帮扶贫困村、干部结对帮扶贫困户两个全覆盖的基础上，突出抓好贫困村的脱贫帮扶，兴国采取每位县领导带1名后备干部、带30万元帮扶资金专抓1个贫困村，确保当年脱贫；下派后备干部、原籍干部、退居二线干部任“第一书记”，专抓精准脱贫，帮助贫困村抓好产业基地建设和基础设施、公共服务建设，帮助贫困户落实脱贫路径，实现早日脱贫。明确责任牵头单位，激活社会力量扶贫资源的有效配置。鼓励引导各类企业、社会组织、个人，通过捐赠救助、发展产业、促进就业、加强基础设施建设等各种形式参与扶贫，营造社会力量扶贫氛围，形成社会扶贫合力。

第四，完善脱贫创新机制。健全脱贫攻坚创新机制，一是在“产权变股权、资金变股金、农民变股民”三变上创新分配机制；二是在产业脱贫、生态补偿、精准施策、社会力量帮扶上创新帮扶机制；三是在光伏发电、创业就业、学生营养餐食材供应等项目上创新做法，在发挥村级党组织战斗堡垒作用上创新管理机制。通过创新创特打造示范精品，引领全县脱贫攻坚扎实推进，对创新创特成效显著的乡镇、部门干部要在岗位调整、使用上进行激励，在待遇上进行补助。

第五，完善奖惩工作机制。完善脱贫攻坚工作奖惩机制，对在脱贫攻坚中工作成效显著和创新创特经验在中央、省、市进行推广的单位和个人在全县进行表彰，颁发荣誉证书，适当发放奖金，优秀干部优先提拔；安远县《关于在精准扶贫主战场培养考察选拔干部若干规定》，提拔使用干部原则上从精准扶贫工作中表现突出、工作业绩良好的干部中选拔。用好督导追责利剑，《安远县脱贫摘帽绩效考评奖惩办法（试行）》对在脱贫攻坚工作中玩忽职守、弄虚作假、拖欠任务的单位和个人给予通报批评，对相关责任人进行约谈，情节严重的给予警告处分。

（二）切实强化组织保障

第一，强化攻坚责任。三县都由县委书记任县精准脱贫工作领导小组组长、脱贫攻坚整改小组组长，县政府县长任第一副组长，相关县领导任副组长，安排一名县委常委为专抓县领导，乡镇区党委书记、村书记为本级第一责任人，层层签订责任书，立下军令状，落实“一把手”责任，形成县乡村三级书记一起抓扶贫的工作格局。落实一名常委、一个规划、一个目标、一套班子、一套机制、一套办法“六个一”工作措施，落实“县抓乡镇区、乡镇区抓村组、村组抓贫困户”的工作推进机制。加强基层组织建设，选派后备干部到贫困村专抓扶贫，选优配强贫困村“两委”班子，精准选配第一书记，精准选派驻村工作队，充分发挥基层党组织带领群众脱贫致富的战斗堡垒作用。强化县精准扶贫工作领导小组的综合协调职能，全面落实县乡两级“机构编制、工作经费、工作人员、办公场所”四固定要求。

第二，凝聚强大合力。凝聚各方力量，实施精准滴灌扶贫。充分发挥国家部委对口支援的优势，抓好精准脱贫整乡推进、整村推进，如兴国着力把埠头、高兴、杰村打造成全市的精准脱贫示范乡。同时，各乡镇区抓好一个精准脱贫整村推进示范村。实施干部结对帮扶，实行定目标、定对象、定责任、定措施、定政策“五定”包干责任制，实现贫困户和干部结对帮扶双向全覆盖。结对帮扶既要落实到单位，又要分解到个人，做到不脱贫不脱钩。帮扶责任单位及责任人根据贫困户的实际，因户施策，制定有针对性的帮扶计划、帮扶方案、帮扶措施，帮助其尽快摆脱贫困。发挥行业部门职能优势，整合行业扶贫力量，切实完成行业扶贫工作任务。积极争取“千企帮千村”民营企业到县开展精准扶贫。建设扶贫信息服务平台，通过加强网络、手机客户端等扶贫信息服务平台建设，将贫困户、贫困村的需求信息与社会各界的扶贫资源、帮扶意愿进行有效对接，互联共享。强化舆论宣传，通过讲述扶贫好故事、传播脱贫好声音等方式，凝聚脱贫攻坚合力。

第三，严格考核问责。建立健全督查通报制度，定期与不定期开展调研督查。建立目标考核责任制，加强对各乡镇区、各部门、各单位驻村帮扶和干部结对帮扶工作的考核。加强精准扶贫、精准脱贫工作目标考核结果的应用，把脱贫攻坚作为培养锻炼干部的实践平台，注重培养使用实绩突出的好干部；建立目标考核责任制，加强对各乡镇、各部门（单位）驻村帮扶和干部结对帮扶工作的考核。对落实不力的乡镇和部门（单位），县纪委、县精准扶贫工作领导小组向县委、县政府报告并提出责任追究建议，对未完成年度脱贫攻坚整改任务以及脱贫任务的乡镇党政主要领导进行约谈。建立扶贫资金违规使用责任追究制度，坚决从严查处虚报冒领、截留私分、贪污挪用、挥霍浪费等违规违法行为。

三、创新案例

在脱贫攻坚战中，信丰、兴国、安远都结合本县实际，大胆创新，涌现了许多创新案例，并取得了不俗的成绩。限于篇幅，本书仅选取了兴国1个案例进行说明。选取的理由是该案例具有普适性，其做法对加快脱贫攻坚进程，提升扶贫资金使用效率、效益意义重大。

兴国县在统筹整合财政涉农扶贫资金管理工作中，通过建立“两个池子”的办法，有效提升了扶贫效益。

（一）建立“项目池”

通过项目申报、项目编审、项目批复3个步骤，建立年度脱贫攻坚计划，俗称“项目池”。

项目申报。根据扶贫规划和“脱贫摘帽”的具体工作指标、要素，由各乡镇、贫困村编制本乡镇本年度“扶贫项目清单”。

项目编审。由县扶移办牵头组织领导小组成员单位对各乡镇上报的“扶贫项目清单”中的主要内容进行审核、认定和项目补充。论证项目设立的充分性和必要性，审核项目资金投入额度。项目资金投入额度根据建设内容依照各行业建设标准结合当地市场进行审核。“扶贫项目清单”的编审由县扶移办组织各乡镇和专项资金对口单位完成并汇总形成兴国县当前年度统筹整合涉农扶贫资金项目计划（扶贫项目清单）。

项目批复。由县扶贫办、财政局根据年度整合资金规模、支持重点、实际需要及资金和业务对口的原则共同筛选编审后的年度统筹整合涉农扶贫资金项目计划和提出项目建设主体责任单位。初步确定年度统筹整合涉农扶贫资金项目计划（扶贫项目清单）和建设主体责任单位后，由县扶移办将初步确定的年度统筹整合涉农扶贫资金项目计划（扶贫项目清单）报县统筹整合财政涉农扶贫资金工作领导小组审核和县政府常务会议讨论。通过后批复实施，方案同时报省、市相关部门备案。县财政局根据批复的2017年度统筹整合涉农扶贫资金项目计划（扶贫项目清单）筹措、落实、分配项目资金。2017年共安排统筹整合财政涉农扶贫项目4222个。

（二）建立“资金池”

通过设立资金核算专户归集资金，建立项目资金池。整合资金实行二级拨付，加速资金拨付。

设立资金核算专户。在县扶移办设立“统筹整合财政涉农扶贫资金核算专户”，将统筹整合范围内的各级涉农扶贫资金统一归并至该核算专户，年度精准扶贫项目计划（扶贫项目清单）的项目统一在该核算专户进行拨付、使用、核算管理。

资金实行“两级拨付”。一是资金归集拨付（一级拨付）。县财政将整合范围内的各级资金直接下达资金指标到“统筹整合财政涉农扶贫资金核算专户”，同时按来源建立指标备查账簿，根据按实际使用用途列报支出，对需要调整预算科目的，在指标备查账簿中做好指标来源科目变更记录后，完成“一级拨付”。二是资金分配到项目拨付（二级拨付）。由县扶贫办将“统筹整合财政涉农扶贫资金核算专户”中的资金根据项目投入额度按项目进度直接拨付至项目实施责任单位，完成“二级拨付”。资金实行“二级拨付”制后，优化了审批程序，缩短了资金拨付时间，加快了资金运转速率。

配套管理，加速资金使用。出台《兴国县统筹整合财政涉农扶贫项目及资金管理办法》加速资金使用。实行资金预拨制，项目施工前，将项目投资的50%预拨至项目实施责任单位；项目责任单位可在收取施工方的履约保证金后，接受施工方进场施工后的工程款预借申请，借款额度不得超过履约保证金的90%；项目实施过程中，项目责任单位可接受施工方阶段性结算工程款的申请，每次阶段性结算资金额不高于施工方实际投入工作量的90%；统筹整合财政涉农扶贫资金实行项目责任单位报账制管理，一律通过国库集中支付结算支付。

2017年计划整合财政涉农扶贫资金105940万元，截至目前已整合财政涉农扶贫资金52767万元，拨付资金36515万元。

参考文献

［1］习近平．在全国组织工作会议上的讲话（2013年6月28日）［A］．// 十八大以来重要文献选编（上）［M］．北京：中央文献出版社，2014.

［2］贺雪峰．中国农村反贫困战略中的扶贫政策与社会保障政策［J］．武汉大学学报（哲学社会科学版），2018（5）．

［3］刘娅，王彩彩．习近平社会福利思想探微［J］．理论研究，2018（2）．

［4］薛杨．从精准扶贫精准脱贫看习近平人权思想的特征［J］．南开大学学报（哲学社会科学版），2018（5）．

［5］徐龙建．习近平以人民为中心的发展理念论析［J］．求是，2017（11）．

［6］顾仲阳．违规摘穷帽，小心丢官帽［N］．人民日报，2016－05－11.

［7］黄俊毅．杜绝贫困县虚假“摘帽”［N］．经济日报，2016－05－11.

［8］中共中央办公厅，国务院办公厅．关于建立贫困退出机制的意见［EB/OL］．中央政府门户网站，http：//www. gov. cn，2016－04－28.

［9］中共中央，国务院．关于打赢脱贫攻坚战的决定［J］．中华人民共和国国务院公报，2015（12）．

［10］曹建林．兜底保障为扶贫“输血”整理［N］．赣南日报，2016－07－14.

［11］江西省人民政府办公厅转发省民政厅等部门关于进一步加强和完善医疗救助制度实施意见的通知［J］．江西省人民政府公报，2015（10）．

［12］吴国平．江西：充分发挥城乡居民医保“兜底线”作用［J］．中国社会保障，2017（12）．

［13］钟端浪．江西健康扶贫再发力［N］．江西日报，2017－12－06.

［14］刘善庆，刘梦怡，曹睿，马尔都．信丰县大病医保兜底扶贫脱贫的探

索［N］. 光华时报，2017-07-21.

［15］李世林. 兴国：扫除健康扶贫保障盲区［J］. 老区建设，2017（6）.

［16］邝先元. 扎实推进精准扶贫　促进老区群众脱贫致富［N］. 赣南日报，2015-03-29.

［17］黄志勇，陈鹏. 脱贫道路越走越宽广［N］. 赣南日报，2018-01-29.

［18］江西省人民政府办公厅. 关于印发江西省健康扶贫工程实施方案的通知［J］. 江西省人民政府公报，2016（10）.

［19］丁建定. 试析习近平新时代中国特色社会保障思想［J］. 当代世界与社会主义，2018（4）.

［20］陈小兵. 赣州出台教育脱贫工作实施方案［N］. 赣南日报，2016-03-05.

［21］刘勇. 敢突破　善坚守　整纲纪　求胜利——信丰革命精神的主要内涵及其现实启示［J］. 党史文苑，2016（4）.

［22］宋莉萍，邱会兴. 贫困县晒出幸福账单——兴国县精准扶贫工作剪影［J］. 老区建设，2017（5）.

［23］黄俊. 安远县小财政扶出教育硕果［J］. 当代农村财经，2017（11）.

［24］胡强. 聚焦重点任务　全面发起脱贫攻坚强劲攻势［J］. 老区建设，2018（4）.

后　记

本书系“苏区振兴智库”之一。全书结构由刘善庆设计，并统稿，田延光审稿。除第一章第二节由刘超撰写外，其余均由刘善庆撰写。

在本书资料收集、撰写过程中，得到了信丰县、兴国县、安远县有关部门的大力支持，在此一并表示感谢。

本书的出版得到经济管理出版社丁慧敏主任的大力支持，在此深表谢意。